S
BAHN
Bernau
Zepernick
Röntgental
Buch
Karow
Blankenburg
Pankow=Heinersdorf
Pankow=Schönhausen
Pankow (Vinetastr.)
Reinickendorf=Rosenthal
Schönholz=Reinickendf.
Pankow Nordbahn
Basdorf
nach Groß-Schönebeck
nach Liebenwalde
Wittenau
Wilhelmsruh
Hermsdorf
Waidmannslust
Gesundbrunnen
Schönhauser Allee
Prenzlauer Allee
Weißensee
Landsberger Allee
Zentralviehhof
Frankfurter Allee
Frankf. Allee (Ringb.)
Stettiner Vorortbf.
Stettiner Bf.
Ostkreuz
Lichtenberg-Friedrichsf.
Friedrichsf. Ost
Biesdorf
Kaulsdorf
Mahlsdorf
Hoppegarten
Neuenhagen
Fredersdorf
Strausberg
Strausberg Stadt
nach Schneidemühl
Altlandsberg
Petershagen
Herzfelde
Rüdersdorf
Marzahn
Ahrensfelde
Ahrensfelde Friedhof
Blumberg
Seefeld
Werneuchen
nach Wriezen
Jannowitzbr.
Wriezener Bf.
Warsch. Str.
Börse
Alexanderplatz
Schles. Bf.
Neu Lichtenberg
Friedrichsfelde
Rummelsburg
Karlshorst
Wuhlheide
Cöpenick
Hirschgarten
Friedrichshagen
Rahnsdorf
Wilhelmshagen
Erkner
Fangschleuse
Hangelsberg
Fürstenwalde
nach Neuendorf-Buchholz
nach Breslau u. Neu Bentschen
nach Beeskow
Anhalter Bf.
Görlitzer Bf.
Treptow
Kottb. Tor
Hallesch. Tor
Hermannpl.
Kaiser Friedr. Str.
Gleisdreieck
Yorckstr.
Hermannstr.
Tempelhof
Tempelhof (südl.)
Neukölln
Köllnische Heide
Baumschulenweg
Oberspree
Spindlersfeld
Schöneweide
Adlershof=Alt Glienicke
Grünau
Eichwalde=Schmöckwitz
Zeuthen
Wildau
Königswusterhausen
nach Görlitz
Mittenwalde
vom Töpchin
Priesterweg
Mariendorf
Marienfelde
Lichtenrade
Mahlow
Dahlewitz
Rangsdorf
Dabendorf
Zossen
Wünsdorf
nach Dresden

Michael Bienert/Ralph Hoppe

Eine Stunde Stadt
Berliner Ringbahn-Reise

Michael Bienert/Ralph Hoppe

Eine Stunde Stadt

Berliner Ringbahn-Reise

Berlin Edition

Die Deutsche Bibliothek – CIP-Einheitsaufnahme

Michael Bienert:
Eine Stunde Stadt : Berliner Ringbahn-Reise/Michael Bienert; Ralph Hoppe. – Berlin : Berlin Ed., 2002
ISBN 3-8148-0096-6

Abbildungsnachweis:
Archiv der Autoren (S. 14, 80, 183 und Karten), Elke Linda Buchholz (Autorenfoto), Ralph Hoppe (S. 118/119, 249, 267), Ulrich Wüst (S. 202), Michael Bienert (alle sonstigen Fotos).

Umschlaggestaltung: Uwe Friedrich unter Verwendung eines Fotos von Ulrich Wüst
Lektorat: Bernhard Thieme
Druck- und Bindearbeiten: Ebner & Spiegel, Ulm

ISBN 3-8148-0096-6

Inhalt

Berlin-Hundekopf. Der Berliner S-Bahn-Ring mit seiner Silhouette in der Darstellung aus einem Reiseführer von 1932. Die Karte der S-Bahn-Linien im Vorsatz des Buches entstand ein Jahr später. Sie gibt einen Überblick über das damalige

S-Bahn-System mit dem Ring als Bindeglied zwischen den Vorortlinien. Im Kontrast dazu zeigt die Karte von 1962 im Nachsatz den zerbrochenen Ring und die gekappten Radialen nach dem Bau der Berliner Mauer.

Berlin-Hundekopf – Die Stadt am Ring

Der Film im Waggonfenster dauert eine runde Stunde. So lange ist ein S-Bahn-Zug auf dem Schienenring um die Innenstadt unterwegs. Die Zeit vergeht rasch. Häuser, Straßen, Plätze, Bahnhöfe, Brachen und Baustellen ziehen vorüber. Auf zahllosen Brücken überquert der Zug Flussläufe und Kanäle, Schienenbänder und Magistralen des Autoverkehrs, die ins Herz der Stadt zielen. In Sekunden verwandeln sich die Stadträume vor dem Fenster, wirken weit und eng, menschenleer und lebendig, alt und neu. Vor das weite Panorama wird plötzlich ein undurchdringlicher Vorhang aus rußschwarzen Brandmauern gezogen und wieder weggerissen. Gleichförmige Mietshäuser, die eben noch als akkurate Straßenfluchten langsam vorbei wanderten, rücken nah heran, bilden eine Schlucht, lassen den Blick in Hinterhöfe mit rissigem Putz und durch geöffnete Fenster zu. Helle Wohnblocks lösen die Mietskasernen ab, dann kommen Punkthäuser, die sich zu Großsiedlungen aus Betonplatten verdichten. Davor ducken sich primitive Hütten aus Holz und Dachpappe, jede ein liebevoll gepflegtes Unikat mit aufgemaltem Fachwerk, Fähnchen oder Laubsägeornamenten. Die Rosenbeete und Gartenzwerge der Laubenkolonien sind ein wiederkehrendes Motiv, sie gehören zum vertrauten Bild der Ringbahn wie die blühenden Fliederbüsche im Frühling, moosige Stützmauern und schlanke Birkenstämmchen auf verrotteten Gleisen. Neben den sonnengelb lackierten Stromschienen für den S-Bahn-Betrieb laufen Gütergleise, die sich aufspalten und zu Rangierfeldern verzweigen. An Verladerampen werden Güterwaggons entleert, man sieht Betonsilos, mächtige Gasometer und Kraftwerksschlote. „Marmor und Granit“, „Berliner Fliesenmarkt“, „Löwengas“,

„Honda Service" oder „Hells Angels" ist in großen Buchstaben auf Schuppen und Mauern zu lesen. Fuhrparks der Stadtreinigung und der Wasserwerke warten neben den Gleisen auf ihren Einsatz, Feuerwachen sind in Alarmbereitschaft, auf wüsten Lagerplätzen rosten Schrottautos und Baugerüste. Möbelhäuser, Fabriken, Schulhöfe, Kinderspielplätze, Sporthallen, Hafenanlagen mit weißen Ausflugsdampfern, Kränen und Lagerhäusern, der Großmarkt, das größte Hotel Deutschlands, die Betonpiste der Stadtautobahn, das Messegelände, das Flugfeld von Tempelhof, darüber ein blassblauer oder verhangener Himmel – das alles fügt sich zu einem ungefilterten Film der Stadt.

Etwas vom Leben in den Häusern und Straßen strömt bei jedem Halt in die S-Bahn-Wagen: Albernde Schulkinder, Zeitungsleser auf dem Weg zur Arbeit, Hundebesitzer, Liebespaare, Mütter mit Kinderwagen, schwer beladene Hausfrauen, Fahrradboten, Straßenmusiker, Zeitungsverkäufer. Die Waggons sind breit und geräumig, selten geht es so drangvoll und ungemütlich zu wie in der U-Bahn. Man merkt es der S-Bahn an, dass sie ein Nachfolgemodell der guten alten Dampfeisenbahn ist, für die auch die Ringbahnstrecke ursprünglich gebaut wurde. Obwohl das schnellste Berliner Nahverkehrsmittel, hat sich die S-Bahn eine gewisse Eisenbahngemütlichkeit bewahrt: Das rhythmische Kollern der Räder, das sanfte Rütteln und Schaukeln, die allmähliche Beschleunigung beim Anfahren, der großzügige Zuschnitt der Innenräume und die Szenerie vor den Fenstern wecken Erinnerungen an längere Bahnreisen. Die S-Bahn lässt Müßiggängern genügend Raum und Ruhe, ihre Mitreisenden zu mustern, aus dem Fenster zu schauen, Gedanken nachzuhängen und zu träumen. Um das Woher und Wohin muss man sich auf der Ringbahn keine Gedanken machen. Daher war sie in prüderen Zeiten ein

beliebtes Refugium für junge Liebespaare, die sich nicht zu Hause verabreden durften. Als „Knutschtour" ist die große Ringbahnrunde in Sprachgebrauch und Erinnerung älterer Berliner lebendig geblieben.
Jeder Haltepunkt auf der Strecke hat seine eigene Atmosphäre und seine eigene Architektur. Es gibt prächtige Vorortbahnhöfe aus der Kaiserzeit, die verwaist sind wie Westend, und schäbige Provisorien, in denen das Leben pulsiert wie am Ostkreuz. Die Züge halten in großzügigen Glashallen und an windigen Bahnsteigen. Manchmal scheinen die Bahnhofstreppen geradewegs ins Nichts zu führen. In den jüngsten Stationsgebäuden lenken sie die Reisenden zielsicher in illuminierte Shoppingparadiese. An den Bahnsteigdächern, Pflasterungen, Treppen und Aufzügen lässt sich studieren, wie elegant oder wie klobig Zweckbauten ausgeführt werden können. Jeder Bahnhof ist ein Individuum und pflegt ein besonderes Verhältnis zu den umliegenden Stadtteilen, jeder besitzt seine Sehenswürdigkeiten. Das wenigste sieht man vom Zug oder vom Bahnsteig aus. Um den Mikrokosmos der 27 Ringbahnstationen zu begreifen, muss man aussteigen und sich umschauen. Das kann Stunden und Tage dauern.
Die Ringbahnstrecke und ihre Stationen besitzen eine weit über hundertjährige, sehr wechselvolle Geschichte, in deren Verlauf sich nicht nur das Aussehen der Züge und Bahnhöfe veränderte. Die Ringbahn beeinflusste die Stadtentwicklung und das Stadtleben in vielfältiger Weise. Umgekehrt drückten die Vorgänge in der übrigen Stadt dem Bahnbetrieb ihren Stempel auf. Um die Ringbahn als Element der Stadt, um die an ihr entstandenen und entstehenden Stadträume geht es auf unserer Reise, nicht um Bahntechnik und Verkehrsgeschichte. In der Gründerzeit förderte die Ringbahn das rasche Flächenwachstum Berlins und sicherte die Versorgung

der Millionenstadt mit Lebensmitteln und Rohstoffen für die Industrie. Nach der Elektrifizierung am Ende der Zwanzigerjahre galt die S-Bahn als modernstes Nahverkehrsmittel der Welt. In der Nachkriegszeit verklammerte der Ring die auseinanderdriftenden Stadthälften, bis der Mauerbau diese Lebensader der Stadt zerschnitt. Die S-Bahn war Symbol und Zankapfel im Ost-West-Konflikt, mit dem Ergebnis, dass die größere westliche Hälfte des Bahnrings abstarb. Schon vor dem Mauerfall begannen in West-Berlin die Wiederbelebungsversuche, während der Ostring ein unverzichtbares Glied im Nahverkehrssystem der DDR-Hauptstadt blieb. Nach der Wiedervereinigung dauerte es noch zwölf Jahre, um die zerschlagenen und verwahrlosten Teile des Rings wieder zusammenzufügen und das Berliner S-Bahn-System annähernd wieder auf den Stand der Vorkriegszeit zu bringen.

Mit der Wiederherstellung des Vollrings ordnen sich die Verkehrsströme neu. Das geschieht nicht schlagartig, sondern ist ein langer Prozess, der mit der Wiedereröffnung des so genannten Südrings zwischen Baumschulenweg und Westend im Jahr 1993 begann und mit der Schließung der letzten Lücke im Sommer 2002 noch lange nicht abgeschlossen ist. Während der Bauzeit veränderte sich das Stadtbild an vielen Haltepunkten bereits dramatisch: Hochhäuser, Einkaufszentren und Sporthallen schossen aus dem Boden, große Wohnsiedlungen und neue Fernbahnhöfe wurden geplant. An anderen Streckenabschnitten änderte sich vorerst wenig, schien die Zeit stillzustehen. Diese Ungleichzeitigkeit gehört zu den faszinierenden Erfahrungen jeder Ringbahn-Reise. Beobachtet man die vermeintlich festgefügten städtischen Strukturen über einen längeren Zeitraum, stellt sich heraus, dass sie so unverrückbar gar nicht sind. Was wie eine vergessene Brache aussieht, ist möglicherweise schon längst von Stadtplanern oder Investoren als potenzielle Goldgrube entdeckt worden. Was man vor Ort sieht, fotografiert oder beschreibt, ist vielleicht morgen schon unwiederbringlich dahin. Alle Zustände der Stadt, die in diesem Buch beschrieben werden, sind Übergangszustände.

Wenn Stadtplaner vom S-Bahn-Ring reden, fällt sicher irgendwann das Wort „Hundekopf". Um das zu verstehen, muss man eine Karte Berlins zur Hand nehmen und die Ringbahntrasse mit einem dicken Filzstift nachzeichnen. Bald zeigt sich eine hübsche Hundekopfsilhouette: Die Schnauze liegt in Charlottenburg, der Scheitel im Wedding und der Hals in Neukölln. Das Kopfinnere ist im Verständnis der Stadtplaner die Innenstadt, außerhalb liegt die Peripherie. Die Dynamik der Veränderung, die Berlin seit dem Mauerfall erfasst hat, ist auf der Grenzlinie nicht geringer als in der City. Doch während dort die Entwicklung stark vom Bedürfnis bestimmt ist, der Hauptstadt und dem Staat eine ansehnliche Schauseite zu verleihen, tritt am „Hundekopf" stärker das alltägliche Funktionieren der Millionenstadt ins Blickfeld.

Wo steigen wir aus? Wo fangen wir an? Ein Ring hat weder Anfang noch Ende. Ein Buch allerdings verlangt nach einer linearen Dramaturgie. Das hat schon den Philosophen Adorno geärgert, als er darum rang, seine „Ästhetische Theorie" in eine druckbare Form zu bringen: „Das Buch muß gleichsam konzentrisch in gleichgewichtigen, parataktischen Teilen geschrieben werden, die um einen Mittelpunkt angeordnet werden, den sie durch seine Konstellation ausdrücken." Schön gedacht. Nur gibt es leider keine ringförmigen Bücher. Selbst Ringbücher fangen mit einem Pappdeckel an und hören mit einem Pappdeckel auf.

Kann man einen Ursprungsort finden, auf den sich alle Teile des Rings gleichermaßen beziehen? Ja, sicher: die Mitte.

Potsdamer Platz

Am Anfang war die Eisenbahn

BAHNHOF POTSDAMER PLATZ. In großen hellen Buchstaben hebt sich der Schriftzug von zwei Riesenpavillons aus Glas und anthrazitfarbenem Stahl ab, die an der berühmtesten Verkehrskreuzung Berlins aus dem aufgerissenen Sandboden gewachsen sind. Um den Passanten, die aus der Unterwelt auftauchen oder in sie hinabsteigen, wirksam Schutz vor Wind und Regen zu gewähren, sind die kubischen Eingangsbauwerke etwas zu groß geraten. Doch um vor der Hochhauskulisse am Potsdamer Platz überhaupt wahrgenommen zu werden, dürften sie nicht kleiner sein. So perfekt fügen sie sich in den neuen Stadtraum, dass sie trotz ihrer monumentalen Einfachheit geradezu elegant erscheinen. Man denkt an Mies van der Rohes Neue Nationalgalerie, zu der die neue Potsdamer Straße hinüberführt: auch so eine minimalistische Stahl-Glas-Konstruktion, die allein durch ihre Proportionen wirkt. Und man denkt an Karl Friedrich Schinkel, den Architekten der nach dem Zweiten Weltkrieg verschwundenen Torhäuschen am Potsdamer Platz. Sie standen ein paar Meter weiter östlich, dort wo sich die profane Verkehrskreuzung zum repräsentativen Achteck des Leipziger Platzes weitet. Die Reminiszenz ist beabsichtigt: Die beiden neuen Pavillons sollen ins Gedächtnis rufen, dass Berlin im frühen 19. Jahrhundert hier zu Ende war, dass es ein Stadttor gab und davor einen Bahnhof, den ersten von Berlin.

Zu sehen ist davon nichts mehr. Nur aufgewühlte Brachen, aus denen Jahr um Jahr neue Häuser emporschießen, die alle ein bisschen zu groß geraten scheinen. Für Helmut Jahns Glasturm auf dem Sony-Gelände hat sich Ende der Neunzigerjahre ein solventer Mieter gefunden:

die Konzernleitung der Deutschen Bahn. „BahnTower" steht seitdem an dem abweisenden Betonsockel. Einen guten Einblick ins Gehirn des Bahnkonzerns gewinnt man, wenn man mit dem Lift auf den benachbarten Backsteinwolkenkratzer des Architekten Kolhoff hinauffährt. Man kann dann von oben in die gläsernen Waben des Büroturms schauen, bemerkt überall denselben grauen Teppich, die gleichen Arbeitsflächen aus hellem Holz auf dünnen Metallbeinchen, die Computer mit der Verkabelung zur Fensterseite und dahinter unzählbar viele menschliche Arbeitsbienchen.

Sie wirken jederzeit austauschbar, doch der Ausblick von den Büros dürfte ihr Selbstgefühl heben. Nach Norden liegt ihnen der Tiergarten wie ein grüner Teppich zu Füßen, Vordergrund eines grandiosen Panoramas mit Reichstagskuppel und Kanzleramt. Jenseits der Spree drehen sich viele Kräne, dort entsteht an der Stadtbahn der neue Zentralbahnhof. Auf der Stadtbahn fahren unablässig Spielzeugeisenbahnen: blaue Interregios, rote Regionalbahnen und weiße ICE-Schnellzüge. Die Ringbahnstrecke ist weit weg, verschwunden im Großstadtdunst, der den Horizont vernebelt. Schemenhafte Landmarken verraten ihren Verlauf: im Westen der Funkturm, im Norden die Hafenspeicher an der Beusselstraße, im Osten der Allianzturm am Treptower Park, im Süden die schimmernde Fläche des Flughafens Tempelhof.

Vom Schienenverkehr am Potsdamer Platz sehen die Bahnmitarbeiter im Glasturm nichts. Alles Nützliche hat man unter der Erde versteckt, um das schöne neue Stadtbild nicht zu stören. Nur der lästige Durchgangsverkehr der Autos darf sich ungehemmt entfalten: Er gehört halt einfach zum Bild einer Weltmetropole mit putzigen Wolkenkratzern dazu. Unter der Erde halten die U- und S-Bahnen seit ein paar Jahren wieder auf Bahnhöfen, die in Mauerzeiten geschlossen waren. Die

Der Potsdamer Bahnhof in Berlin

Gestalt des Bahnhofes aus dem Jahre 1848, Eröffnung 1838

Der erste Berliner Bahnhof erwies sich bald als zu klein. 1872 ersetzte ihn ein repräsentativer Neubau im Neorenaissancestil, an den 1880 ein Kopfbahnhof für Ringbahnzüge angefügt wurde. Ursprünglich vor den Toren der Stadt gelegen, entwickelte sich der Bahnhof rasch zu einem Brennpunkt innerstädtischer Betriebsamkeit.

neuen Fernbahnsteige unter dem Potsdamer Platz, auf denen einmal Regionalzüge halten sollen, schlummern im Dämmerlicht. Erst in ein paar Jahren, wenn der neue Zentralbahnhof nördlich des Regierungsviertels angefahren werden kann, wird man am Potsdamer Platz wieder in Fernzüge steigen können.

Hier also hat alles angefangen. Am 29. Oktober 1838 keuchte der erste Zug auf einem behelfsmäßigen Sackbahnhof vor der Stadtmauer am Potsdamer Platz.

„Die sämmtlichen hier anwesenden Prinzen des Königl. Hauses hatten der Einladung des Direktoriums, der Eröffnungsfahrt beizuwohnen, huldreichst anzunehmen geruht; desgleichen waren Einladungen an die Herren Staatsminister und viele hohe Civil- und Militair-Beamte ergangen", berichtete am folgenden Tag Ludwig Rellstab in der „Vossischen Zeitung". Nach Potsdam ging die Reise. „Überall am Wege hatten sich dichte Gruppen von Zuschauern aufgestellt, welche den heranbrausenden Zug freudig durch Hüteschwenken und Zuruf begrüßten. In Potsdam wurde er durch donnernde Böller, Musik und lauten Jubelruf der gedrängten Menge empfangen ... Eine unverkennbare Freude drückte sich bei allen Theilnehmern aus. Jeder fühlte, daß dies der Anfangspunkt einer höchst segensreichen, bedeutungsvollen Zukunft für beide Städte, bald auch, so empfand man, für das ganze Land sein werde, indem sich nun, da der Glaube an die dem Wunderbaren nahe kommenden Wirkungen der Eisenbahn so in die Hand gegeben ist, das Interesse dafür, und mit ihm die fernere Ausdehnung derselben, gewiß von Tage zu Tage steigern wird!"
Prophetische Worte. Mit der Inbetriebnahme der Berlin-Potsdamer Eisenbahn begann ein neues Kapitel der Stadtgeschichte. Die Berliner fanden rasch Geschmack am neuen Tempo des Reisens. Die Vertreter von Handel und Banken hatten schon seit Jahren darauf gedrängt, die in England erfolgreiche Eisenbahntechnologie nach Preußen zu holen. In wenigen Jahren legte sich ein Strahlenkranz von Bahnlinien um die Stadt. Mit dem Eisenbahnbau begann die Entwicklung Berlins zu einer modernen Industriemetropole. Das neue Verkehrsmittel brachte Rohstoffe, Industriegüter und zahllose Glücksucher nach Berlin. Am Beginn des Eisenbahnzeitalters lebten in der Residenz rund 300.000 Menschen. In nur dreißig Jahren verdoppelte sich ihre Zahl. Das rasche Wachstum zur

Millionenstadt im 19. Jahrhundert wäre ohne die Eisenbahn nicht möglich gewesen, nur mit Hilfe eines immer engmaschigeren Schienennetzes ließ sich eine so große Zahl von Menschen in Bewegung halten, mit Arbeit und allem Lebensnotwendigen versorgen.
Ein so einschneidendes Ereignis der Stadtgeschichte sollte im Stadtbild erkennbar sein. Aber dem ist nicht so. Wir müssen die Phantasie anstrengen, um uns den abgetragenen Bahnhof Potsdamer Platz in die Szenerie des Neuen Berlin hineinzuphantasieren. Wenigstens steht uns dabei kein schickes neues Gebäude im Weg. Für die Erinnerung an den Potsdamer Bahnhof haben die Stadtplaner der Neunzigerjahre immerhin eine unbebaute Lücke gelassen. Von der Stresemannstraße erstreckt sich zwischen massiven Neubauten eine zugige Schneise bis zum Landwehrkanal. Noch dient sie als wüste Abstellfläche für Baucontainer, Bagger und Baumaterialien, soll aber einmal eine ansehnliche Parkanlage werden. Darunter verlaufen die neuen Tunnelröhren für Regional- und Hochgeschwindigkeitszüge.
Die östliche Bauflucht des Daimler-Areals an der Linkstraße wird von einem kleinen Platz aufgelockert, benannt nach dem Eisenbahnliebhaber Theodor Fontane, der in seiner letzten Wohnung an der alten Potsdamer Straße 134c die meisten seiner Romane niederschrieb. Hinter dem Fontaneplatz lugt die graue Steinfassade des Weinhauses Huth zwischen den klotzigen neuen Nachbarn hervor. 1912 erbaut, ist es neben dem Hotel Esplanade das einzige historische Gebäude am Potsdamer Platz. Etwa auf der Höhe des Weinhauses lag der alte Potsdamer Bahnhof, die Eingangsfront verlief quer zu der unbebauten Schneise. Dadurch entstand an der heutigen Stresemannstraße ein schiefwinkliger Bahnhofsvorplatz. Auf alten Fotos und Karten erkennt man, dass ein Teil davon noch lange vom umfriedeten Begräbnisplatz der

Dreifaltigkeits-Gemeinde eingenommen wurde. Heute schwer vorstellbar: Ein kleiner Friedhof mitten auf einem der prominentesten Plätze der Metropole.
Friedhöfe und Eisenbahn gehörten im 19. Jahrhundert zu den Dingen, für die nach Auffassung der zuständigen Behörden in der Stadt kein Platz war und die deshalb vor die Tore verbannt wurden. Der schnurgerade Verlauf der Stresemannstraße folgt der damaligen Stadtgrenze. Zwischen 1734 und 1736 wurde hier die so genannte Akzisemauer errichtet. Die Akzise war eine Verbrauchssteuer des Staates auf eingehende Konsumgüter wie Fleisch, Schlachtvieh, Brotgetreide, Salz und Bier. Auf Wunsch der preußischen Steuerverwaltung entstand der erste Bahnhof außerhalb der Akzisemauer, da sich so Personen und Waren, die mit dem neuen Verkehrsmittel anreisten, problemlos kontrollieren ließen. Außerdem erschwerte die einfache Steinmauer den Soldaten der Berliner Garnison das Desertieren, besaß sonst aber keinerlei militärische Funktion. 1867 wurde das lästige Verkehrshindernis am Potsdamer Platz abgerissen. Knapp ein Jahrhundert später befahl die DDR-Führung den Bau einer neuen Mauer, nun um die Abwanderung der Bevölkerung aus der sozialistischen Hauptstadt zu stoppen. Zwischen Brandenburger Tor, Potsdamer Platz und Zimmerstraße folgte der Todesstreifen der alten Akzisegrenze, die im 20. Jahrhundert zur Stadtbezirksgrenze zwischen Tiergarten und Mitte geworden war, nach dem Zweiten Weltkrieg zur Sektorengrenze und schließlich zum Eisernen Vorhang.
Wo die Möckernstraße in die Stresemannstraße einmündet, ist zur 750-Jahr-Feier ein Fragment der Akzisemauer auf dem Mittelstreifen nachgebaut worden. Die Lage der ersten Berliner Bahnhöfe zur früheren Stadtgrenze lässt sich dort leichter nachvollziehen als am Potsdamer Platz, da der aus gelben Ziegelsteinen aufgemauerte Portikus

des Anhalter Bahnhofs der Abrisswut der Nachkriegszeit widerstanden hat. Drei Jahre nach der Eröffnung des Potsdamer Bahnhofs ging an dieser Stelle die Anhalter Bahn nach Magdeburg und Sachsen in Betrieb. 1842/43 folgten die Stettiner Bahn mit Endstation am heutigen Nordbahnhof und die Frankfurter Bahn am heutigen Ostbahnhof. 1847 kam der Hamburger Bahnhof dazu: Der einzige erhaltene Bahnhofsbau aus der Frühzeit der Eisenbahn in Berlin, jetzt Ausstellungshaus der Nationalgalerie für die Kunst der Gegenwart.

Innerhalb eines Jahrzehnts verfügte Berlin mit den ersten fünf Bahnlinien über Anschlüsse in alle Himmelsrichtungen. Finanziert wurden sie von privaten Kapitalgesellschaften. Der preußische Staat unterstützte die Bahnprojekte nur zögerlich. Überliefert ist der Ausspruch König Friedrich Wilhelms III.: „Alles soll Karriere gehen, Ruhe und Gemütlichkeit leiden aber darunter. Kann mir keine große Seligkeit davon versprechen, ein paar Stunden früher in Berlin und Potsdam zu sein."

Zum Missfallen der Bahnkunden, insbesondere der Militärs, hatten die konkurrierenden Eisenbahngesellschaften nicht daran gedacht, sich um bequeme Umsteigemöglichkeiten zu bemühen. Güter und Truppentransporte mussten zeitraubend umgeladen werden, wenn die Reise über Berlin ging. Eine fehlgeschlagene Mobilmachungsübung veranlasste die preußische Regierung, endlich selbst im Eisenbahnbau tätig zu werden. Auf Staatskosten ließ sie bis Oktober 1851 eine eingleisige Verbindungsbahn zwischen den fünf bestehenden Kopfbahnhöfen anlegen. Sie führte vom Stettiner Bahnhof ostwärts zum Hamburger Bahnhof, dann vor dem Brandenburger Tor vorbei zum Potsdamer und Anhalter Bahnhof und entlang der südlichen Akzisemauer bis zum Frankfurter Bahnhof. Ein halber Eisenbahnring schlang sich nord-süd-westlich um das damali-

ge Berlin: ein recht bescheidener Vorläufer der späteren Ringbahn.
Diese Verbindungsbahn erleichterte schwere Güter- und Truppentransporte, normale Bahnreisende aber hatten nichts davon. Sie mussten weiterhin an den Kopfbahnhöfen aussteigen und zusehen, wie sie durch die Stadt zum nächsten Zug kamen. Wenn Güterzüge auf den ebenerdigen Gleisen des Verbinders unterwegs waren, brach der Stadtverkehr regelmäßig zusammen. Über dieses Ärgernis schrieb ein Zeitzeuge, der Schauspieler Hugo Wauer, an einen Freund: „Stelle Dir vor, daß unser Schmerzenskind, die Passage am Potsdamer Platz, täglich sechs- oder achtmal durch einen aus ‚Sanitätsrücksichten' behutsamst fahrenden, von einem langsamst schreitenden mit einer großen Glocke läutenden Bahnbeamten geführten Zug von 60 bis 100 Güterwagen vollständig gesperrt wurde, aber nicht etwa ‚Anno dazumal', sondern noch nach 1870. Bei jedem derartigen Zuge stauten sich hunderte von Fuhrwerken und tausende von eiligen Passanten."
Aus dem beschaulichen Stadtrandgebiet am Potsdamer Tor war ein quirliges Bahnhofsviertel geworden, die wichtigste Verkehrsdrehscheibe zwischen den aufstrebenden Stadtteilen im Westen und dem alten Stadtkern von Berlin. Um das ungehemmte Fließen des stetig wachsenden Verkehrs zu ermöglichen, wurde 1867 ein ganzes Bündel von Maßnahmen eingeleitet: Die Akzisemauer am Potsdamer Platz fiel, den bescheidenen Potsdamer Bahnhof ersetzte ein geräumiger Neubau, und weit außerhalb der Stadt begannen die Bauarbeiten für eine kreuzungsfreie Ringbahn mit dem Ziel, die alte Verbindungsbahn zwischen den Kopfbahnhöfen zu ersetzen.
Vier Jahre später verkehrten die ersten Züge auf Teilstrecken des Rings, zehn Jahre später war er geschlossen. Die 37 Kilometer lange Strecke sollte vor allem den

Güterverkehr erleichtern, bescherte aber auch den Stadtrandgemeinden einen Bauboom. Um den Austausch zwischen der Peripherie und dem Zentrum zu verbessern, wurde 1881 eine direkte Verbindung zwischen dem neuen Potsdamer Bahnhof und dem Ring in Betrieb genommen: die Südring-Spitzkehre. Die Personenzüge auf der Ringbahn fuhren seitdem von Schöneberg direkt zum Potsdamer Platz und wieder retour. Wer auf der südlichen Ringbahn weiterreisen wollte, musste an der Kolonnenstraße in einen entgegenkommenden Zug umsteigen. Der Potsdamer Bahnhof war Ausgangs- und Zielpunkt der Ringbahnzüge.

Der Personenverkehr auf der Strecke wuchs so rapide, dass 1890/91 ein zusätzlicher Bahnhofsneubau am Potsdamer Platz fällig war. Zwischen den Gleisen des Fernverkehrs und der Köthener Straße entstand der Potsdamer Ringbahnhof, die Station für die Pendler zwischen dem Zentrum und den Vorstädten am Ring. Der Ringbahnhof versah seinen Dienst bis zu einem Bombenangriff im Jahr 1944, danach wurde die Spitzkehre stillgelegt. Erst von da an verkehrten die Ringbahnzüge als Vollringzüge ohne Zwischenstopp am Potsdamer Platz.

Es fällt schwer, sich das vorzustellen, wenn man an der rot verklinkerten Baumasse steht, die ein Investor auf den euphemistischen Namen „Parkkolonnaden“ getauft hat, und durch die Köthener Straße in Richtung Landwehrkanal schaut. Keine Ruine, kein Denkmal, nichts. Nur dieser magere Schriftzug auf den Toren in die Unterwelt: BAHNHOF POTSDAMER PLATZ.

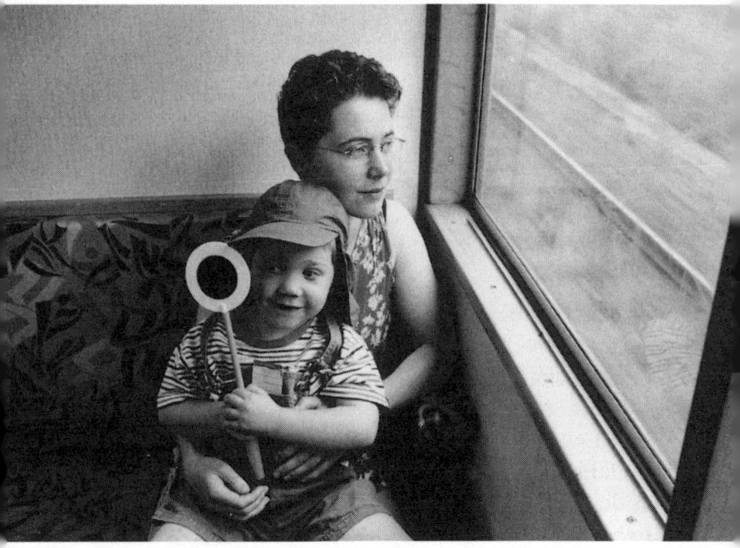

Die geräumigen S-Bahn-Wagen sind das familienfreundlichste Berliner Nahverkehrsmittel. Für Kinder gibt es viel zu sehen und für die Erwachsenen viel zu erklären. Die beiden Sonntagsausflügler sind auf dem Weg zur Parkeisenbahn in der Wuhlheide.

Nord-Süd-Tunnel

Passage durch die Unterwelt

Abwärts in die Unterwelt, wo die Toten und die dienstbaren Geister wohnen, wo das Grundwasser gluckert und die Überreste der Vergangenheit ruhen. Strom, Gas, Wasser, Wärme und Kloake fluten durchs Erdreich, eine komplizierte Maschinerie unter den polierten Bühnen des städtischen Lebens. Waren und Passanten werden dem neuen Stadtviertel am Potsdamer Platz gleichfalls unterirdisch zugeführt, aber auf getrennten Wegen. Sorgsam bleibt den Augen der Anreisenden verborgen, wie das Konsumgut in die Geschäfte gelangt, damit das Herz des Neuen Berlin als Schlaraffenland erscheine. Die horizontale Schichtung des Konsums lässt eine deutliche Hierarchie erkennen: Unter Straßenniveau wird die Massenspeisung an Fast-Food-Tresen abgewickelt, dort haben Aldi und die Traumsäle der Multiplexe ihren Ort gefunden. Oben liegen die Stores für Luxusprodukte, edlere Restaurants, Lofts, Hotelsuiten und umglaste Büros. Ein bisschen erinnert das alles an die Ober- und Unterwelt in „Metropolis", den Filmklassiker von Fritz Lang, den das Filmmuseum auf dem Sony-Areal mit einer grandiosen Rauminstallation würdigt.
Unter dem oberirdischen Autoverkehrskreuz ist eine künstliche Kaverne entstanden, an deren Sohle in ein paar Jahren Regionalzüge halten sollen. Auf Rolltreppen geht es hinab in das Verteilergeschoss, das den Hohlraum über den Bahnsteigen wie eine Galerie umschließt. Perrons und Treppen sind in Beton gegossen, es fehlen aber noch Schienen, Anzeigetafeln, Sitzbänke, Automaten und Passagiere. Eine gläserene Absperrung bewahrt die Passanten auf der Galerie davor, in den Rohbau hinabzustürzen. Wahrscheinlich wird die Halle künftigen

Reisenden, die in ein paar Jahren unten aus den Zügen steigen werden, sehr hoch und geräumig erscheinen. Hier oben, im Zwischengeschoss, knapp unter der dunklen, mit einem dünnen Metallgitter kaschierten Decke, wird man das Bunkergefühl nie ganz los. Daran ändern auch die verglasten Seitenwände mit ihrer Tageslichtsimulation nichts und auch nicht die schrägen Metallröhren, die mittels eines Spiegelsystems Sonnenlichtflecke auf den Boden der Höhle zaubern. Die wenigen Passanten durchmessen die Halle rasch, ehe sie durch die zugigen Ausgänge oder die gläserne Drehtür zur Passage abgehen, musikalisch begleitet von den hallenden Schlägen einer Marimba. Nach ein paar Takten ist die vertraute Melodie erkannt: Ein wackerer Straßenmusiker klöppelt Mozarts kleine Nachtmusik.

Vor dem Verbindungstunnel zum alten S-Bahnhof steht ein Schild: „Wegen Bauarbeiten gesperrt". So geht das nun zehn Jahre. Immer dann, wenn man sich gerade an einen Weg gewöhnt hat, wird man auf einen Umweg geschickt. Auch eine Art, die Unterwelt seiner Stadt besser kennen zu lernen.

Seit der Wiedereröffnung im Jahr 1992 wird ununterbrochen am historischen S-Bahnhof Potsdamer Platz gewerkelt. In Mauerzeiten war er ein so genannter Geisterbahnhof, auf dem die S-Bahnzüge nicht hielten. Sie transportierten Umsteiger, Ein- und Ausreisende von den Westbezirken Wedding und Kreuzberg zum Bahnhof Friedrichstraße, dem meist frequentierten Grenzübergang der geteilten Stadt. Soldaten mit Maschinenpistolen wachten auf den Geisterbahnhöfen darüber, dass die Züge wie vorgeschrieben in langsamem Tempo durchfuhren. Auf den Bahnsteigen, die im Dämmerlicht verfallen wirkten, schien die Zeit stehen geblieben. Die unheimliche Atmosphäre des Kalten Kriegs war hier wie in einer unterirdischen Luftblase konserviert. Die ersten zivilen

Höhlenforscher, die nach dem Mauerfall in die jahrzehntelang verschlossene Unterwelt vordrangen, berichteten, sie hätten dort noch eine Menge Fahrkarten vom 13. August 1961 gefunden, dem Tag des Mauerbaus.
Gruseln muss sich heute niemand mehr. Auf dem S-Bahnhof herrscht eine Helligkeit, die es schwer macht, Gespenster der Vergangenheit zu sehen. Die spiegelnden weißen Wandfliesen, die geräumigen Bahnsteige, hellen Decken und breiten Treppen atmen den Geist der Neuen Sachlichkeit. Nur die Frakturbuchstaben des Bahnhofsnamens an den Wänden geben einen Hinweis auf die Zeit seiner Eröffnung. Im Frühjahr 1939 ging die Station vorläufig in Betrieb, ab 9. Oktober 1939 verkehrten die Züge vom Anfang bis zum Ende des neuerbauten Nord-Süd-Tunnels, vom Stettiner Bahnhof bis zur Großgörschenstraße.
Die Idee, eine Bahnstrecke in Nord-Süd-Richtung durch den S-Bahn-Ring zu legen, um den Verkehr zwischen Stadtzentrum und Randbezirken zu erleichtern, gab es schon seit der Kaiserzeit. Vorbild war die Stadtbahn, die kurz nach der Vollendung des Rings in Ost-West-Richtung durch den Altstadtkern gebaut worden war. Eine vergleichbare Strecke in Nord-Süd-Richtung zu verwirklichen, gestaltete sich von Jahr zu Jahr schwieriger, da die Bebauung innerhalb des Rings immer dichter wurde. Erst die Elektrifizierung der Stadtbahn, der Ringbahn und der Vorortstrecken in den Zwanzigerjahren ermöglichte eine Streckenführung unter der Erde. Damit zog die S-Bahn mit der U-Bahn gleich, die seit 1902 teils unterirdisch, teils oberirdisch verkehrte. Als Arbeitsbeschaffungsmaßnahme und nationalsozialistisches Prestigeprojekt wurde der Tunnelbau für die S-Bahn im Jahr von Hitlers Machtantritt beschlossen. Pünktlich zur Berliner Olympiade von 1936 war das erste Teilstück zwischen Stettiner Bahnhof und der Station Unter den Linden fer-

tig. Die Eile, mit der das Projekt vorangetrieben wurde, forderte freilich einen hohen Preis: Am 20. August 1935 stürzten die Wände der Tunnelbaustelle unweit des Brandenburger Tores ein und begruben 23 Arbeiter unter sich, von denen nur vier den Unfall überlebten. Die NS-Propaganda sprach vom „Opfertod", mit dem die „auf dem Felde der Arbeit gefallenen Arbeitskameraden" ihre „Treue zum Werk" bezahlt hätten.

Noch vor wenigen Jahren wurden die alten Tunnelbahnhöfe von S-Bahn-Zügen der ersten Generation befahren. Es war für die Nachgeborenen jedes Mal ein merkwürdiges Gefühl, von den harten Holzbänken fast denselben Ausblick zu genießen, der sich den Vorfahren geboten hatte. Die alten Waggons mit den runden Scheinwerferaugen und der genieteten Außenhaut besaßen eine unverwechselbare Physiognomie und einen heimatlichen Klang, sie ratterten, klapperten und pfiffen ganz unelegant, zischten beim Anhalten und verabschiedeten sich mit einem heftigen Türenzuschlagen von den Stationen. Die neuen Züge klingen beim Ein- und Ausfahren, als werde eine elektrische Windmaschine ab- und wieder angeschaltet. Unvergesslich, wie die gerundeten Griffe in der Hand lagen, an denen man kräftig reißen musste, um die alten Schiebetüren aufzustoßen. Leuchtende Sensoren haben sie verdrängt, eine Hilfe für Alte und Schwache, doch hinterlassen die elektronischen Türöffner keine körperliche Erinnerung. Die Türen schließen behutsamer, dafür tuten und blinken sie jetzt. Das martialische Zusammenkrachen der Türen bei den ausrangierten Wagen klingt noch im Ohr nach.

Wurde man früher auf der Fahrt kräftig durchgerüttelt, so droht nun eine Seekrankheit. Die blaugrün gepolsterten Sitze mit ihrer wellenförmigen Rückenlehne schaukeln sanft in den vielen Kurven, dabei schaut man durch ein Gummigelenk den Wendungen des Nachbarwaggons zu

und fühlt nicht länger den Stahl unter den Achsen. Nur gegen das ohrenbetäubende Pfeifen der Räder in den Tunnelwindungen, besonders bei geöffneten Lüftungsklappen im Sommer, scheint es kein Gegenmittel zu geben.
Die unterirdische Fahrt vom Potsdamer Platz zum Anhalter Bahnhof kommt einem lang vor, viel länger als die paar hundert Meter Fußweg zwischen den Eingängen. Vermutlich weil der oberirdische Weg ein schnurgerader ist, die Züge sich aber durch den Untergrund winden müssen. Der Tunnel weitet und verengt sich, dann wird es plötzlich sehr hell, und auf den vorüberziehenden Stationsschildern liest man: „Berlin Anhalter Bahnhof". Es sind keine Schilder aus der Kriegszeit, sondern blaugeränderte Tafeln, wie sie vor wenigen Jahren erst überall eingeführt wurden, um zu verkünden: Die alte Staatseisenbahn ist tot, es lebe das dynamische Dienstleistungsunternehmen Deutsche Bahn. Aber warum steht dann „Berlin" vor „Anhalter Bahnhof", als verkehrten in der zerstörten Halle über der Erde immer noch Expresszüge in ferne Länder? Das Reich der Bahngötter steckt voller Rätsel.
Schon schließen sich die Türen, und der Wagen gleitet wieder in den Tunnel. Auf Abstellgleisen sind schemenhaft Züge zu erkennen, in denen kein Licht brennt. Ein gelber Schriftzug taucht auf: „Werkstattzug". Die spärliche Beleuchtung lässt die Nacht im Tunnel noch schwärzer erscheinen. Leuchtstoffröhren huschen als weiße Streifen vorbei. Kein Hinweis darauf, dass der Zug jetzt unter dem Landwehrkanal hindurchfährt, dass über unseren Köpfen vielleicht eben jetzt ein Schiff voller Touristen schwimmt, die ihre Augen staunend auf den am Technikmuseum aufgehängten Rosinenbomber richten, während im selben Augenblick ein gelber U-Bahn-Zug auf einer Eisenbrücke über sie hinwegrollt.

Einmal ist die Tunneldecke über der S-Bahn geborsten, in den letzten Tagen des Zweiten Weltkrieges, als viele Berliner im Tunnel das Ende der Schlacht um das Regierungsviertel ersehnten. Wer die gewaltige Sprengladung zündete, die genau unter dem Landwehrkanal ein Loch in die Tunneldecke riss, ist bis heute ein Geheimnis. Die russischen Eroberer besaßen kaum die nötige Ortskenntnis, und die deutschen Verteidiger hatten eigentlich wenig Grund, ihre Widerstandnester im Untergrund eigenhändig auszuspülen. Durch den S-Bahn-Tunnel strömte die dunkle Flut bis zum Bahnhof Friedrichstraße, dort in den U-Bahntunnel bis zum Bahnhof Stadtmitte, weiter bis zum Alexanderplatz und schließlich in die tiefer liegenden Schächte der heutigen Linien U 5 und U 8. Fast 25 Kilometer des unterirdischen Bahnnetzes standen unter Wasser. Wie viele Zivilisten dabei ums Leben kamen, weiß niemand. Tausende seien es gewesen, hieß es nach dem Krieg. Belegt sind aber nur rund 200 Tote, die bei den Aufräumungsarbeiten aus dem Tunnel geborgen wurden.
Die Lichter fliehen schneller vorbei, der Zug beschleunigt, er hat es eilig, wieder ans Tageslicht zu kommen. Viele tote Gleise führen über die Yorckbrücken. Darunter staut sich jeden Nachmittag der Autoverkehr. Über dem Nadelöhr zeugen die parallelen Brücken – es waren einmal 27, von denen inzwischen viele abgerissen sind – vom ehemals regen Bahnbetrieb auf den weitläufigen Rangierfeldern hinter dem Potsdamer und Anhalter Kopfbahnhof. Der russische Emigrant Viktor Schklovskij nannte sie in den Zwanzigerjahren „das eiserne Herz Deutschlands", der Feuilletonist Joseph Roth rühmte die „eiserne Landschaft" als „Anfangs-Brennpunkt eines Lebenskreises und phantastisches Produkt einer Zukunft verheißenden Gewalt". In der Nachkriegszeit kam der Verkehr auf dem Schienenmeer fast vollständig zum

Erliegen. Die Gleis- und Signalanlagen verrotteten, Unkräuter, Robinien und Birken wuchsen zwischen den Schwellen. Als die Bauarbeiten am Potsdamer Platz begannen, wurde es auf dem Gelände erneut ungemütlich: Frische Zäune versperrten den Zugang, Bäume wurden umgehauen, leere Güterzüge rollten zu den Baugruben und schwer mit Erde beladen wieder zurück. Wenn die Baulogistik auf dem ehemaligen Rangiergelände nicht mehr gebraucht wird, soll dort ein schon seit vielen Jahren geforderter Park entstehen und das Technikmuseum sich weiter ausdehnen können.
Der Bahnhof Yorckstraße jenseits der Brücken besitzt nur einen schmalen Bahnsteig, man sieht ihm an, dass er erst spät – 1903 eröffnet – zwischen ältere Schienenstränge und Schuppen gezwängt wurde. Wenn der S-Bahn-Zug die Monumenten- und Kolonnenbrücke unterquert hat, erscheint im Bilderrahmen des linken Wagenfensters ein rätselhafter Betonklotz, freilich nur im Winter, wenn ihn die wild gewachsenen Birken auf den toten Gleisen mit ihrem Laub nicht verbergen. Man könnte das tonnenförmige, fensterlose Gebilde an der General-Pape-Straße für einen Bunker, Gas- oder Wasserspeicher halten. In den Jahren 1941/42 wurde der denkmalgeschützte „Großbelastungskörper" errichtet, um zu testen, wie viel Größenwahn der Berliner Baugrund zu tragen imstande ist. Die Pläne von Hitlers Architekten sahen nämlich vor, in dieser Gegend den größten Triumphbogen aller Zeiten zu errichten. Er sollte die Nord-Süd-Achse beherrschen, eine von Monumentalbauten gesäumte Prachtstraße, ausgespannt zwischen zwei geplanten Personenbahnhöfen am S-Bahn-Ring: einen Nordbahnhof zwischen den S-Bahnstationen Wedding und Westhafen sowie einen Südbahnhof anstelle der Station Papestraße. Der Drang nach Größe kulminierte in Planungen für eine Breitspurbahn mit einem Radabstand von drei Metern.

Die Mammutbahn sollte auf Hitlers persönliche Weisung Berlin, Hamburg, München, Linz und Nürnberg verbinden, später bis nach Spanien, Moskau und Istanbul fahren.

Um im Stadtzentrum genügend Platz für die nationalsozialistische Prachtentfaltung zu gewinnen, sollte der gesamte Fern- und Güterverkehr innerhalb des S-Bahn-Rings stillgelegt werden. Dafür wäre der Ring mit zusätzlichen Gleisen aufgerüstet worden. Auch Häuser standen Hitlers Träumen im Weg. Nach Berechnungen der Generalbauinspektion waren für die Nord-Süd-Achse 45.000 Wohnungen abzureißen. Rund 160.000 Menschen sollten umgesiedelt werden. Als 1942 die ersten britischen Bomben in Berlin einschlugen, sagte Hitler zu seinem Chefarchitekten und späteren Rüstungsminister Albert Speer: „Leider haben die Engländer diese Arbeiten nicht genau nach Ihren Plänen durchgeführt. Aber immerhin ist ein Anfang gemacht."

Papestraße

Umsteigen bei General Pappkarton

Die Geschichte der Stadt und ihrer Eisenbahnen ist nur zu begreifen, wenn man die militärischen Interessen im Wandel der Epochen mitbedenkt. Sicher war die preußische Armeeführung nicht die treibende Kraft bei der Herausbildung eines modernen Eisenbahnsystems im 19. Jahrhundert, sondern das aufstrebende Bürgertum mit seinen Wirtschaftsinteressen. Doch hat das Militär in Berlin immer wieder die Rolle eines Geburtshelfers gespielt, wenn es darum ging, geplante Strecken tatsächlich zu bauen und in Betrieb zu nehmen. Das fing mit der ersten Genehmigung für eine Eisenbahnstrecke an, die nicht zufällig zwischen Berlin und Potsdam verlief und schnellere Truppentransporte zwischen den Garnisonen ermöglichte. Gerade bei Unruhen in der Hauptstadt konnte es nützlich sein, rasch Truppen aus Potsdam heranzuschaffen. Anträge für den Bau einer Verbindungsbahn zwischen den ersten Kopfbahnhöfen lagen der Regierung seit 1844 vor, doch tätig wurde sie erst nach einer missglückten Mobilmachung im Jahr 1850, bei der die Truppen wegen fehlender Gleisverbindungen in Berlin stecken blieben. In kürzester Zeit wurde danach die Verbindungsbahn entlang der Akzisemauer auf Staatskosten gebaut.

Sie leistete bei den folgenden Kriegen Preußens nützliche Dienste: 1864, 1866 und 1870 wurden auf der alten Verbindungsbahn 274, 514 und 642 Militärzüge gezählt. Im preußischen Kriegsministerium verfolgte man sehr aufmerksam die Entwicklung des neuen Verkehrsmittels, das in den Strategieplänen der Generalstäbe eine immer größere Rolle spielte. Im Januar 1865 wurden dem Ministerium die Pläne für eine neue, weit um die Stadt herumführende Ringbahn unterbreitet. Sie sahen vor, die Strecke im Süden an der Hasenheide vorbeizuführen, dem damaligen Schießübungsplatz der Berliner Garnison. Südwestlich davon lag der riesige Exerzierplatz auf dem Tempelhofer Feld, etwa doppelt so groß wie das heutige Rollfeld des Flughafens, der dort nach dem verlorenen Ersten Weltkrieg entstand. Der Kriegsminister von Roon fürchtete eine Beeinträchtigung seines Militärgeländes durch die Ringbahn und forderte, sie in weitem Bogen südlich über Tempelhof zu führen. Das war ganz im Sinne des Berliner Magistrats, der erklärte, die Gürtelbahn mache nur Sinn, wenn sie durch die Vororte Pankow, Weißensee, Lichtenberg, Rixdorf, Tempelhof, Schöneberg, Wilmersdorf und Charlottenburg geführt werde. Dann erst sei durch die Einrichtung von Personenzügen die Möglichkeit gegeben, die Arbeiterbevölkerung aus der Stadt in die umliegenden Ortschaften zu lenken, wo sie billiger unterkommen könne.

Im August 1867 begannen die Bauarbeiten. Sie verzögerten sich wegen der Schwierigkeiten, alle nötigen Grundstücke zu erwerben, durch moorigen Baugrund und den harten Winter von 1869/70. Im Folgejahr brach der deutsch-französische Krieg aus. Er hemmte den Bahnbau, führte aber auch dazu, dass die Gleise zwischen Schöneberg und Tempelhof vorzeitig in Betrieb genommen wurden. Die ersten Züge auf einem Teilstück der Ringbahn transportierten ab August 1870 Kriegsverletzte aus Frankreich in Lazarettbaracken auf dem Tempelhofer Feld. In den Jahren nach dem Feldzug entwickelte sich in der Gegend um den heutigen S-Bahnhof Papestraße ein Militärkomplex zur Vorbereitung künftiger Eisenbahnkriege, finanziert aus den Reparationszahlungen der besiegten Franzosen.

Kurz nachdem der „Großbelastungskörper“ aus dem Wagenfenster des auf der Nord-Süd-Strecke fahrenden S-Bahn-Zuges nach Papestraße entschwunden ist, schieben

Der Ringbahnsteig an der Papestraße ging 1901 in Betrieb und ist weitgehend im Originalzustand erhalten. So wurde bei der provisorischen Instandsetzung 1993 darauf verzichtet, das typische Kopfsteinpflaster zu entfernen. Der Abriss des alten Bahnsteigs zugunsten eines modernen Bahnhofsneubaus war damals bereits beschlossene Sache.

sich von links rote und gelbe Ziegelbauten an den flachen Bahngraben heran. Es sind unverkennbar preußische Staatsbauten, sparsam und unverwüstlich, denen der Zahn der Zeit wenig hat anhaben können. Gebaut wurden sie in der Kaiserzeit für die preußischen Eisenbahnregimenter. Im Kriegsfall sollten diese Truppen den raschen Transport von Soldaten, Waffen und Munition sicherstellen, insbesondere im Feindesland und zu den Schlachtfeldern. Um im Frieden dafür üben zu können, errichtete das kurz nach dem Deutsch-Französischen Krieg aufgestellte erste Eisenbahnbataillon am westlichen Rand des Bahngrabens einen eigenen Kopfbahnhof. Die Königlich-preußische Militäreisenbahn verband seit 1875 den Exerzierplatz auf dem Tempelhofer Feld mit einem neuen Artillerieübungsplatz in Kummersdorf. In sicherer Entfernung zur Hauptstadt wurden immer größere Geschütze mit stetig wachsender Zerstörungskraft erprobt. Die Militärbahngleise dienten als Probestrecke für neue Lokomotiven, dabei erreichte am 6. Oktober 1905 ein elektrischer Triebwagen der Firma Siemens und Halske eine Geschwindigkeit von 200 Stundenkilometern. Eine den Eisenbahnern angegliederte Luftschifferabteilung experimentierte mit gasgefüllten Aufklärungsballons, was häufig zu Explosionen und tödlichen Abstürzen führte. Auch die ersten Kraftfahrerkompagnien gehörten zu der Truppe. Die neue Logistik veränderte die Strategie der Generalstäbe, sie ermöglichte im Ersten Weltkrieg zunächst rasche Truppenbewegungen über große Entfernungen, dann endlose Materialschlachten wie vor Verdun. Nach der Niederlage wurden die Eisenbahnregimenter aufgelöst und das riesige Militärgelände im Süden Berlins den Zivilisten zurückgegeben.

Geblieben sind die Kasernenbauten und der Name des S-Bahnhofs im früheren Militärgelände: Papestraße. Alexander von Pape war ein preußischer General und eine Legende. 1813 soll er in der Neuen Friedrichstraße zur Welt gekommen sein, als gerade ein Hornist der Armee das Wecksignal blies. Er diente sich bis zum General hoch und wurde am 19. September 1888 Generaloberst mit dem Range eines Generalfeldmarschalls, war zugleich Oberbefehlshaber in den Marken und Gouverneur von Berlin. In der Straße, die später nach ihm benannt wurde, eröffnete 1898 ein neues Landwehrinspektionsgebäude, in dem sich alle jungen Berliner melden mussten, wenn sie einen Einberufungsbefehl erhalten hatten. Sie kamen üblicherweise mit einem Pappkarton in der Hand, in dem sie Wegzehrung und einige persönliche Dinge mit sich trugen. Die Pappkartons gingen später mit der Zivilkleidung an die Eltern zurück. Daher verliehen die Berliner der General-Pape-Straße einen Spitznamen: „General-Pappkarton-Straße".

VORSICHT RATTEN-/MÄUSEBEKÄMPFUNG. KINDER UND HAUSTIERE FERNHALTEN. Statt eines Fahrplans klebt ein roter Zettel am Empfangsgebäude der Station Papestraße. Das Inschriftenfeld für den Stationsnamen ist erblindet, der Haupteingang darunter verrammelt. Sein gedrungener Spitzbogen, die vergitterten Fenster, der kantige Eckturm mit der genau gehenden Uhr: Das alles erinnert mehr an den Eingang einer Zitadelle. Fehlt nur noch ein preußischer Soldat im bunten Rock, der am Tor Wache hält. Wo er stehen müsste, parkt heute ein grüner VW-Transporter des Bundesgrenzschutzes. Ein Zeichen, dass in dem äußerlich scheinbar stillgelegten Bahnhofsgebäude noch Leben ist. Die Bundesgrenzschutzdirektion Berlin-Ostbahnhof unterhält am Kreuzungspunkt von Ring- und Vorortbahnen einen strategischen Außenposten. Im Obergeschoss steht ein Fenster offen, von draußen erkennt man eine Stereoanlage auf einem Büroregal. Wacheschieben kann ja ganz schön langweilig sein. „Die Kollegen bearbeiten dort aber auch ihre Fälle", erklärt die für die Sicherheit auf den Bahnhöfen zuständige Hauptstelle auf Nachfrage am Telefon.

In den ehemaligen Backsteinkasernen der Eisenbahnsoldaten an der Papestraße haben sich Bau-, Reinigungs- und Speditionsfirmen einquartiert, auch ein Imbissgerätevertrieb und ein Weinhändler. Im erhaltenen Teil der Landwehrinspektion ist eine Beratungsstelle des Robert-Koch-Instituts für Bundesbedienstete eingezogen.

Zwischen den roten und gelben Backsteinbauten, wo einstmals exerziert wurde, blüht im Sommer das Laubenpieperglück. Es gibt auch eine spärliche, dafür multiethnische Wohnbevölkerung. Das Klingelbrett eines stattlichen Kasernengebäudes am Werner-Voß-Damm nennt türkische, polnische und deutsche Namen. Am Haus Nummer 62 hängt eine düstere Bronzetafel: „Den Opfern des frühen Naziterrors in Kellern der Kaserne General-Pape-Straße". Schon in den Dreißigerjahren war diese Gegend mitten in der Stadt so öde, dass die SA-Schläger ihre Opfer fast unbemerkt zu Tode prügeln konnten.
Umso reger ist der Verkehr zwischen den Bahnsteigen der Umsteigestation. Treppe runter, Treppe rauf, linksrum, rechtsrum, durch gewölbte Gänge und noch eine Treppe rauf, oder umgekehrt, so geht das den lieben langen Tag. Der Fahrschein kostet zwei Euro zehn, das Fitnessprogramm gibt's umsonst dazu. In der Halle werden schon lange keine Fahrkarten mehr verkauft, dafür verschandelt ein hässlicher Container den oberen Bahnsteig. Drei Gewerbetreibende halten unten in der Halle die Stellung: Ein Frau mit stark geschminkten Augen sitzt in einer Blechbox vom Zuschnitt eines veritablen Kasperletheaters und verkauft frische Quarkbällchen, belegte Brötchen in Plastikfolie und Kaffee. Gegenüber ein polierter Wurststand mit Bierdosen, akkurat in Reih und Glied aufgestellt, dahinter agiert ein Mann um die Dreißig mit zackigen Bewegungen. Ein türkischer Händler im blauen Anorak hat Sweatshirts, Socken, Mützen und Nippes ausgebreitet, am verlockendsten sind die mit bunten Flüssigkeiten gefüllten Parfumflakons, die teuer aussehen, jedoch nur fünf Euro kosten. Den ganzen Tag stehen die Händler in dem unwirtlichen, unbeheizten Transitraum, die Passanten eilen in Schüben an ihnen vorbei, nur selten packt jemanden der Appetit oder die Kauflust, aber

weil es so viele Umsteiger sind, läppern sich die Kunden zusammen. Günstig wirkt sich auch aus, dass es keine Konkurrenz gibt und viele Pendler täglich an den Ständen vorbeikommen: Das Angebot prägt sich ein. Wenn dann eines Morgens die Zeit zum Frühstück nicht reichte, weil der Wecker kaputt war, weiß der Mann auf dem Weg zur Arbeit schon im Voraus, dass er beim Umsteigen an der Papestraße einen Kaffee, ein Quarkbällchen oder eine heiße Wurst bekommt.

Ursprünglich konnte man hier gar nicht umsteigen, erst 1901, also dreißig Jahre nach dem Ringbahnbau, wurde die Möglichkeit nachträglich geschaffen. Der zugige Ringbahnsteig vermittelt einen sehr starken Eindruck von der Atmosphäre eines Vorortbahnhofs der Dampflokzeit, da er nach langjähriger Schließung nicht luxussaniert worden ist, sondern vor der Wiederinbetriebnahme im Jahr 1993 nur ausgebessert und neu angestrichen. So haben sich die schlanken Dachstützen mit ihren verschnörkelten Kapitellen erhalten und das buckelige Kopfsteinpflaster, das andernorts durch schnöde Gehwegplatten ersetzt wurde. Der Grund für die schonende Sanierung lag in der Absicht der Bahnplaner, den alten Bahnhof bald gänzlich abzureißen. Nach der Wende griffen sie die alte Idee aus der Nazizeit wieder auf, am Kreuzungspunkt der aus dem Zentrum nach Süden führenden Bahnlinien mit der Ringbahn einen großen Personenbahnhof zu errichten. Große Parkhäuser wurden erdacht, um Pendler aus dem Umland zum Umsteigen auf die S-Bahn zu bewegen, dazu ein neues Stadtviertel mit Passagen und Bürohochhäusern. Ein bisschen sollte alles so aussehen wie am Potsdamer Platz. Mehrere Wettbewerbe wurden ausgeschrieben, die Planungen von Jahr zu Jahr verfeinert – bis im Jahr 2000 ein neuer Bahnchef in die gläserne Konzernzentrale berufen wurde. Als er die Milliardendefizite aufdeckte, die seine Vorgänger hinterlassen hatten, zog Hartmut Mehdorn die Notbremse. Er legte das Projekt Südbahnhof auf Eis. Daher werden sich die Umsteigenden an der Papestraße noch einige Zeit über fehlende Rolltreppen und Aufzüge ärgern, auf die man bei der provisorischen Wiederherstellung verzichtet hat. Bis zum Jahr 2006 soll ein neues S-Bahn-Kreuz mit Anschluss an die Regionalbahn in Betrieb gehen. Die alten Bahnsteige werden jedenfalls abgerissen, nur das soldatische Empfangsgebäude bleibt erhalten. So ist noch eine Weile Zeit, Abschied zu nehmen vom Reiz des Provisorischen an der Papestraße.

Schöneberg

Leben auf der Insel

Eilande gibt es einige in Berlin. Am berühmtesten ist die Museumsinsel, sie gehört sogar zum Weltkulturerbe. Ostberliner denken an die Fischerinsel mit ihren Plattenhochhäusern, Westberliner eher an die romantische Pfaueninsel. Dann gibt es noch die „Rote Insel" in Schöneberg. Sie besitzt kein Ufer, sondern ist auf allen Seiten von Schienensträngen umgeben. Rot ist sie auch nicht, eher grau.

Eine Anekdote besagt, ein Schöneberger Bierverleger in der Sedanstraße habe eine rote Fahne aus dem Fenster gehängt, als der erste deutsche Kaiser anno 1878 nach seiner Genesung von einem Attentat nach Berlin zurückkehrte. Mit seiner politischen Einstellung war er hier nicht allein. Bei der Reichstagswahl 1903 stimmten in den Wahllokalen Sedan-, Brunhild- und Monumentenstraße mehr als zwei Drittel der Wahlberechtigten für die Sozialdemokratie. Sie war auf der Schöneberger Insel lange die stärkste politische Kraft. Nach dem Ersten Weltkrieg bekam sie starke Konkurrenz von der radikalen Linken. Die Gegend entwickelte sich zu einer Hochburg der KPD, deren Jugendverband KJVD dort sehr aktiv war. Einer der Schöneberger Jungkommunisten, der gelernte Maurer Willi Stoph, sollte es später in der DDR bis zum Minister für Nationale Verteidigung und Vorsitzenden des DDR-Ministerrates bringen.

Ein KPD-Lokal in der Sedanstraße 53 war bis 1933 Treffpunkt militanter Mitglieder des Roten Frontkämpferbundes. Nationalsozialistische Schlägertrupps griffen es häufig an. Bei einer Auseinandersetzung am 1. März 1933 wurde der SA-Mann Fritz Kopp erschossen. Nach ihm benannten die Nazis vier Jahre später die bis dahin als

besonders „rot" verschrieene Sedanstraße; seit 1947 trägt sie den Namen des in Plötzensee ermordeten Sozialdemokraten Julius Leber.
Die einstige politische Färbung der Schöneberger Insel hängt eng mit ihrer stadttopographischen Besonderheit zusammen, der Einschnürung durch drei Bahnlinien: im Westen die Potsdamer, im Osten die Anhalter Bahn und im Süden der spätere S-Bahnring. Eine feine Gegend konnte sich unter diesen Umständen schwerlich entwickeln. Zunächst kaufte die Matthäus-Gemeinde, deren Kirche heute ziemlich verloren zwischen Gemäldegalerie, Nationalgalerie und Philharmonie auf dem Kulturforum steht, im spitzen Winkel des Schienendreiecks ein Gelände für ihren Friedhof. Ab 1856 angelegt, fanden dort viele bedeutende Persönlichkeiten und Gemeindemitglieder ihre letzte Ruhe, darunter der Eisenbahnkönig Bethel Henry Strousberg (1823-1884), Initiator und Erbauer zahlreicher privater Bahnlinien wie der Berlin-Görlitzer Eisenbahn. Auch die Grabstätten des Milchhändlers Carl Bolle (1833–1910), der Gebrüder Jakob (1785–1863) und Wilhelm Grimm (1786–1859), des Arztes Rudolf Virchow (1821-1902) und des Pädagogen Diesterweg (1790–1866) finden sich auf dem schönen, von Brandwänden und Hinterhöfen eingeschlossenen Großstadtfriedhof. Einem der Toten, dem Architekten Alfred Messel (1853–1909), werden wir unweit der Ringbahnstation Beusselstraße wieder begegnen.

Einfahrt eines Ringbahnzuges in die große Halle des Bahnhofs Schöneberg. Der markante Gasometer ist seit 1908 das weithin sichtbare Wahrzeichen der „roten Insel" zwischen Schienensträngen.

52
796

Nach den Verstorbenen kamen die Lebenden auf diese Insel, und die Entwicklung zu einem seit der Gründerzeit dicht bebauten Wohngebiet begann. 1905 lebten in meist einfachen Mietskasernen rund 30.000 Bewohner. Sich die unzähligen spielenden Kinder in den engen Straßen und Hinterhöfen vorzustellen, stimmt nicht gerade romantisch. Eine dieser Gören besuchte hier um das Jahr 1930 öfter ihren Großvater. Hildegard Knef kam 1925 in Ulm zur Welt, aber ihr leiblicher Vater verstarb wenig später, und die verwitwete Mutter zog mit der ein halbes Jahr alten Tochter in die Reichshauptstadt. In der Sedanstraße wohnte der geliebte Großvater, eine Art Vaterersatz, bei dem sich die kleine Hildegard wohl fühlte. Eine ähnliche Karriere wie die Knef – von der gefeierten Filmschauspielerin zur Sängerin – hatte bereits vor ihr eine Berlinerin gemacht, die am 27. Dezember 1901 in der Sedanstraße geboren wurde: Marlene Dietrich. Auf der Schöneberger Insel sind sich die beiden Diven nicht begegnet. Erst nach dem Zweiten Weltkrieg lernten sie sich kennen. Die Dietrich bewunderte die singende und tanzende Knef in Musicals am Broadway. Die Wahlberlinerin Knef empfing die Dietrich 1960 am Flughafen bei ihrem letzten Berliner Konzertauftritt. Sie besuchte sie auch in ihrem Pariser Appartment, in das sich die Dietrich am Ende ihres Lebens zurückgezogen hatte. An der heutigen Leberstraße 65 markiert seit 1992 eine Porträt-Gedenktafel das Geburtshaus der Diva: Zwischen den Filmtiteln „Die Blonde Venus“ und „Der Blaue Engel“ sieht man das stupsnasige Profil einer mondänen Dame mit üppigen Locken, die unter einem breitkrempigen Hut hervorquellen. Bewohner des Hauses vermuten, der Besitzer habe die Tafel seinerzeit anbringen lassen, weil er das Haus verkaufen wollte und eine Wertsteigerung anstrebte. Ein Käufer erwarb 18 Wohnungen in dem Gebäude, aber die Spekulation mit dem Mythos Marlene

ging schief, Anfang 2002 musste er die Wohnungen zwangsweise weiterverkaufen.
Marlene beförderte ihren Vater in ihren Erinnerungen gern zum kaiserlichen Offizier, obwohl er nur den Dienstgrad eines Polizeileutnants besaß. Im Erdgeschoss des Hauses lag sein Revier. Vielleicht kannte sich die Tochter mit Uniformen nicht so gut aus: Hauptsache, der Vater trug Uniform und hatte eine besondere Stellung. Uniformen waren stark vertreten um die damalige Sedanstraße. Kriegerisch klangen schon die Straßennamen: Sedan war der Ort des entscheidenden Triumphs im Deutsch-Französischen Krieg von 1870, die benachbarte Leuthener und Torgauer Straße erinnerten an Schlachten Friedrich des Großen. Auch die Kolonnenstraße verweist auf die militärischen Marschformationen der Berliner Garnison, die zum benachbarten Tempelhofer Feld ausrückten.
Zwischen Hohenfriedberg- und Kesselsdorfstraße, ebenfalls nach Orten von Schlachten aus friderizianischer Zeit benannt, stand mit dazugehörigem kleinen Exerzierplatz die Kaserne des I. Eisenbahn-Regiments. Die Gleisanlagen des 1874/75 westlich der Anhalter Bahn errichteten Militärbahnhofs schnürten die Inselbewohner noch stärker von der Umgebung ab. Auf der Schöneberger Insel selbst lagen verstreut militärische Dienststellen in vom Militärfiskus angemieteten Häusern. Die Familien der Berufssoldaten wohnten überwiegend in besonderen Gebäuden auf den Kasernengeländen. Nur Einjährig- und Dreijährig-Freiwillige genossen das Privileg, privat zu logieren, größtenteils bei so genannten „Schlummermüttern“. Da der Kasernenbau auf der Insel anfangs nur schleppend voran ging, mussten zunächst Privathäuser zur Unterbringung angemietet werden. Dazu kamen die ungeliebten Einquartierungen von Soldaten in Mietshäusern. Es entstanden sogar besondere Wohnungen für

Offiziere inklusive separatem Burschenzimmer. Die militärische Präsenz zog entsprechendes Kleingewerbe an, das die Nähe zur Armee suchte: „Wo Militär ist, gibt's auch Schneider und Schuster". Fotografen machten ihr Geschäft mit damals üblichen Militärzeitbildern, die lokale Gastronomie konnte nicht klagen und selbstredend stellte sich auch Prostitution ein.

Weithin sichtbares Wahrzeichen der Schöneberger Insel ist ein riesiges Stahlskelett auf kreisrundem Grundriss, der ehemalige Gasometer. Seit 1993, als die Berliner Gasversorgung auf sibirisches Erdgas umgestellt wurde, ist er nur noch ein technisches Denkmal, aber das ihn umgebende Gelände des früheren Gaswerks wird weiterhin von der GASAG als Abstellfläche für ihren Fuhrpark und als Verwaltungszentrum genutzt. 1871 begann hier die Gasproduktion auf einem sieben Morgen großen Grundstück zwischen Potsdamer und Ringbahn, über die Kohle angeliefert werden konnte. Auf dem gleichen Weg ließen sich die bei der Gasraffinerie anfallenden Nebenprodukte wie Koks, Teer, Schlackensteine und Ammoniakrohstoff zur Weiterverwertung abtransportieren.

Betreiberin war eine englische Gesellschaft, die Imperial Continental Gas Association (I.C.G.A.). Sie versorgte Berlin seit 1825 innerhalb der Akzisemauer mit Gas für die Straßenbeleuchtung und besaß zunächst eine Monopolstellung. Als die preußische Residenzstadt 1847 begann, eigene kommunale Gasanstalten zu betreiben, beschränkte sich die Tätigkeit der I.C.G.A. auf Orte, die wie die Gemeinde Schöneberg außerhalb Berlins lagen. Während des Ersten Weltkrieges wurde das Gaswerk zwangsverkauft, weil der Staat es nicht länger in den Händen englischer Besitzer, also des Kriegsgegners, wissen wollte. Zu den kriegswichtigen Abfallstoffen der Gasgewinnung gehörte das für die Sprengstoffherstellung verwendete Toluol. Das Kriegsministerium höchstselbst

achtete darauf, dass das Gaswerk in die richtigen Hände kam und unter Ausschluss von Berliner Bewerbern an die Landkreise Teltow und Niederbarnim verkauft wurde. Ursprünglich wurde das Gas nur zur Straßenbeleuchtung eingesetzt, im ausgehenden 19. Jahrhundert aber wuchs der Verbrauch durch Gasherde, Warmwasserboiler und die Industrie stark an. Größere Gaswerke und riesige Speicher waren vonnöten. Dadurch kam es auch zu diversen Um- und Neubauten auf der Schöneberger Insel und 1906-08 zur Errichtung des markanten Gasometers. Als Symbol des Aufstiegs der Reichshauptstadt zur Industrie- und Millionenmetropole inspirierte er Künstler wie Hans Baluschek, Erich Heckel, Ludwig Meidner und Lyonel Feininger, die ihn gezeichnet und gemalt haben. Schon lange verschwunden sind die großen Schornsteine des „Elektricitätswerks Süd-West" zwischen Ringbahn und Tempelhofer Weg, das ab 1899 errichtet wurde, um Schöneberg mit elektrischem Strom zu versorgen, dem erfolgreichen Konkurrenten des Stadtgases. Wie beim Gaswerk bot sich der Standort an der Ringbahn an, da sich so Kohle bequem heranschaffen ließ.
Erst nachträglich, mit der Entstehung einer dichten Wohnbebauung auf der Insel und dem Bau eines eigenen Ringbahnhofs am Potsdamer Platz, wurde der Personenverkehr geregelt. Entsprechend kompliziert stellt sich die Vorgeschichte des Umsteigebahnhofs Schöneberg dar: Von November 1839 bis Mai 1841 hieß so ein Haltepunkt an der ältesten Berliner Eisenbahnlinie nach Potsdam; 1872 bis 1881 existierte ein spurlos verschwundener Ringbahnhof dieses Namens etwa dort, wo heute die Züge halten; dann folgte ein zehnjähriges Provisorium etwas weiter östlich; ab April 1891 gab es wieder einen Bahnhof Schöneberg an der Linie nach Potsdam, 1932 in Kolonnenstraße umbenannt und 1944 geschlossen. Seit dem Tag der Inbetriebnahme des Potsdamer Ringbahn-

hofs am Potsdamer Platz war dies die erste oder vorletzte Station für Züge mit der Bezeichnung „Ring über Ostkreuz" und „Ring über Westkreuz". Erst mit der Zerstörung des Potsdamer Ringbahnhofs 1944 wurde der S-Bahnring ein echter Vollring und zur „Strecke ohne Ende", weil die Züge dann nicht mehr vom Ring über die Spitzkehre und die Station Kolonnenstraße fuhren.
Die lichte Ringbahnhalle, in der die Züge heute halten, ging am 1. März 1933 in Betrieb und zeugt vom Bemühen, in den ausgehenden Zwanzigerjahren die S-Bahn durch verbesserte Umsteigemöglichkeiten zu einem modernen Verkehrsmittel für Stadtreisende auszubauen. Schon der neusachliche Entwurf der Architekten Schwennecke und Zimmermann sah leuchtend gelb und grün verklinkerte Rolltreppen vor, um den eiligen Fahrgästen das lästige Treppensteigen zu ersparen. Geschickt integrierten sie eine Vorgängerstation von 1897, die vormalige Ringbahnstation „Ebersstraße", in die neue Anlage. Kein besonderer Bau, aber ein typischer Vertreter der historisierenden Backsteinarchitektur seiner Zeit, wie er leider nur noch selten an der Ringbahn anzutreffen ist. Fahrkarten kann man hier keine mehr kaufen. Es riecht nach Kantine und Wäscherei, wenn man wochentags die ehemalige Halle passiert. Seit 1991 nutzt eine Beschäftigungstagesstätte den einstigen Ringbahnhof. Die Arbeit im „Café Pinelli" und der „Wäscherei Mangelware" hilft seelisch schwer erkrankten Menschen, sich im Leben außerhalb psychiatrischer Anstalten zurechtzufinden. Aus dem Ringbahnhof am roten Eiland ist selbst eine soziale Insel geworden, auf der Behinderte und Nichtbehinderte lernen, besser miteinander umzugehen.

Innsbrucker Platz

Willkommen im Museum von West-Berlin

Was ist geblieben, was wird bleiben von West-Berlin? Die Fahrt auf der westlichen Ringbahn konfrontiert uns mit Stadtbildern, die sich sehr viel gemächlicher verändern als die Ansichten der neuen Mitte oder des Ostens. Wer lange in West-Berlin gelebt, nach dem Fall der Mauer aber woanders gearbeitet und gewohnt hat, den befällt bei der gelegentlichen Rückkehr in die vertrauten Straßen leicht das Gefühl, in West-Berlin sei die Zeit stehen geblieben. Die Häuser, die Geschäfte, die Lokale, die Gesichter: Sie sind alle noch da. Oder wenigstens fast alle. West-Berlin strahlt Solidität und Kontinuität aus: Ruhepol in einer aufgebuddelten, nervösen, vom Veränderungsfieber erfassten Hauptstadt.

Ein typisches Stück West-Berlin ist der Innsbrucker Platz: 17 Jahre lang – von 1963 bis 1980 – hat man an dem Verkehrsknoten gebaut. Damals muss es hier ähnlich ausgesehen haben wie in den Neunzigerjahren am Potsdamer Platz. Die Verkehrsströme sind nicht ganz leicht nachzuvollziehen, da weite Teile des Bauwerks für Fußgänger gesperrt sind und unter der Erde vergraben liegen. Eine große Ampelanlage regelt den oberirdischen Autoverkehr, der von allen Seiten auf eine weite Fläche drängt. Die Ringbahnbrücke, die den Innsbrucker Platz tangiert, vermag dem Platz ebenso wenig eine klare Begrenzung zu geben wie die Häuser an den Straßenecken. Die Autos gleiten einfach zwischen ihnen hindurch, oder sie schleichen sich auf Rampen von der Stadtautobahn an den Platz heran. Deren Hauptfahrbahn taucht unüberhörbar, doch unsichtbar neben dem S-Bahnhof in einen Tunnel ab. Der zweite Tunnelmund liegt auf der anderen Seite der Ringbahn, dort verzweigt sich die Schnellstraße zu einem Autobahnkleeblatt, dem Schöneberger Kreuz. Zwischen Tunnel und Platzoberfläche verlaufen Verbindungsschächte für Fußgänger, sie führen zum alten U-Bahnhof, zu Bushaltestellen, zur S-Bahn und zu einem Supermarkt. Abgeschnitten von jedwedem Verkehr ruht in 16 Metern Tiefe der Rohbau eines weiteren U-Bahnhofs. Von dort sollte die U-Bahn-Linie 10 nach Süden führen, immer parallel zur S-Bahn-Strecke zwischen Schöneberg und Steglitz. Die Idee dazu stammte aus den Jahren des S-Bahn-Boykotts nach dem Mauerbau, als die Westberliner Verkehrsbetriebe danach strebten, der von Ost-Berlin gesteuerten S-Bahn so viele Fahrgäste wie möglich abzujagen.

Wie viele Millionen mögen hier vergraben worden sein? Das Geld dafür floss in Mauerzeiten zum größten Teil aus Bonn nach West-Berlin, die hiesige Bauwirtschaft kam auf ihre Kosten, ein ansehnliches Stück Stadt aber nicht zustande. Der Innsbrucker Platz ist einer jener unwirtlichen Orte, die jedermann so schnell wie möglich durchquert. Trotzdem lohnt sich das Aussteigen, denn nur wenige Schritte entfernt ist das ehemalige politische Zentrum West-Berlins zu besichtigen. Zwei Monumente der politischen Landschaft erkennt man bereits vom S-Bahnsteig: Das RIAS-Funkhaus mit seinen großen Antennenanlagen und den Turm des Schöneberger Rathauses, geflaggt mit einem Berliner Bären.

Der 1946 gegründete RIAS – die Abkürzung bedeutete: Rundfunk im amerikanischen Sektor – war Aufklärungssender und Propagandawaffe im Kalten Krieg, in West-Berlin angesiedelt, aber auf Hörer in der Sowjetzone, der späteren DDR, ausgerichtet. Unter amerikanischer Aufsicht produzierte er Nachrichten und politische Sendungen, die ein Korrektiv zum zensierten DDR-Sendeprogramm sein sollten. In den heute Vierzig- bis Fünfzigjährigen klingen allerdings weniger die politi-

West-Berliner Collage. Vom Ringbahnsteig am Innsbrucker Platz geht der Blick auf das Stellwerk des Güterbahnhofs Wilmersdorf, ein Bürogebäude aus den Neunzigern und das Möbelhaus „Neue Wohnkultur" an der Hauptstraße.

schen Meldungen nach als die Rockmusikwelle RIAS 2. Sie erlangte in den Siebziger- und Achtzigerjahren Kultstatus bei Jugendlichen in Ost und West. Unvergessen sind auch die Radiostimmen des Quizmasters Hans Rosenthal („Das ist Spitze!") und des Theaterkritikers Friedrich Luft („Nächsten Sonntag gleiche Stelle, gleiche Welle!"). Nach dem Ende der DDR wurde der RIAS nicht mehr gebraucht. Am 31. Dezember 1993 stellte er seinen Betrieb ein, seitdem sendet aus dem Funkhaus am Hans-Rosenthal-Platz das „Deutschlandradio Berlin". Dort arbeiten neben früheren RIAS-Redakteuren auch ehemalige Mitarbeiter der „Stimme der DDR": eine spannungsreiche Konstellation, die keiner vor dem Mauerfall für möglich gehalten hätte.

Das mächtige Schöneberger Rathaus sieht genauso aus wie auf älteren Berlinpostkarten, aber wer würde seinen Lieben heute noch eine Postkarte mit diesem Motiv schicken? Die kleinen Geschäfte in der Nachbarschaft existieren fast alle seit zwanzig oder mehr Jahren, und im Stadtpark toben splitternackte Kinder zwischen den Fontänen des Hirschbrunnens wie jeden Sommer. Auch die Senatsverwaltung für Wirtschaft in der Martin-Luther-Straße 105 schien bis vor kurzem resistent gegen jede Veränderung, anders als viele Behörden der vereinigten Stadt ist sie immer noch an ihrem angestammten Platz. Doch Anfang 2002 zog überraschend der wendige Postsozialist Gregor Gysi ins Chefzimmer ein und betrieb von dort aus kapitalistische Wirtschaftspolitik für ganz Berlin. Ausgerechnet der prominenteste Vertreter einer Partei, die sich zum größten Teil aus SED-Altkadern rekrutiert, residierte mitten im politischen und symbolischen Zentrum des alten West-Berlin, allerdings nur ein paar Monate. Schon im Juli 2002 verabschiedete sich Gysi wieder vom ungewohnten und undankbaren Posten des Wirtschaftssenators.

Auf dem Platz vor dem Schöneberger Rathaus stehen geparkte Autos in Reih und Glied unter wehenden Fahnen: Insgesamt ein friedliches Bild, sehr weit entfernt von den politischen Aufgeregtheiten früherer Jahrzehnte, als sich hier regelmäßig Hunderttausende zu Massendemonstrationen für Freiheit und Demokratie versammelten. Nur jeden Tag um die Mittagsstunde bebt die Luft in pathetischer Feierlichkeit, dann läutet die Freiheitsglocke im Rathausturm und ehemalige RIAS-Hörer erinnern sich an das Glaubensbekenntnis, das im Radio dazu verlesen wurde: „Ich glaube an die Unantastbarkeit und Würde jedes einzelnen Menschen. Ich glaube, daß allen Menschen von Gott das gleiche Recht auf Freiheit gegeben wurde. Ich schwöre, der Aggression und der Tyrannei Widerstand zu leisten, wo immer sie auf Erden auftreten werden, auf daß diese Welt mit Gottes Hilfe eine Wiedergeburt der Freiheit erleben möge". 17 Millionen Amerikaner unterzeichneten diese Deklaration, als die Glocke, eine Nachbildung der „liberty bell" in Philadelphia, auf einen „Kreuzzug für die Freiheit" durch 26 Staaten der USA geführt und Spenden dafür gesammelt wurden. Am 24. Oktober 1950 wurde die Glocke auf einer Kundgebung vor dem Schöneberger Rathaus mit 400.000 Teilnehmern der Stadt übergeben. So dankte das amerikanische Volk den Westberlinern für ihren Durchhaltewillen während der sowjetischen Blockade von 1948/49, als die Halbstadt von den Westalliierten über eine Luftbrücke versorgt werden musste.

In dieser höchst kritischen Phase des Kalten Krieges richteten sich die Augen der Welt auf das Schöneberger Bezirksrathaus. Während der Blockade nahm der große Verwaltungsbau den Bürgermeister und das Parlament der eingeschlossenen Stadt auf. Am 14. Januar 1949 bestimmten die Stadtverordneten Ernst Reuter zum Oberbürgermeister, der bereits anderthalb Jahre zuvor in dieses Amt gewählt worden war; doch hatten die Sowjets dem Sozialdemokraten die Anerkennung verweigert und in ihrem Sektor den SED-Oberbürgermeister Friedrich Ebert inthronisiert. Die neuerliche Wahl Reuters machte das Rathaus Schöneberg zum weltweit beachteten Symbol des Freiheitswillens der Westberliner. Ihre Verbundenheit mit den Westalliierten wurde auf dem Rathausvorplatz immer wieder aufs neue demonstriert: So auch am 26. Juni 1963, als sie hier dem jungen US-Präsidenten John F. Kennedy zujubelten. Vor dem Schöneberger Rathaus legte er sein legendäres Bekenntnis ab: „Alle freien Menschen, wo immer sie leben mögen, sind Bürger dieser Stadt West-Berlin, und deshalb bin ich als freier Mann stolz darauf, sagen zu können: Ich bin ein Berliner!“ Im November 1963, drei Tage nach der Ermordung Kennedys in Dallas, wurde der Rathausvorplatz in John-F.-Kennedy-Platz umbenannt.

„Was wäre gewesen, wenn statt John F. Kennedy Nikita Chruschtschow ermordet worden wäre? – Onassis hätte bestimmt nicht Chruschtschows Witwe geheiratet“. Diesen Witz kann man im prunkvollen Schöneberger Rathaus lesen, in einer handschriftlichen Notiz des früheren Bürgermeisters, späteren Bundeskanzlers und Friedensnobelpreisträgers Willy Brandt. Der Zettel fand sich im Nachlass des Politikers, der 1992 nach einer Trauerfeier im Reichstag auf dem Waldfriedhof Zehlendorf beigesetzt wurde. Die Notiz gehörte zu einem nie realisierten Buchprojekt Brandts mit dem Arbeitstitel „Lachen hilft!“ Auf einem anderen Zettel, der im Rathaus ausgestellt ist, steht: „Die Rache der Geschichte an jüngeren Revolutionären besteht darin, dass sie in späteren Jahren mit Frack und Orden zum Opernball gehen müssen.“

Seit 1996 vervollständigt eine Dauerausstellung der „Bundeskanzler-Willy-Brandt-Stiftung“ die Schöneberger Topographie der Symbole und Erinnerungen. Ohne überkommene Pathosformeln, auf durchaus erfrischende Art und Weise würdigt sie Brandts Leistungen in der deutschen und europäischen Politik. Der Gang durch seine Biographie ist zugleich eine berührende Wanderung durch die Zeitgeschichte, angefangen vom Ende der Weimarer Republik bis zur deutschen Wiedervereinigung. „Hvorbor har Hitler seiret i Tyksland“ liest man in Norwegisch auf dem Titelblatt eines schmalen Buches, das der zwanzigjährige Emigrant Herbert Frahm unter dem Pseudonym Willy Brandt 1933 veröffentlichte: Warum Hitler in Deutschland gesiegt hat. Man sieht den Ausbürgerungsbescheid im „Deutschen Reichsanzeiger" und Brandts Wiedereinbürgerungsurkunde aus der Nachkriegszeit, ein düsteres Formular mit geschwärztem Hakenkreuz in den Fängen des Reichsadlers. Dazwischen ein Presseausweis: Für skandinavische Zeitungen hat Brandt über den Nürnberger Kriegsverbrecherprozess berichtet. 1947 kam er als Presseattaché der Norwegischen Militärmission nach Berlin, wo er rasch Karriere in der SPD Ernst Reuters machte. Ab 1955 war er Präsident des Abgeordnetenhauses, das in Schöneberg tagte, zwei Jahre später Regierender Bürgermeister. Als Brandt 1966 ins Bonner Außenministerium wechselte, schenkten ihm die Vertreter der Westalliierten zum Dank für die enge Zusammenarbeit eine Zigarrenschatulle aus Silber.

Nach dem Mauerbau gelang es Brandt, die allgemeine Bestürzung und Empörung über diesen barbarischen Akt in vernünftige Politik umzusetzen. Statt auf verschärfte Konfrontation setzte er auf eine Politik der kleinen Schritte, auf Entspannung, Dialog, Aussöhnung mit dem Osten. Es bleibt faszinierend, wie er diese Politikkonzeption durch Beharrlichkeit, Geduld und langem Atem zum Erfolg führte – belohnt mit dem Nobelpreis und dem Erleben des Mauerfalls kurz vor seinem Tod. Dass er als Bundeskanzler 1974 über den Ost-Spion Günter Guillaume stürzte, nahm ihm nichts von seiner Popularität. Sie erstreckte sich weit über seinen Wirkungskreis in West-Berlin und Westdeutschland hinaus. Auch in der DDR-Bevölkerung wurde Brandt als Politiker anerkannt, der sich glaubwürdig für die Belange aller Deutschen einsetzte. Kein späterer Regierender Bürgermeister erreichte Brandts Beliebtheit. Er verkörperte das Beste am West-Berlin der Sechzigerjahre, die Widerstandsbereitschaft gegen Bevormundung und

Repression, ein mit großer politischer Klugheit gepaartes Freiheitsbegehren. Was es heißt, in einer Demokratie politisch zu führen, lässt sich an Brandts Biographie lernen. Wie kurzatmig und populistisch wirkt dagegen der Politikbetrieb zehn Jahre nach seinem Tod.

Seinen letzten großen Auftritt vor dem Schöneberger Rathaus hatte Brandt am 10. November 1989 zusammen mit dem Regierenden Bürgermeister Walter Momper, Außenminister Hans-Dietrich Genscher und Bundeskanzler Kohl. „Jetzt wächst zusammen, was zusammen gehört", rief Brandt in die freudige Menge. Aber als die versammelten Bundespolitiker zum Abschluss die Nationalhymne anstimmten, ging der Gesang in einem Pfeifkonzert unter. Eine Epoche war zu Ende gegangen, die alten Beschwörungsformeln der deutschen Einheit und Freiheit hatten ihren Sinn verloren. Die politische und symbolische Topographie Berlins formierte sich in den folgenden Jahren neu. 1991 zog der Regierende Bürgermeister ins Rote Rathaus, 1993 das Stadtparlament in den Preußischen Landtag. Das Rathaus Schöneberg blieb, was es seit seiner Errichtung kurz vor dem Ersten Weltkrieg war: Sitz der Schöneberger Kommunalverwaltung, seit Januar 2001 Verwaltungszentrum des fusionierten Großbezirks Schöneberg-Tempelhof mit rund 340.000 Einwohnern. Die einstige politische Mitte von West-Berlin rückte an die Peripherie des alt-neuen Stadtzentrums. Eine ruhige Wohngegend, in der sich's leben lässt, und zugleich ein denkmalgeschütztes Erinnerungsstück an die Freiheitskämpfe von West-Berlin.

Bundesplatz

Die Geister von Friedenau

„Hier ist Berlin, das heißt, Friedenau, mit seinen skurrilen, tantenhaften Straßen, Straßen, die schwer von Kastanien beschattet sind, von Schülern und lesbischen Schülerinnen bevölkert, von Malern und Rentnern, mit seinen Straßen, deren Längsrichung die merkwürdigsten Formen annimmt, – so etwa die Bache-, die Lefèvre- oder die Taunusstraße, die alle ganz normal verlaufen wollen, plötzlich aber, wahrscheinlich infolge eines Nervenschocks, einen Haken schlagen und in einer andern, ursprünglich parallel gerichteten Straße enden. Sie werfen sich einander in die Arme wie verzweifelte Jungfern ... Ein Nicht-Friedenauer muß sich unweigerlich verlaufen in diesem Labyrinth."
Von mondänen Berlinern als Provinz bezeichnet zu werden, schrieb der Romancier Martin Kessel 1929, sei das „Kleine Schicksal Friedenaus". Sich in den teils gekrümmten, teils sternförmig auf den Friedrich-Wilhelm-Platz zielenden Straßenzügen mit ihren gepflegten Vorgärten und stattlichen Mietshäusern zu verirren, ist wirklich nicht schwer. Sie folgen einem in den ersten Jahren des Kaiserreiches festgelegten Bebauungsplan für eine Villenkolonie, die sich wegen des enormen Wohnungsbedarfs im Einzugsgebiet des gründerzeitlichen Berlin alsbald zum gehobenen Mietshausviertel entwickelte. Das lag sicher auch an den exzellenten Verkehrsverbindungen: Vom 1874 eröffneten Bahnhof Friedenau an der Wannseebahn war – und ist – man in wenigen Minuten am Potsdamer Platz. Drei Jahre später eröffnete der Ringbahnhof „Wilmersdorf" an der Kufsteiner Straße, der seither zweimal in westliche Richtung verschoben wurde und heute unter dem Namen „Bundesplatz" als unwirtli-

che Umsteigestation in die U-Bahn-Linie 9 unter der Bundesallee dient.
Die ruhige und bürgerliche Atmosphäre Friedenaus mag als provinziell empfinden, wer sich in den allzeit wechselnden Szenevierteln Berlins zu Hause fühlt. Langweilig ist es aber nicht, hier, wo man die Vögel in den Bäumen singen hören kann, spazieren zu gehen. Das Nebeneinander von schmucken Landvillen und um Vornehmheit bemühten Mietshäusern aus späteren Bebauungsphasen ist architektonisch reizvoll, die Schmuckplätze wirken gepflegt und einladend. Allerlei Spezialitätengeschäfte und Kinderläden in alten Ladenlokalen lassen auf eine lustbetonte Lebenseinstellung der Friedenauer schließen. Die großen Altbauwohnungen in angenehmster Lage haben seit jeher nicht nur wohlhabende Bürger angezogen, sondern auch bedeutende Künstler und Intellektuelle, die nah an der Metropole, aber nicht unbedingt mittendrin im dicksten Gewühl wohnen wollten.
In Friedenau haben vor dem Ersten Weltkrieg die Frauenrechtlerin Helene Stöcker (Sentastraße 5) und Rosa Luxemburg (Cranachstraße 58) gelebt, der „Brücke"-Maler Karl Schmidt-Rottluff (Niedstraße 14), der Bildhauer Ernst Barlach (Illstraße 4) und der expressionistische Malerpoet Ludwig Meidner (Wilhelmshöher Straße 21). Ein Garten an der Stubenrauchstraße 6 erinnert an den Berliner Romancier Georg Hermann. In den Zwanzigerjahren lebte in Friedenau der liberale Politiker, Publizist und spätere Bundespräsident Theodor Heuss (Fregestraße 80) fast Tür an Tür mit dem späteren NS-Propagandaminister Joseph Goebbels (Fregestraße 76). Die „Dadasophin" Hannah Höch hatte in der Büsingstraße 16 ihr Atelier, der sozialkritische Maler Hans Baluschek bezog 1929 eine Ehrenwohnung an den Ceciliengärten (Nr. 29). Die Schriftsteller Kurt Tucholsky (Bundesallee 79) und Max Hermann-Neiße (Stierstraße

14/15) lebten ebenfalls in der Gegend, beide starben im Exil auf der Flucht vor den Nationalsozialisten. In die Emigration gezwungen wurden auch die jüdischen Mitglieder der „Comedian Harmonists", die sich um die Jahreswende 1927/28 in der Mansarde der Stubenrauchstraße 47 zusammengefunden hatten. Die Schöneberger Diva Marlene Dietrich kehrte im Sarg zurück, in ein Grab auf dem Friedhof an der Stubenrauchstraße.
Unter Kunstkennern berühmt ist die Bildgießerei Noack, deren Hofeingang an der Varziner Straße 16 direkt neben der Ringbahn liegt. In dem seit 1899 in Friedenau ansässigen Familienbetrieb wurden viele Monumentalplastiken gegossen oder restauriert, die das Berliner Stadtbild prägen. Die bekanntesten sind die Riesenfiguren auf den Sowjetischen Ehrenmälern, die Quadriga auf dem Brandenburger Tor, die Pieta in der Neuen Wache, der vergoldete Engel auf der Siegessäule. Viele bedeutende Bildhauer arbeiteten eng mit den Kunstgießern zusammen: Georg Kolbe, Ernst Barlach, Henry Moore, Bernhard Heiliger, Joseph Beuys, um nur wenige prominente Namen zu nennen. Väter und Söhne bilden eine Dynastie, deren Oberhäupter wie Könige nach Ziffern unterschieden werden: Auf den Gründer Hermann Noack I. (1867–1941) folgten Hermann Noack II. (1895–1958), Hermann Noack III. (* 1931) und Hermann Noack IV. (* 1965).
In den Sechzigerjahren entwickelte sich Friedenau durch den Zuzug wichtiger Nachwuchsschriftsteller erneut zu einem geistigen Zentrum. Während West-Berlin nach dem Mauerbau von vielen Firmen und größeren Verlagen verlassen wurde, sammelte sich hier die literarische Elite der Bundesrepublik. Günter Grass, durch seine „Blechtrommel" bereits berühmt und berüchtigt, zog mit seiner Familie 1963 in ein hübsches, rot und weiß verklinkertes Landhäuschen mit steilem Krüppelwalmdach aus der Gründerzeit. Die Villa in der Niedstraße 13 bot Platz für

eine kleine Druckwerkstatt und für gesellige Zusammenkünfte, bei denen die Grass'sche Küche nicht geschont und heftig politisiert wurde. „Friedenau bietet viel. Es liegt unter einer Einflugschneise, verbirgt zwischen Mietshäusern der Gründerjahre verwinkelte Klinkerhäuschen, leistet sich vor seinem Rathaus zweimal wöchentlich einen Obst-, Gemüse-, Fisch-, Eier- und Kräutermarkt, bildet vor der Post ein Rondell, auf dessen Bänken sich alte Frauen vergleichen, hat seine Eckkneipen und schattigen Vorgartenlokale, wird in zwei Jahren hundert Jahre alt – und hält mir meine Terrasse frei, auf der ich den Wahlkampf vorkaue, nachschmecke...", schrieb der spätere Nobelpreisträger in seinem „Tagebuch einer Schnecke". Friedenau war Rückzugsort und Ausgangspunkt zahlreicher Wahlkampfeinsätze des Dichters für Willy Brandt. Bis 1996 kehrte Grass immer wieder gern in die Niedstraße zurück. „Noch heute ist mir mein Atelier in der Niedstraße ein Raum, in dem ich mich sogleich – kaum angekommen – versammeln und konzentrieren kann: aufs Schreiben, aufs Zeichnen", heißt es 1991 in der Rückschau „Vier Jahrzehnte" über sein Berliner Landhaus. Zu den Besuchern gehörten Hans Magnus Enzensberger, der zeitweilig in der Fregestraße 19 lebte, Max Frisch (Sarrazinstraße 8) und Ingeborg Bachmann. Bis heute sind einige Autoren der 68er Generation im Viertel zu Hause. Die Literatenstammkneipe „Bundeseck" gibt es zwar schon lange nicht mehr, in dem Eckhaus an der Bundesallee 75 kann man jetzt dem Roten Kreuz Blut spenden. Aber „Wolff's Bücherei" an der Bundesallee 133 ist eine erste Adresse im literarischen Leben Berlins geblieben, ein Anziehungspunkt auch für auswärtige Autoren. Gleiches gilt für die seit Jahrzehnten von Katja Wagenbach geleitete „Friedenauer Presse", für deren bibliophiles Programm der Begriff „Kleinverlag" eigentlich ganz unangemessen ist.

Die Haustüren von Uwe Johnson (Niedstraße 14, links) und Günter Grass (Niedstraße 13, rechts) lagen in den Sechzigerjahren gleich nebeneinander. Damals war Friedenau ein Treffpunkt der jungen deutschen Literaturszene.

In der Dachmansarde des hohen Mietshauses neben der Grass-Villa, Niedstraße 14, versteckte sich im Frühjahr 1959 ein Schriftsteller, der ohne Genehmigung der DDR-Behörden von Leipzig nach West-Berlin übergesiedelt war und fürchtete, von der Stasi entführt zu werden. Die Atelierwohnung mit drei Ausgängen, Stahltüren und Aussicht über die Dächer von Friedenau blieb Uwe Johnsons liebster Schreibplatz, bis sie in der zweiten Hälfte der Sechzigerjahre ausbrannte; in der Friedenauer Stierstraße 3 mietete er 1962 zusätzlich eine Familienwohnung an. Die enge Nachbarschaft zu Grass war kein Zufall: Beide Schriftsteller verband eine zeitweise enge Freundschaft. „Früher kam Johnson manchmal vorbei, um hier zu sitzen und merkwürdig zu sein", notierte Grass in sein Schneckentagebuch. Johnson war es gewe-

sen, der ihn auf das Haus in der Niedstraße aufmerksam gemacht hatte.
In seiner Mansarde schrieb Johnson den Roman „Das dritte Buch über Achim" und die Erzählung „Zwei Ansichten", in die Erfahrungen mit dem West-Berliner Fluchthelfermilieu einflossen. Während Johnson die DDR noch mit einem S-Bahn-Zug nach West-Berlin verlassen konnte, ein Fluchtweg, der seit dem Mauerbau versperrt war, musste seine Freundin und spätere Frau Elisabeth mit gefälschten Papieren über Skandinavien aus der DDR geschmuggelt werden.
In West-Berlin machte sich Johnson alsbald mit einem Aufsatz unbeliebt, der am 10. Januar 1964 in der Hamburger Wochenzeitung „Die Zeit" erschien. Er wagte es, den Sinn von Boykottmaßnahmen gegen die S-Bahn in West-Berlin vehement in Zweifel zu ziehen. Seit dem Mauerbau existierten zwei getrennte S-Bahn-Netze für Ost- und West-Berlin, die jedoch beide von der im Osten ansässigen Reichsbahndirektion betrieben wurden. „Wer Westgeld für eine S-Bahnfahrkarte zahlt, finanziert Mauer und Stacheldraht" – unter diesem Motto machte die westliche Presse sofort nach dem 13. August 1961 Stimmung gegen die S-Bahn. Der Deutsche Gewerkschaftsbund und auch die SPD riefen zum Boykott auf, mit der Folge, dass die Zahl der S-Bahn-Fahrgäste in West-Berlin von rund 500.000 pro Tag auf etwa 100.000 schrumpfte.
„Hier machen sich die politischen Führer Westberlins einen Spaß. Sie machen sich einen unpraktischen Spaß mit Leuten, die kein Auto haben, die nicht genug verdienen für die Tarife der hiesigen Verkehrsgesellschaften, denen der Unterschied zwischen zwanzig und fünfundvierzig Pfennig am Ende der Woche etwas ausmacht, die zeitraubende Umwege auf den Bussen hinnehmen müssen, Schlaf und Kraft verlieren müssen zugunsten der Lüge, damit könne etwas gegen den Kommunismus getan wer-

den. Die Verwaltung Westberlins bestellt sich eine politische Demonstration und läßt sie von den Schwächsten bezahlen", schrieb Johnson. Er rechnete vor, dass der Betrieb der S-Bahn-Strecken in West-Berlin für die DDR-Reichsbahn schon vor den Boykottmaßnahmen ein Verlustgeschäft war. Hohe Devisengewinne erwirtschaftete die DDR jedoch mit Hilfe der Benutzungsgebühren für die Autobahnen und Wasserstraßen zwischen der Bundesrepublik und West-Berlin. Johnson widersprach auch der verbreiteten Meinung, dass die S-Bahn dem ostdeutschen Staat gehöre. Zwar war die Reichsbahndirektion in Ost-Berlin mit dem Betrieb beauftragt, aber laut Besatzungsstatut waren die alliierten Stadtkommandanten West-Berlins die wahren Eigentümer der S-Bahn-Strecken. In jeder Hinsicht, so Johnson, richte sich also der Boykott der West-Berliner gegen sich selbst und ihre eigenen Interessen: „Wir hacken uns ein Bein ab, wenn es uns paßt! und sollte es die Stadtbahn sein. Für diese Haltung lassen wir uns loben von der westlichen Welt, auch diese unsere besondere Lebensweise lassen wir die Westdeutschen mit ihrem Geld unterstützen. Wir lassen uns tapfer nennen, instinktsicher, unbeirrbar. So blicken wir in die Zukunft, mit solcher Klarsicht denken wir sie zu überstehen. Tatsache." Das hörten die West-Berliner überhaupt nicht gern: In der Presse wurde Johnson heftig angegriffen, nachts mit anonymen Anrufen terrorisiert, und in seiner Post fanden sich S-Bahn-Fahrkarten mit der Aufforderung, doch „nach drüben" zu gehen.
Johnson warnte davor, der ostdeutschen Wirtschaft durch den Boykott Devisen zu entziehen für den „Zuschußbetrieb Westberliner S-Bahn". Wehmütig beschrieb er die ersten Symptome des Verfalls, der die Strecken des einstmals modernsten Nahverkehrssystems der Welt allmählich ruinierte: vernagelte Fahrkartenschalter, geschlossene Stellwerke, sterbende Kioske, verödete Bahnsteige mit

leeren Kurzzügen. In den folgenden Jahren wurden die alten S-Bahn-Wagen auf Verschleiß gefahren, die Bahnhöfe und Anlagen nur noch notdürftig instand gehalten. Für den Dichter Uwe Johnson war es mehr als ein Verkehrsmittel, das durch den Boykott ruiniert wurde, es war ein Stück Heimatgefühl, auch für ihn, den Wahl-West-Berliner aus dem Mecklenburgischen: „Nach wie vor erkennen die alten wie die neuen Berliner einander daran, daß sie nicht von der Stadtbahn reden, wenn sie in der Ringbahn sitzen, und wer den Unterschied nicht kennt zwischen der Zehlendorfer und der Wannseebahn, der muß von auswärts sein. Die S-Bahn gehört zu unseren Intimitäten. Das ist unsers, das Rätselraten über den besonderen alten Farbton rund um die Wagen, das Dunkelkarmin, das Ochsenblutrot, das behäbige Gelb darüber. Wir erkennen das Geräusch ohne Nachdenken, die klirrende Durchfahrt, nachts das atmende Bremsen und Anfahren, singende Beschleunigung. Die grünen Transparente an den Brücken und Bahnhöfen, das weiße S: Stadtbahn: es gehört uns, wir wissen, wo wir sind. Die weiten Bahnsteige gehören zur Landschaft der Stadt, und da wird auf uns gewartet."

Heidelberger Platz

Die Stadtautobahn

Wie kein anderes Bauwerk verstellt die Stadtautobahn die Sicht der Ringbahnreisenden auf das ehemalige West-Berlin. Brutal schneidet sie in die Stadträume ein, selbst dort, wo die Betonpiste für den Querverkehr durchlässig gemacht und auf Stützen gestemmt wurde wie am Heidelberger Platz.

Die ältere Ringbahn besitzt einen ganz anderen Charakter: Da die Stadt allmählich um die Bahnstrecke herum wachsen konnte, wirkt sie eher wie eine natürliche Grenze, wie ein Fluss, der die bebauten Ufer nicht nur trennt, sondern auch verbindet.

„Wohin eilen die Automobile? Ins Zentrum! Es gibt keine befahrbare Fläche im Zentrum. Man muß sie schaffen. Man muß das Zentrum abreißen", forderte der Architekt Le Corbusier 1930. Der Architekturkritiker Adolf Behne schlug um diese Zeit sogar den Abriss des Berliner Stadtschlosses vor, um einen besseren Verkehrsfluss zwischen Brandenburger Tor und Alexanderplatz zu erreichen. „Die Berliner Presse ist dabei, dem Berliner eine neue fixe Idee einzutrommeln: den Verkehr. ... Ist er denn so groß? Nein ... Und gegenüber diesem kindlichen Getobe muß ich sagen, daß ich eine Geisteshaltung nicht begreife, der die Quantität eines Verkehrs imponiert. ... Nun hat Berlin diesen Verkehr nicht, bildet sich aber ein, ihn zu haben". So brachte es Kurt Tucholsky 1926 in der „Weltbühne" auf den Punkt. Die Verkehrsentwicklung der letzten hundert Jahre lehrt, dass die Automobilisierung tatsächlich eine Art Kopfgeburt war, weil der Ausbau von Kraftfahrzeugstraßen keine Engpässe beseitigte, sondern eher welche heraufbeschwor und die Zunahme des Autoverkehrs forcierte.

In den Zwanzigerjahren waren Automobile gefragte Luxusartikel, die den Besitzern und der Stadt eine Aura von Modernität verliehen. Im Nachkriegsdeutschland taugte das Auto zum Symbol des Wirtschaftswunders, war Gradmesser individueller Freiheit und eines neuen Lebensgefühls. Die Massenmotorisierung hatte Konsequenzen für die Verkehrsplanung im Westteil Berlins. Überall sollten nun Hauptverkehrsadern autobahnmäßig, also völlig kreuzungs- und anliegerfrei, entstehen. Im April 1956 wurde mit der systematischen Anlage eines Stadtautobahnnetzes begonnen. Der erste, wenn auch kleine Abschnitt zwischen Halensee und Hohenzollerndamm konnte dem Verkehr am 26. November 1958 übergeben werden. Ihm folgte Ende September 1960 die Verlängerung bis Mecklenburgische Straße zum S-Bahnhof Heidelberger Platz.

In jenen Jahren war Hans Stephan der zuständige Senator für Bau- und Wohnungswesen. Der ehemalige Hauptabteilungsleiter der NS-Generalbauinspektion unter Albert Speer beschäftigte sich schon seit dem Januar 1944 mit den Wiederaufbauplanungen für Berlin. Stephan kam aus dem Stadtbauamt Berlin in die Speer'sche Behörde, war daher mit der Stadtstruktur bestens vertraut. Die nationalsozialistischen Visionen von einer Reichshauptstadt Germania, an denen er mitarbeitete, sahen ein gigantisches Achsenkreuz vor, das mit Hilfe eines Systems von Ring- und Radialstraßen erschlossen werden sollte. Die späteren Planungen folgten dem gleichen Grundgedanken.

Noch heute halten viele den Autobahnbau für eine große positive Leistung des Naziregimes. Richtig ist, dass bis zum Zweiten Weltkrieg wesentliche Streckenabschnitte fertig waren, die Planung aber schon in den Zwanzigerjahren begann. Das „Kraftwagenstraßennetz Deutschland" von 1926 sah Berlin im Mittelpunkt von geplanten

Die S-Bahn nimmt die Stadtspaziergänger freundlich auf und trägt sie weiter, die Stadtautobahn hingegen weist allzu neugierige Fußgänger brüsk zurück – wie hier am einzigen Ausgang des S-Bahnhofs Westkreuz.

Autobahnstrecken, die eine Verbindung aus den Ballungsräumen zur Reichshauptstadt schaffen sollten. Der Berliner Ring (heute A 10) mit gut 200 Kilometern Länge entstand, gleichzeitig Anfangs- und Endpunkt von sechs Autobahnstrecken von und nach Berlin (heute A 2, 9, 11, 12, 13 und 24). Die Zunahme der Zahl von Autobesitzern und der Anstieg des Kraftverkehrs dienten als Rechtfertigung dieser Maßnahme. 1940 konnte zwar die AVUS als heute noch wichtigste Radiale ins Zentrum an den Berliner Ring angeschlossen werden, aber zur Ver-

wirklichung der innerstädtischen Straßenprojekte kam es nicht mehr.
Es blieb der Nachkriegszeit vorbehalten, den ersten Schnellstraßenring zu schmieden, die A 100. Dieser projektierte „mittlere Straßenring" verläuft auf Tuchfühlung zum Vollring der S-Bahn. Die Planer im Ost- und Westteil behielten noch bis in die Fünfzigerjahre hinein Kontakt und ein Gesamtberliner Verkehrsnetz im Auge. Nach dem Mauerbau wurde West-Berlin endgültig zu einer Verkehrsinsel, denn es gab nur noch zwei Durchlässe zu den Transitwegen nach Westdeutschland: Heerstraße und Dreilinden. Der Autoverkehr in der Halbstadt war noch recht beschaulich, aber er wuchs parallel zum Weiterbau der Stadtautobahn kontinuierlich. Die Zahl der im Verkehr befindlichen Kraftfahrzeuge stieg zwischen 1960 und 1970 von gut 150.000 auf über 350.000 an. Folglich schien der Weiterbau der Stadtautobahn in den Sechzigerjahren ein Erfordernis der Zeit zu sein. Zugleich mehrten sich die kritischen Stimmen gegen eine Politik, die das Auto mit jährlichen Steuermilliarden förderte und es zur Konjunktursteuerung missbrauchte.
Schockierend ist noch immer der Flächenverbrauch der Stadtautobahnplanung: das Autobahndreieck Funkturm umfasste wie das Schöneberger Kreuz je 200.000 Quadratmeter, eine Größe, die für jede städtische Nutzung verloren ging. Zum Vergleich: der heutige neu bebaute Potsdamer Platz schlägt mit 150.000 Quadratmetern zu Buche. Zwar pflanzte man Rasen und Bäume an die Böschungen der Stadtautobahn, aber als Erholungsfläche sind sie nicht zu gebrauchen. In der Nachbarschaft des S-Bahnhofes Heidelberger Platz befindet sich ein weiteres Bauwerk dieser Art, das 1973/74 entstandene Autobahn-Kreuz Wilmersdorf mit dem Abzweig der A 104 nach Steglitz. Das 2,6 Kilometer lange Stück ist an der Schlangenbader Straße mit einem 450 Meter langen Wohnriegel überbaut,

der 14 Obergeschosse aufweist – zwischen dem 2. und 3. verläuft in der Mitte die Stadtautobahn, darunter befinden sich Parkgeschosse. Dieser bis 1982 durch den Bauherrn DEGEWO errichtete Prototyp sollte beispielhaft zeigen, wie trotz knappen und hier durch eine Straße besetzten Baugrundes dennoch urbane Nutzungen möglich sind.
Auch für den toten Winkel am Autobahn-Kreuz Wilmersdorf fand sich eine pfiffige Lösung. Zeitgleich entstand hier das Heizkraftwerk Wilmersdorf. 1977 nahmen die drei Gasturbinen unter den markanten, mit Aluminium verkleideten Schloten die Versorgung mit Strom und Wärme auf. Beide werden gleichzeitig nach dem ressourceschonenden Prinzip der Kraft-Wärme-Kopplung erzeugt und der eingesetzte Brennstoff Öl dadurch wesentlich besser ausgenutzt. Wegen der Inselsituation West-Berlins wurde notgedrungen und entgegen dem Trend der Zeit wieder innerhalb der Stadt ein Kraftwerk errichtet. Seine beispielhafte Einbindung prämierte ein bundesweiter Städtebau-Wettbewerb mit einer Silbermedaille. Es fehlte allerdings ein Wasserlauf, weshalb ein Kühlturmbetrieb notwendig wurde. Schon die 1911 durch die „Elektricitätswerk Südwest AG" an diesem Standort errichtete erste Anlage lag nicht am Wasser, dafür an der Ringbahn. Damals wie heute erfolgte die Anlieferung des Brennstoffes mit Güterzügen.
Nach dem Zweiten Weltkrieg verlor das Heizkraftwerk durch Demontage seine Hochdruckanlage und sein Leistungsvermögen lag nur noch bei 25 Megawatt. Dennoch wurde es nicht aufgegeben. Seine Bedeutung wuchs sogar, nachdem in der Nacht vom 4. auf den 5. März 1952 die Stromverbindung zwischen dem europäischen Verbundnetz und dem Westteil Berlins gekappt worden war. Die Strominsel bezog Strom ausschließlich aus den Kraftwerken der eigenen Stadthälfte.

Die Wiedervereinigung hat den Autoverkehr auf den Straßen Berlins weiter anschwellen lassen. Den Kollaps vor Augen, formulierte eine CDU-SPD-Senatskoalition 1991 folgendes Ziel: Innerhalb des Autobahn- und S-Bahnrings solle bis zum Jahr 2010 das Verhältnis von öffentlichem Nahverkehr und Privatverkehr 80:20 betragen. Da aber viel zu wenig in Busse, U- und S-Bahnen investiert wurde, wird dieser „Modal Split" ziemlich sicher verfehlt. Statt dessen werden alle paar Jahre wieder Forderungen nach einer Vollendung des Stadtautobahnrings laut, zuletzt während der gescheiterten Koalitionsverhandlungen zwischen SPD, Grünen und FDP im Dezember 2001. Geplant sind der Weiterbau des mittleren Straßenrings (A 100) bis zur Frankfurter Allee und der Ausbau der A 113 bis zur Stadtgrenze in Richtung des Flughafens Schönefeld. Bei derzeit über 400 Kraftfahrzeugen pro 1.000 Einwohner – Tendenz steigend – ist mit einer Abnahme des Verkehrsflusses nicht zu rechnen.
Unter und neben der Stadtautobahn führt der Ringbahnhof am Heidelberger Platz ein Schattendasein. Als Bahnhof Schmargendorf wurde er im Dezember 1883, sechs Jahre nach Schließung des Bahnrings, eröffnet. Das beschauliche Schmargendorf nahm erst nach der Reichsgründung städtische Züge an, bekam 1899 sogar den Status eines selbstständigen Amtsbezirks und baute sich ganz selbstbewusst bis 1902 ein eigenes Rathaus, ehe andere, später ebenfalls nach Berlin eingemeindete Städte überhaupt daran dachten. Aber der Ortsteil Schmargendorf, der im Stadtbezirk Wilmersdorf aufging, liegt so weit von der S-Bahnstation entfernt, dass diese 1993 nach dem nahen U-Bahnhof Heidelberger Platz umbenannt wurde. Diese U-Bahn-Station sollte eigentlich schon bald nach ihrer Eröffnung am 12. Oktober 1913 eine Verbindung zum S-Bahnring bekommen – achtzig Jahre später war es dann endlich soweit. Der U-Bahnhof verdient

durchaus unsere Aufmerksamkeit. Wilhelm Leitgebel gestaltete auf diesem Streckenabschnitt der Linie 1 vom Hohenzollernplatz bis zum Breitenbachplatz alle Stationen. Die außergewöhnlichste ist der Heidelberger Platz. Wegen der Unterquerung des S-Bahnringes liegt der Untergrundbahnhof mit über acht Metern für Berliner Verhältnisse sehr tief. Die mächtige überkuppelte zweischiffige Halle mit Granitpfeilern spielt auf die Architektur von Rathaus- und Weinkellern an. Das seit 1906 Stadtrecht genießende Wilmersdorf ließ sich die Ausstattung des Bahnhofs einiges kosten, zumal hier der nördliche Ausläufer des so genannten Rheingau-Viertels liegt, das mit aus dem Weinanbau und dem Weingenuss entlehnter allegorischer Bauplastik sparsam verziert ist. Es entstand noch vor dem Ersten Weltkrieg nach einer Gesamtkonzeption von Paul Jatzow im Sinne des Reformwohnungsbaus. Die U-Bahn diente der Erschließung des Rheinischen Viertels. Auf der Stadtautobahn fährt man ahnungslos daran vorbei.

Hohenzollerndamm

Dreizehn Jahre Betriebspause

Der Westberliner Boykott nach dem Mauerbau machte aus der S-Bahn ein unrentables und unattraktives Verkehrsmittel, das nur aus Gründen des politischen Prestiges von der Reichsbahndirektion in Ost-Berlin weiterbetrieben wurde. Die Verkehrsgesellschaft des Westens, die BVG, tat bis in die Siebzigerjahre alles, um zahlende Fahrgäste von der S-Bahn abzuziehen: Sie richtete parallele Buslinien ein, für die Busse angemietet und von westdeutschen Kommunen ausgeliehen wurden. Auch auf der neuen Stadtautobahn gab es Bushaltestellen, die den Ringbahnhöfen Konkurrenz machten – sehr ungewöhnlich für eine Autobahn, denn normalerweise haben Fußgänger dort nichts zu suchen.

Um die Subventionskosten loszuwerden, suchte die Reichsbahn nach Alternativen für den teuren S-Bahn-Betrieb und Unterhalt. Sie bot dem Westberliner Senat Ende der Siebzigerjahre sogar einen Pachtvertrag an, den er ausschlug – nicht nur den Betrieb, auch die Grundstücke mit allen Bahnhöfen und Schienensträngen wollte der Senat übernehmen, sonst hätte sich der immense finanzielle Aufwand zur Sanierung des Netzes nicht gelohnt.

Nach langem Zögern entschloss sich die sozialistisch geführte Reichsbahn zu einem im Kapitalismus ganz alltäglichen Schritt: Am 15. Januar 1980 kündigte sie überraschend 77 Angestellten. Intern hatte es bis dahin immer geheißen, die Arbeitsplätze beim DDR-Vorzeigebetrieb Reichsbahn seien sicher. Doch offenkundig war der Rausschmiss schon länger vorbereitet worden, denn unter den Gekündigten befanden sich auch eine schwangere Frau und ein Verstorbener.

Adel verpflichtet. Deshalb wurde auf die Gestaltung des 1910 eröffneten Bahnhofs Hohenzollerndamm besondere Mühe verwandt. Er sollte neue Wohngebiete in der noch unbebauten Umgebung erschließen. Wegen der Nähe zur Bundesversicherungsanstalt für Angestellte sollte Anfang der Neunzigerjahre ein zusätzlicher Aufzug- und Treppenturm an der anderen Straßenseite entstehen. Er lässt bis heute auf sich warten.

Wegen des verschlechterten Betriebsklimas kündigte bis zum August 1980 ein Fünftel der gut 3.500 Westberliner Eisenbahner, überwiegend qualifizierte und schwer ersetzbare Leute. Die dezimierte Belegschaft sah sich kaum in der Lage, den Bahnbetrieb aufrechtzuerhalten: 80 Überstunden im Monat waren keine Seltenheit, die Züge verdreckten, und von Betriebssicherheit konnte nur noch bedingt die Rede sein. Um die frustrierten Kollegen bei

Laune zu halten, versprach die Reichsbahndirektion eine Lohnerhöhung. Am 11. September 1980 bot sie 80 Mark brutto monatlich mehr an – für die meisten Reichsbahner ein schlechter Witz. Vier Tage später gab die Direktion bekannt, dass die Taktzeiten der S-Bahn-Züge zum Fahrplanwechsel am Monatsende stark ausgedünnt würden, auf manchen Strecken sollte schon um neun Uhr abends Betriebsschluss sein. Lohneinbußen wegen entfallender Nachtzuschläge wären die Folge gewesen, und zu allem Überfluss hätten viele S-Bahner mit der feindlichen BVG zum Dienst und nach Hause fahren müssen. Am Mittwoch, dem 17. September, trat die Mehrheit der Beschäftigten in einen Streik gegen die katastrophalen Arbeitsbedingungen, den ersten Ausstand bei der Reichsbahn seit 1949.
In den folgenden Tagen kam der S-Bahn-Verkehr auf fast allen Westlinien zum Erliegen. Nur auf der Stadtbahn fuhren noch S-Bahnen mit Zugführern aus dem Osten, um die Betriebsrechte der Deutschen Reichsbahn im Westen zu sichern. Da sich die Reichsbahndirektion und S-Bahnverwaltung in Ost-Berlin weigerten, auf die Forderungen der Streikenden einzugehen, beschloss das Streikkomitee, den Ausstand auch auf die Transitreisezüge zwischen West-Berlin und der Bundesrepublik auszudehnen. Ein Stellwerk am Bahnhof Zoo wurde besetzt und der Interzonenzugverkehr von und nach Westdeutschland unterbrochen – ein Lebensnerv von West-Berlin war getroffen.
Zugleich forderten die Streikenden den Senat auf, sich für eine Übernahme des Bahnbetriebs durch die Bundesbahn oder eine Senatsstelle einzusetzen. Sie wollten sich nicht länger von Vorgesetzten kommandieren lassen, die wegen ihrer Mitgliedschaft in der Sozialistischen Einheitspartei Westberlins (SEW) besonders protegiert wurden. Dazu hätte der Senat in Verhandlungen mit den Alliierten und

der DDR-Führung treten müssen. Das aber lehnte der Regierende Bürgermeister Dietrich Stobbe ab: Auf keinen Fall könne die DDR aus ihrer Betriebspflicht entlassen werden. Daraufhin machte sich unter den Streikenden Resignation breit. Am Montagmorgen des 22. September räumten die Streikenden das Stellwerk Bahnhof Zoo, andere Stellwerke und Güterbahnhöfe folgten. Das Stellwerk an der Halenseebrücke, während des Streiks ebenfalls besetzt, wurde am Nachmittag von der Bahnpolizei gestürmt.

Nach dem Zusammenbruch des Streiks kündigten 300 weitere Reichsbahner oder wurden gekündigt. Mit der Restbelegschaft war nur noch ein stark reduzierter S-Bahn-Betrieb möglich. Von sieben Strecken konnten gerade drei weiter befahren werden, die meisten Bahnhöfe auf der Ringbahn blieben nach dem Streik für 13 Jahre geschlossen, einige noch länger.

Ein Ziel der Streikenden aber war nach langwierigen Verhandlungen zwischen Senat und DDR erreicht, als am 9. Januar 1984 die BVG den S-Bahn-Betrieb im Westen übernahm. De facto bedeutete das die nahezu komplette Stillegung des Netzes, denn die BVG betrieb zunächst nur zwei Linien: vom Grenzübergang Friedrichstraße nach Charlottenburg und vom Anhalter Bahnhof nach Lichtenrade. Für S-Bahn-Liebhaber entschieden zu wenig. Die prompt einsetzenden Bürgerproteste gegen die „Schrumpfbahn" belohnte die aufgeschreckte Verkehrsgesellschaft mit der Verlängerung beider Strecken nach Wannsee und Frohnau. Eine Reaktivierung des stillgelegten S-Bahn-Rings im Westen sahen die Planungen des Senats zunächst nicht vor. Dagegen richtete sich ein Bürgerbegehren, das mit Erfolg im Bezirk Charlottenburg durchgeführt wurde: Innerhalb von vier Wochen kamen 1988 über 20.000 Unterschriften wahlberechtigter Bürger zusammen.

Der christlich-liberale Senat unter dem Regierenden Bürgermeister Eberhard Diepgen ignorierte dieses Votum, erst als er im Folgejahr abgewählt und durch eine rotgrüne Koalition unter Walter Momper abgelöst wurde, schlug die Stunde der Ringbahnfreunde: Mit einer politischen Zeremonie auf dem Bahnsteig der Station Westend nahm am 25. September 1989 West-Berlin den verfallenen Südring symbolisch wieder in Betrieb. Die Planungen für eine Wiederbelebung des gesamten S-Bahn-Rings begannen also unabhängig von den politischen Turbulenzen im Ostteil der Stadt, die 1989/90 zur Maueröffnung und zur Berliner Wiedervereinigung führten. Das Vorhaben, die Südringstrecke in zwei Abschnitten zwischen Sonnenallee und Westend wieder befahrbar zu machen, wurde vor diesem Hintergrund fallen gelassen. Im Zuge der Wiedervereinigung erschien es den Verkehrsstrategen verlockender, möglichst rasch eine Verbindung zum Ostberliner S-Bahn-Netz herzustellen und die Linie über Köllnische Heide zum Baumschulenweg zu führen, um die Südringzüge bis nach Grünau und zum Flughafen Schönefeld fahren lassen zu können. Am 17. Dezember 1993 ging diese Strecke in Betrieb.
Wenig später wechselte die S-Bahn erneut den Betreiber. 1994 übernahm sie der Bund, seit 1995 existiert die S-Bahn-GmbH unter dem Dach der Deutschen Bahn. Wem die S-Bahn gehören soll, bleibt ein Politikum. Im derzeit amtierenden rot-roten Senat schwelt ein Streit um die Frage, ob eine Kosten sparende Fusion der BVG mit der S-Bahn den Fahrgästen eher schaden oder nutzen würde.
Das Bahnhofsgebäude am Hohenzollerndamm hat bereits einen neuen Besitzer. Im Zuge der Bahnreform wurde es aus dem Vermögen der neu gegründeten Deutschen Bahn AG ausgegliedert, weil es für den Bahnbetrieb nicht unbedingt notwendig erschien. Um zu den Bahnsteigen zu gelangen, braucht man heutzutage kein repräsentati-

ves Entrée mehr, dafür genügen kahle Treppen und Aufzüge, und Fahrkartenautomaten kann man auf dem Bahnsteig aufstellen – so die Logik dieser Operation. Die bundeseigene Gesellschaft Vivico vermarktet die derart gewonnenen Immobilien, der Erlös kommt der Bundeskasse zugute. Das Haus am Hohenzollerndamm ist bereits erfolgreich privatisiert, die Mieter in den Obergeschossen spürten es an saftigen Mieterhöhungen.

Das ungewöhnliche Bahnhofsgebäude, ein mehrgeschossiges Wohnhaus, entstand 1908/10 nach Plänen des Königlichen Baurates Heinrich Theising. Eine Bodengesellschaft, die um die neu eröffnete Ringbahnstation ein Wohnquartier erschließen wollte, finanzierte den Bau. Die imposante Fassade mit Jugendstilelementen strebt offenkundig danach, sich des Namens „Hohenzollerndamm" als würdig zu erweisen. Doch dieser steht gänzlich beziehungslos zur Topographie des Stadtraums und zu den Hohenzollern selbst.

Bei der zunehmenden Bebauung der Vorortbereiche Berlins im ausgehenden 19. Jahrhundert wurden weit über die Hälfte der heute im Berliner Stadtraum vorhandenen 10.000 Straßen angelegt. Die brauchten Namen, und die damals noch nicht zu Berlin gehörenden Städte und Landgemeinden beteuerten ihre Loyalität gegenüber dem Geschlecht der Landesherren, indem sie eine nicht geringe Menge an Kaiser-, Kaiser-Wilhelm-, Kaiser-Friedrich-, Kaiserin-Augusta-, Kronprinzen- und so weiter Straßen benannten. Dass es sich dabei nicht um kleine Straßenzüge handelte, verstand sich von selbst; Länge und Breite sollten dem oder der zu Ehrenden auch zur Ehre gereichen. Am allumfassendsten war natürlich die Bezeichnung nach dem Herrschergeschlecht, und so gab es neben Hohenzollernstraßen auch Hohenzollernplätze, ja sogar einen Hohenzollern-Korso und – den Hohenzollerndamm.

Am höchsten Punkt der Bahnhofsfassade thront ein Preußenadler, sonst fehlen auffällige Symbole des Herrschergeschlechts. Zwei ursprünglich im Eingangsbereich angebrachte Mosaikbilder mit Friedrich I., dem ersten Hohenzollern-Kurfürsten, und Joachim II., der 1539 in Brandenburg die Reformation einführte, sind seit der Brückenverbreiterung für den Stadtautobahnbau verschwunden. Eines davon wurde am Neubau eines Altenheims an der Koenigsallee 15 in Grunewald angebracht. Die Inschrift deutet das Bild als „Aufbruch zur Jagd unter Kurfürst Joachim II. vom Jagdschloß Grunewald".

Durchstreift man die Umgebung des Bahnhofs Hohenzollerndamm, kommt einem eher Friedrich der Große in den Sinn, der die Meinung vertrat: „Die Religionen Müssen alle Tolleriert werden,... denn hier muß ein jeder nach Seiner Faßon Selich werden ... Alle Religionen seindt gleich und guht, wan nuhr die leute, so sie profesiren erlige leute seindt, und wen Türken und Heiden kähmen und wollten das Land pöplieren, so wollen wir sie Mosqueen und Kirchen bauen".

In der Brienner Straße steht man wirklich vor einer Moschee. Obwohl es schon seit dem 18. Jahrhundert Muslime in Berlin gibt, wurde sie erst 1928 fertig gestellt. Die älteste Moschee Deutschlands ist ein typischer Kuppelbau mit zwei Minaretten in Anlehnung an den indischen Mogulstil.

Ähnlich exotisch wirken die Zwiebeltürmchen der russisch-orthodoxen Kathedrale, die man – wie die Potsdamer Alexandrowka – irrtümlich für ein Zeugnis der engen preußisch-russischen Beziehungen seit den Befreiungskriegen gegen Napoleon halten könnte. Die Kirche entstand aber sehr viel später infolge der russischen Revolution. Nach 1918 flohen Hunderttausende von Russen vor dem Bürgerkrieg nach Berlin. Aus

Charlottenburg wurde „Charlottengrad". Im Exil entstand eine unabhängige „Russisch-Orthodoxe Kirche im Ausland" unter Bischof Tychon, die für die Wiederherstellung des Zarenreiches und damit gegen die Sowjetmacht wirkte. Deswegen erfuhr sie sogar die Unterstützung des Naziregimes, die 1938 in der Einweihung der neuen Kathedrale an der Berliner Straße in Wilmersdorf gipfelte.

Postkarte von West-Berlin aus den Fünfzigerjahren. Die alte Halenseebrücke über den Ringbahngraben mündet auf den Kurfürstendamm, wo die ersten Kriegslücken bereits geschlossen sind. Die Ruine des S-Bahnhofs (rechts) verschwand 1958. Ein an die Ästhetik des Wohnhochhauses am Henriettenplatz angepasstes Empfangsgebäude wurde 1960 in Betrieb genommen und 1993 wieder abgerissen. Dadurch sollte Baufreiheit geschaffen werden für eine Überdeckelung des Bahngrabens und den Bau eines Shopping-Centers, so wie am Gesundbrunnen oder der Schönhauser Allee.

Halensee

Medusa am Kurfürstendamm

„Tausende führt auch die Stadtbahn nach Halensee heran, wo schon der ganze Vergnügungsapparat zu Nutz und Frommen aller derer, die sich einen vergnügten Nachmittag machen wollen, ‚aufgezogen' ist. Da schallt aus jedem Garten lockende Musik, sitzt man dichtgedrängt an den Tischen bei Kaffee und Bier. Ist aber erst der große Durst gelöscht, dann stürzt man sich rein in den Strudel, die Terrassen hinunter auf die Vogelwiese en miniature am See. Schwer wird die Wahl. Soll man zuerst Rutschbahn fahren oder Karoussel oder seine Muskelkraft am Kraftmesser erproben oder gar der lockenden Aufforderung des Schnellphotographen folgen: sich für 50 Pfennig eine ‚ebenso schöne wie dauernde Erinnerung' an Halensee in Gestalt eines Photogrammes mitnehmen? Das schwirrt und lacht und johlt durcheinander und kokettirt mit den Augen – so Du ‚solo' nach Halensee gekommen bist und der Ansicht: dass das Vergnügen noch schöner wäre, wenn Du es zu zweien, mit einer Tochter des Landes genießen könntest, Deinem Sehnen kann Erfüllung werden. Es giebt gar viele artige und ‚nette Käfer' hier, die auch erst nur allein genießen und den Moment erwarten, wo ihnen ‚Arm und Geleit' angetragen wird. Ach, so mancher kleiner Roman ist hier in Halensee eingefädelt worden, Romane, die selten den Sommer zu überdauern pflegen, manchmal aber auch auf dem Standesamt enden oder in der Morgue."

Soweit die „Berliner Illustrirte Zeitung" vom 22. September 1895 über vergangene Sommertage am Halensee. Dass in dem Zeitungsartikel nicht von der Ringbahn die Rede ist, sondern von der Stadtbahn als Transportmittel der Vergnügungssüchtigen, hat seine

Richtigkeit. Seit 1884 war die Station „Halensee" nicht nur Durchgangsbahnhof auf der Ringbahn, sondern auch Endstation für Züge, die auf der Stadtbahn durch das Berliner Zentrum fuhren. Eine größere Station mit zwei Mittelbahnsteigen und einem Empfangsgebäude in Backsteingotik ersetzte den 1877 in Betrieb genommenen Ringbahnhof „Grunewald", der etwas südöstlich vom heutigen S-Bahn-Haltepunkt lag. Man konnte aber genauso gut mit einer 1886 eröffneten Dampfstraßenbahn vom Zoo über den Kurfürstendamm nach Halensee fahren oder mit der Pferdeeisenbahn, später dann mit der Elektrischen oder dem Autobus. Der Vergnügungsbezirk, der sich in der Kaiserzeit am Halensee herausbildete, war durch die damals modernsten Verkehrsmittel von überall rasch zu erreichen.

Ein Nachmittag in Halensee, das klinge fast so poetisch wie „vier Wochen auf Capri", heißt es in Theodor Fontanes 1893 erschienenem Roman „Frau Jenny Treibel oder Wo sich Herz zum Herzen find't". Teils in Kutschen, teils mit der Dampfbahn und Stadtbahn lässt der Erzähler die Familien Treibel und Felgentreu zu einer Landpartie anreisen. Auf einem Abendspaziergang um den Halensee räsonieren die älteren Paare über verpasste Gelegenheiten, und die Kinder Leopold und Korinna gestehen sich ihre Liebe. Dieser Roman endet zwar auf dem Standesamt, doch es kommt anders als gedacht: Die neureiche Mutter Leopold hintertreibt die Verlobung mit der mittellosen Korinna und verkuppelt den Sohn lieber mit der Tochter eines reichen Holzhändlers.

Aus bescheidenen Anfängen – einigen Ausflugslokalen mit Wasserrutsche, Karussel, Schießbuden und Kasperletheater am Halensee – erblühte kurz vor dem Ersten Weltkrieg ein spektakulärer Vergnügungspark voller technischer Sensationen. In den Zwanzigerjahren war der Lunapark gar der größte Rummelplatz in Europa, nur übertroffen von seinen amerikanischen Vorbildern auf Coney Island bei New York. Völkerschauen, Boxkämpfe, Konzerte, Tanzturniere und Schönheitskonkurrenzen lockten die Massen an. 1927 eröffnete in einer modernen Halle das erste Wellenbad Europas, von den Berlinern auch „Nuttenaquarium" genannt. Zu den bekanntesten Attraktionen am Halensee zählte eine riesige Achterbahn, die jedes Jahr neu dekoriert wurde. „Äußerst geeignet für die Lösung gespannter Beziehungen", urteilte die Feuilletonistin Gabriele Tergit 1929 im „Berliner Tageblatt": „Breite Brust, an die die Frau sich schmiegen muß, ist immer noch Trumpf. Mädchen, die sich fürchten, kaltblütige Männer, Hauptspiel von Männlein und Weiblein. Die beste Situation für zwei Liebende, miteinander in Gefahr zu geraten, wird hier zur Industrie".

Wie die S- oder U-Bahn, wie die Warenhäuser oder die großen Filmpaläste war der Lunapark ein genuin großstädtischer Ort, und als solcher ist er vielfach literarisch gewürdigt worden. Am westlichen Ende des Kurfürstendamms gelegen, bildete er den Abschluss, den Glanz- und Höhepunkt des Boulevards mit seinen Zerstreuungsangeboten, prunkenden Fassaden, Lichtreklamen und abendlichen Menschenaufläufen. Völkische Demagogen sahen im Lunapark den Gipfel des Sittenverfalls in der Metropole, für den sie den Kampfbegriff „Kurfürstendamm-Kultur" prägten. Als die Nazis an die Macht kamen, versuchten sie den bankrotten Rummelplatz in einen artigen Volkspark mit Blasmusik und völkischen Darbietungen umzuwandeln. Doch die Resonanz beim Publikum war so mäßig, dass das Unternehmen bald für immer seine Pforten schließen musste.

Spuren vor Ort gibt es keine, nur in der Literatur und den Bildarchiven. Auf alten Luftbildern kann man den Lunapark dort lokalisieren, wo heute die Stadtautobahn den Halensee fast berührt und riesige Betonrampen die

Auffahrt zum Rathenauplatz ermöglichen. Vergnügungssüchtigen sei dringend von einem Besuch abgeraten! Direkt am S-Bahnhof Halensee gibt es immerhin eine große Eisdiele mit Außenterrasse und die Tanzschule „Cha-Cha-Cha“, beides am Fuße einer beschwingten Wohnhochhausscheibe aus den Fünfzigern. Geturtelt wird hier noch immer.
Über das elfgeschossige Wohnhochhaus sieht man heutzutage leicht hinweg, aber es war einmal ein städtebaulicher Akzent, der den Schnittpunkt von Ringbahn und Kurfürstendamm weithin sichtbar machen sollte. Es könnte einen glauben machen, hier beginne gleich das Hansaviertel mit seinen Modellhäusern, die zur Interbau 1957 in den Tiergarten gepflanzt wurden. Tatsächlich bildet das Hochhaus am Henriettenplatz den städtebaulichen Auftakt zur frühen Nachkriegsmoderne auf dem Kurfürstendamm, der damals im Zuge der sich vertiefenden Ost-West-Spaltung zur Vorzeigestraße von West-Berlin avancierte. Leider verlorengegangen ist das dazu passende S-Bahn-Empfangsgebäude aus dem Jahr 1960. Die in Ost-Berlin ansässige Reichsbahn ersetzte damals die Kriegsruine des alten Backsteingebäudes durch einen noblen Neubau mit großzügig verglaster Ecke zum Kurfürstendamm: ein durchaus wohlgelungener Beitrag des Ostens zum Wiederaufbau von West-Berlin. Dann aber kamen der Mauerbau, der S-Bahn-Boykott, der S-Bahner-Streik von 1980, bei dem das Gebäude medienwirksam besetzt wurde, danach die Ringschließung, und aus der lichten Bahnhofshalle wurde – ein Opel-Autosalon.
Heute gähnt dort, wo ein Bahnhofsgebäude sein müsste, ein umzäunter Krater, so als hätte dort vor ein paar Jahren eine Bombe eingeschlagen. Als Verbindungssteg zwischen dem Bahnsteig und dem Kurfürstendamm dient seit der Wiederinbetriebnahme der Station im Jahr 1993

ein Übergang aus knallbunt lackierten Stahlträgern, eine Architektur wie aus einem Konstruktionsspielzeugkasten für Kinder. Das schäbige Dauerprovisorium ist – typisch für Berlin – das Ergebnis hochfliegender Stadtvisionen. Vor dem Fall der Mauer und noch einige Jahre danach verfolgten die Westberliner Stadtplaner das Ziel, den breiten Bahngraben an der Kurfürstendammbrücke zu überbauen. Die City um den Kurfürstendamm sollte so nach Westen erweitert werden, außerdem hielt man den Ort wegen der Nähe zum Messegelände für eine attraktive Büroadresse.

Das ansehnliche S-Bahn-Empfangsgebäude wurde 1993 vorsorglich abgerissen, um Baufreiheit für ein lukrativeres Shopping-Center mit Bahnanschluss zu gewinnen. Doch infolge der Wiedervereinigung hat sich das Investoreninteresse nach Osten verlagert, so dass die Stadtentwicklung um den S-Bahnhof Halensee ins Stocken kam. Die Pläne für eine Überdeckelung des Bahngrabens verstauben in irgendwelchen Behördenschubladen, und für den hässlichen Krater neben dem S-Bahnsteig fühlt sich niemand so recht zuständig.

Oben auf dem Henriettenplatz angekommen, steht man staunend vor der protzigsten Bushaltestelle Berlins. Zwischen einem Zeitungskiosk und einer Imbissbude ist eine leicht gekrümmte Kolonnade aus zwölf bauchigen schwarzen Säulen ausgespannt. Die Säulen laufen oben in klobige messingfarbene Trichter aus und tragen ein lächerlich kleines Glasdach, das kaum Schutz vor der Witterung bietet. Selten hat man ein pompöseres und zugleich unzweckmäßigeres Stadtmöbel gesehen. Sein Messington findet sich auf der anderen Straßenseite an einem haushohen Obelisken mit einseitig abgeschrägter Spitze wieder. Ein ähnliches Objekt steht am anderen Ende des Kurfürstendamms am Europa-Center, dort aus Glas und von innen her vielfarbig beleuchtet.

Als Schöpfer von Kolonnade und Obelisken gilt der Künstler Heinz Mack, doch oblag ihm nur die Ausformung der Details, nachdem ein West-Berliner Stadtplanungsteam bereits 1984 einen grundlegenden Gestaltungsvorschlag für den Henriettenplatz erarbeitet hatte. Die Folgen der autogerechten Neugliederung des Platzes in der Nachkriegszeit sollten gemildert und dem Platz seine Aufenthaltsqualität wiedergegeben werden. Daher entstand zwischen Bushaltestelle und Eiscafé ein gepflasterter Bereich nur für Fußgänger, sowie nebenan ein Sandkasten auf amöbenförmigem Grundriss. Kolonnade, Obelisk und ein Brunnen sollten den Ort als „Tor zur City" erlebbar machen.
Für diese drei Elemente wurde ein Kunstwettbewerb ausgeschrieben, der im Dezember 1985 mit einer typischen Kompromisslösung ausging: Die Jury entschied sich für Heinz Macks Obelisken- und Kolonnadendesign, verwarf aber die dazu passenden Wasserspiele und empfahl stattdessen eine monumentale Brunnenskulptur der Pariser Bildhauer Anne und Patrick Poirier. Ein steinernes Riesenhaupt steckt bis zur Nasenwurzel im Berliner Sand, seine blicklose Augen starren über den Brunnenrand zum Kurfürstendamm und aus den Haaren wachsen Flügel und Natterngezücht. Kenner der antiken Mythologie erkennen daran das Monster Medusa, dessen Anblick jeden Betrachter zu Stein erstarren ließ. Auf der Rückseite gibt es ein paar abgebrochene Miniatur-Bronzesäulchen zu sehen und ein Spielzeugpferdchen mit abblätternder Vergoldung, wohl eine mythologische Anspielung auf die Geburt des Pegasus beim Tod der Medusa.
Schon die hoch gebildeten Preisrichter taten sich nicht leicht mit diesem Entwurf: „Die Meinungen bewegten sich zwischen eindeutiger Ablehnung wegen der mythologischen Überfrachtung und der artifiziellen Kulissenhaftigkeit einerseits und einer positiven Einstimmung zu

einer stimulierenden Phantastik ... andererseits", heißt es im Beratungsprotokoll. Entschieden sprach sich die Jury gegen den Obeliskenentwurf der Pariser Bildhauer aus: Eine Säule über einer Stufenpyramide, gekrönt von einem Doppelauge. Diese Anspielung auf den antiken Janus – den doppelgesichtigen Gott der Türen und Tore – hätte man immerhin auf die Situation der geteilten Stadt beziehen können. Schließlich entschieden sich die Juroren, die Entwürfe Macks und der Poiriers zu kombinieren, die zwar überhaupt nicht zusammenpassten, doch das ließ sich leicht schönreden, indem die Jury den mythologischen Brunnen als „figuralen Kontrapunkt zur Abstraktion von Stele und Kolonnade" deklarierte. Mit dem Ergebnis, dass die beabsichtigte Zusammengehörigkeit der drei ausgeführten Kunstobjekte kaum wahrzunehmen ist. Schlimmer noch: Das Medusenhaupt erwies sich als derart anfällig für Beschädigungen, dass es durch einen massiven Metallkäfig vor der Bevölkerung geschützt werden musste.

Medusa hinter Gittern – das ist nun wirklich ein Berliner Original. Wer sich in der Architekturgeschichte des Kurfürstendamms auskennt, denkt an die mythologischen Stuckfiguren, die in der Kaiserzeit die bürgerlichen Fassaden überwucherten. Wie eine Rächerin erhebt Medusa ihr Haupt aus dem märkischen Sand, um das Schicksal der mythologischen Ornamente zu beklagen: In den Zwanzigerjahren hatte man begonnen, die Stuckfiguren abzuschlagen und die Fassaden modisch zu glätten. Beim Wiederaufbau in der Nachkriegszeit setzte man diese moderne Tradition fort. Der wachsende Überdruss an der schnörkellosen Moderne gebar die zitierfreudige Postmoderne, die in den Achtzigerjahren den Kurfürstendamm eroberte: mit historisierenden Kandelabern und Fassaden, mit verspielten Stadtmöbeln, Obelisken, Kolonnaden und mythologischen Brunnen.

Pünktlich zur Berliner 750-Jahr-Feier von 1987 präsentierte sich der Henriettenplatz im neuen Gewand. Die Sehnsucht nach einem durch gefällige Kunstobjekte verschönten Kurfürstendamm wurde jedoch empfindlich durch das Vorhaben der Kulturverwaltung gestört, die Straße im Jubiläumsjahr zum zeitgenössischen „Skulpturenboulevard" zu machen. Es kam zu einem regelrechten Volksaufstand gegen zwei Cadillacs, die der Künstler Wolf Vostell mitten auf dem Rathenauplatz einbetonieren ließ. Im Tunnel unter dem Denkmal fließt die Blechlawine auf der Stadtautobahn, oben reguliert ein Kreisverkehr den Zu- und Abfluss vom Kurfürstendamm. Vostell behauptete, durch Goyas nackte Maja zu der Skulptur inspiriert worden zu sein; überzeugender ist seine Interpretation als eine Art goldenes Kalb, um das die Autofahrer den lieben langen Tag im Kreis herumtanzen. Ob sie es wollen oder nicht, sie sind Teil der Platzskulptur, in deren zerklüfteter Mitte aus Blech und Beton sich die Unwirtlichkeit der Verkehrsanlage am Rathenauplatz schmerzhaft verdichtet. Kein schöner Ort, aber eine echte Sehenswürdigkeit. Galt früher der Schnittpunkt mit der Ringbahn als Anfang oder Ende des Boulevards, so ist dies heutzutage das eigentliche „Tor zur City".

Westkreuz

Die Stadtbahn

Was für ein merkwürdiger Bahnhof. Eine Häufung von S-Bahnlinien wie nur noch am Ostkreuz: Zwei enden oder beginnen auf dem unteren Bahnsteig, wo gleichzeitig für drei weitere Linien Durchgangsstation ist – wie auf dem oberen. Eine Station zum Umsteigen. Was wollte der S-Bahnbenutzer sonst hier?

Der Bahnhof ist vom städtischen Umfeld isoliert. Gartenanlagen schieben sich auf der gesamten Ostseite so dicht an ihn heran, wie es geht. Auf der Westseite dominieren die Fahrbahnschlangen der Stadtautobahn mit den Verzweigungen zur AVUS. Im Süden liegt unscheinbar und abgeschieden der Friedhof Grunewald. Doch von Westkreuz aus gibt es keine direkte Verbindung, keinen noch so schmalen Zugang zu diesem städtischen Friedhof, auf dem bekannte Persönlichkeiten aus der nahe gelegenen Villenkolonie Grunewald bestattet wurden. Hermann Sudermann (1857–1928) gehörte um 1900 zu den meistgelesenen und gespielten Autoren. Der Staatswissenschaftler Bernhard Dernburg (1865–1937) war nach dem Ersten Weltkrieg Reichsfinanzminister und Vizekanzler. Auch der Historiker Hans Delbrück (1848–1929), Professor an der Berliner Universität und Leiter der „Preußischen Jahrbücher", liegt hier begraben, sowie der Arzt für Haut- und Geschlechtskrankheiten Alfred Blaschko (1858–1922), auf den die Berliner U-Bahnstation Blaschkoallee verweist. Es wären nur gut zwei Minuten direkten Weges zu ihnen, wenn es denn einen gäbe.

Stutzig macht der Name der Kleingartenkolonie „Ausstellung", die südöstlich der Station liegt, Indiz für die eigentümliche Entstehungsgeschichte des Umsteigebahnhofs. Erst 1926 begann der Bau dieses Haltepunktes, der auf zwei Ebenen diverse S-Bahnlinien verknüpfte und benutzerfreundliche kurze Umsteigewege besaß. Seine Eröffnung erfolgte 1928 als „Bahnhof Ausstellung". Dieser Name galt nur vier Jahre, weil der ältere Bahnhof Witzleben (seit kurzem Messe Nord/ICC) den bequemeren Zugang zum neuen Messegelände bot und die Gäste nicht irregeleitet werden sollten. 1932 gab die Bahn den Stationsnamen „Ausstellung" auf und schuf gleichzeitig mit „Westkreuz" das Pendant zum „Ostkreuz".

Während sich dort die Umsteiger auf altersschwachen Bahnsteigen drängeln, wirkt die frisch renovierte Bahnhofshalle am Westkreuz viel zu groß für die wenigen Passanten. Im Osten Großstadtatmosphäre in morscher Kulisse, hier Provinzverkehr in großartig auftrumpfendem Rahmen. In den Zwanzigerjahren rechneten die Stadt- und Verkehrsplaner mit einem Massenansturm auf das neue Messegelände, entsprechend großzügig fielen die unteren Stadtbahnsteige und die sie überquerende Ringbahnhalle aus. Ganz oben entstand nach Plänen des Architekten Richard Brademann ein expressionistisch beeinflusstes Vorplatzensemble mit einem breiten Empfangsgebäude aus rotem Backstein, überragt von einem kantigen Stellwerksturm. Die denkmalwerte Halle und der „schiefe Turm von Westkreuz" fielen im Zuge der Sanierung des Südrings in den Neunzigerjahren dem Abrissbagger zum Opfer. Zur Begründung musste der unsichere Baugrund aus eiszeitlichem Schwemmsand herhalten, von Absenkungen bis zu einem halben Meter war die Rede. Trotzdem wären die Gebäude durch eine Stabilisierung des Untergrundes zu retten gewesen, aber dafür fehlte am Ende der 775 Millionen Mark teuren Südringsanierung das Geld. Außerdem träumten die Planer damals davon, das Westkreuz zum Endbahnhof der Magnetschwebebahn Transrapid zwischen Berlin und

Funktional, weiträumig, großzügig und modern wirkt der Bahnhof Westkreuz aus der Bahnsteigperspektive, doch durch die großen Glasfenster erblickt der Betrachter nicht etwa die glitzernden Lichter der Großstadt, sondern stilles Laubenpieperglück.

Hamburg auszubauen. So wurde das vorbildliche Architekturensemble aus den Zwanzigerjahren unwiderruflich zugunsten eines Prestigeprojekts beschädigt, von dem sich Berlin schon wenig später für immer verabschiedete.

Als die Ringbahn im Jahr 1877 vollendet wurde, streifte sie an dieser Stelle den Spandauer Forst. Bewegung in die abgelegene Gegend kam erst durch den Bau der Stadtbahn. Den Impuls gab 1871 der Architekt August Orth: „Es sind die Eisenbahnen die großen Hauptzufuhrwege, die Hauptverkehrsadern geworden und haben die großen, auf die Tore einmündenden Chausseen und Hauptstraßen diese Bedeutung ganz verloren. Die Verknüpfung der neuen Hauptverkehrsadern mit dem lokalen Verkehr wird eine der Hauptaufgaben der modernen Städtebildung sein." Orth sprach sich gegen das viel diskutierte Projekt eines Zentralbahnhofs aus und plädierte für eine die Reichshauptstadt durchschneidende „Centralbahn", gewissermaßen „eine große Centralstation mit zahlreichen Stellen". Bis dahin endeten alle privaten Eisenbahnlinien in Kopf- oder Sackbahnhöfen. Nun sollte die Eisenbahn erstmals die Stadt durchqueren. Die Hauptaufgabe der „Centralbahn" sah Orth freilich nicht so sehr in der Abwicklung des Fernverkehrs, sondern in der lokalen Erschließung. Das Berliner Umland sollte besser an die dicht bebaute Innenstadt angebunden werden, um außerhalb preiswerte Wohnungen auf noch billig zu erwerbenden Ländereien bauen zu können.

Die 1882 eröffnete Stadtbahnstrecke hielt je zwei Gleise für die Lokalverkehr – daraus entwickelte sich die S-Bahn – und die Fernbahn bereit. Ihre beiden äußersten Haltepunkte waren Bahnhof Charlottenburg und Schlesischer Bahnhof, der heutige Ostbahnhof. Diese besaßen wie die Bahnhöfe Zoologischer Garten, Friedrichstraße und Alexanderplatz eine Doppelfunktion als Stadt- und Fernbahnhaltepunkte. Alle Züge aus dem Osten endeten in Charlottenburg, die aus dem Westen im Schlesischen Bahnhof, nach vorherigem Halt an den anderen Fernbahnstationen der Stadtbahn, so wie von August Orth vorgeschlagen. Dazwischen lagen diverse Lokalbahnstationen, an denen die Ferneisenbahnen vorbeifuhren. Auf den Fernbahnstrecken verkehrten auch Vorortlinien, die heute zum S-Bahnnetz gehören, etwa nach Potsdam, Erkner oder Strausberg. Da man erst spät auf die einfache Lösung kam, am Schnittpunkt von

Westring und Stadtbahn einen Kreuzungsbahnhof zu bauen, bildete sich um diese Stelle ein verschlungenes Knäuel von Schienenwegen. Das Umsteigeproblem für den Nahverkehr löste man vorerst, indem Stadtbahnzüge über den Bahnhof Charlottenburg hinaus auf Gleisschleifen zu den Ringbahnhöfen Westend oder Halensee geführt wurden.

„In langem Staunen sah ich die Stadtbahn entstehn. Ich sah sie mit ihren kerbungsreichen Bogenviadukten wie eine riesige Raupe über die Hauptstadt kriechen", notierte 1886 Theodor Fontane: „Die neueste Wandlung, die Berlin erfahren hat, ist doch die größte, deshalb die größte weil sie nicht diesen oder jenen Punkt, am wenigsten aber schon bevorzugte Punkte aufs neue bevorzugt, sondern weil sie dem Ganzen eine neue Physiognomie gegeben hat". Ähnlich sahen es viele Zeitgenossen. „Seit den Mauern Babylons und dem Bau der römischen Wasserleitungen sind vielleicht nicht wieder so viele Ziegelsteine aneinandergefügt worden wie hier geschehn", jubelte zur Eröffnung die „National-Zeitung". Etwas nüchterner beschrieb der literarische Korrespondent Georg Brandes seinen Lesern in Dänemark das technische Wunderwerk: „Mit der Stadtbahn werden zwei Absichten verfolgt: Zum einen soll zwischen den in östlicher und westlicher Richtung verlaufenden großen Bahnlinien eine direkte Verbindung geschaffen werden, zum anderen soll sie dem lokalen Verkehr dienen. Aber das ist überdeutlich und symptomatisch für die preußische Militärmonarchie: Würde die Regierung durch diese Gleisanlagen im Falle einer Truppenmobilisierung nicht volle zehn Stunden einsparen, könnten die guten Berliner noch so manches Jahrzehnt auf ihre Stadtbahn warten. Wegen ihrer schönen Augen haben sie sie jedenfalls nicht bekommen, um ihrer Bequemlichkeit frönen oder Droschkengeld sparen zu können ebenso wenig. Der Nutzen für den Bürger kam

– echt preußisch – erst an zweiter Stelle, Hauptsache war der militärische Vorteil. Dass nun dies gigantische Werk seinem wesentlichen Zwecke nach nur ein wunderbares Truppenbeförderungsmittel ist, gerät schnell in Vergessenheit, wenn man täglich Gelegenheit hat, es in Betrieb zu sehen: so wird es richtig als eines der unentbehrlichsten Organe der großen Stadt empfunden. Kaum da, erscheint es einem schon als Notwendigkeit und kann nicht mehr weggedacht werden."

Im Gegensatz zum Ring verkehrt die Stadtbahn auf gemauerten Viaduktbögen, die sich von der Tragfähigkeit und Belastbarkeit bewährten – auch während des Zweiten Weltkrieges, an den damals noch keiner denken konnte, und noch während des Ausbaus der Trasse für den ICE-Verkehr in den Neunzigern. Dass die Bahnstrecke überhaupt angehoben werden musste, lag an den vorhandenen Verkehrswegen, sprich Straßen, auf denen der Verkehrsfluss keineswegs ins Stocken geraten durfte; Schrankenanlagen hätten sehr schnell zum Kollaps geführt. Vorteilhaft war die Vermietbarkeit der 731 Stadtbahnbögen, ein wichtiger Aspekt bei der Finanzierung des ganzen Projekts. Zwischen den Stationen konnten die Stadtbahnbögen als Lagerhallen genutzt werden, in Bahnhofsnähe zogen Geschäfte und Lokale ein. Und alsbald hieß es im „Lied von der Berliner Stadtbahn":

So mancher spricht gewichtig schwer,
Da nun das Werk vollbracht,
Manch' großes Wort vom Weltverkehr
Und von der Technik Macht:
Ein Bau, wie man ihn selten sah,
So urgewaltig steht er da.

Doch lächelt drob der Weise nur,
Der geisteskraftbeschwingt

Bis in die Tiefen der Natur
Und zu den Quellen dringt,
Und lächelnd spricht er: „Glaubt es mir,
vor allem dient dies Werk dem Bier!"

Uns kümmert nicht, was oben braust,
Sich in die Ferne schwingt,
Wir sitzen unten wohlbehaust,
Allwo das Bier entspringt,
Und segnen frohvergnügt die Stadt,
Die soviel schöne Bögen hat.

Und lieblich mit der Zukunft Zeit
Steigt mir ein Bild herauf,
Wo Kneipe sich an Kneipe reiht –
Der Segen hört nicht auf:
Von Ost nach Westen – überall –
Ein ungeheures Bierlokal.

Es weht ein holder Beefsteakduft
Dann um die ganze Bahn,
Und die geliebte Kneipenluft
Umsäuselt lind den Plan.
Und meilenweit fährt man demnach
Entlang auf einem Wirtshausdach.

Und ewig preiset man den Ruhm
Der Männer, die's gemacht
Die an des Bieres Heiligtum
Geschaffen Tag und Nacht,
Die mächtig uns dahin gestellt
Das größte Wirtshaus von der Welt.

Messe Nord / ICC (Witzleben)

Media City oder Der Mensch baut seine Stadt

Aus der Nähe sieht er richtig groß aus, sogar ein bisschen einschüchternd, wenn man von den Eisenfüßen des Funkturms aufwärts zur Aussichtsplattform schaut. Die Erinnerung kennt ihn anders, als eher gemütliches Stadtmöbel, das seine Umgebung keineswegs dominiert wie der Pariser Eiffelturm oder der DDR-Fernsehturm in Berlin-Mitte. Zwischen den weitläufigen Messehallen, die den Funkturm einschließen, verliert man den „Langen Lulatsch“ leicht aus dem Blick. Neben dem klobigen Körper des Internationalen Congress Centrums (ICC) und den verschlungenen Asphaltknoten der Stadtautobahn wirkt er fast bescheiden und elegant. Dass der Anblick des nüchternen Stahlskeletts bei Berlinern aus dem Westen heimatliche Gefühle weckt, geht auf die Mauerzeit zurück. Damals atmete man jedes Mal auf, wenn der von tausend Glühbirnchen illuminierte Turm nach mehrstündiger Autofahrt über die Transitautobahn zwischen Helmstedt und Dreilinden im Wagenfenster erschien. Nun war man endlich zu Hause!

Mit dem Fall der Mauer verlor der Funkturm seine vormalige Bedeutung als Leuchtfeuer der Freiheit und Touristenattraktion. Die Berlin-Besucher sammeln sich heutzutage auf zentraler gelegenen Aussichtspunkten wie der Reichstagskuppel oder dem Backstein-Wolkenkratzer am Potsdamer Platz. Der Funkturm fristet nur mehr eine Randexistenz unter den vielen Sehenswürdigkeiten der Hauptstadt. Der größere Fernsehturm aus den Sechzigerjahren, einst im Westen als „Sankt Ulbricht“ verspottet, hat ihm den Rang abgelaufen und wird als Wahrzeichen des wiedervereinigten Berlin auch im Westen akzeptiert. Der ältere Funkturm tritt als Symbol

Der Bahnhof Witzleben liegt mitten zwischen den Fahrspuren der Stadtautobahn. Auf dem Grünstreifen neben dem erhaltenen Ringbahnsteig befanden sich ursprünglich zwei weitere Gleise und ein Mittelbahnsteig für Züge, die direkt von der Stadtbahn kamen. Diese Verbindung wurde 1944 durch Kriegsschäden unterbrochen.

der Stadt in den Medien und der Werbung kaum noch in Erscheinung. Als technisches Denkmal verkörpert er den Aufbruch in ein neues Medienzeitalter Mitte der Zwanzigerjahre.

Wie im vergangenen Jahrzehnt das Internet, so drang damals binnen weniger Jahre das Radio unaufhaltsam in die Alltagswelt der Berliner. Am 29. Oktober 1923 nahm im zerstörten Vox-Haus an der Potsdamer Straße das erste deutsche Rundfunkprogramm seinen Betrieb auf. Aus zunächst 200 Hörern wurden innerhalb eines Jahres 100.000 Rundfunkteilnehmer. 1924 entstand auf dem späteren Messegelände eine Funkhalle aus Holz, noch im selben Jahr begann der Bau des damals höchsten Turms in Deutschland als Antennenträger für den Sender Witzleben. Das Baugerüst diente bereits als provisorischer Sendemast und schuf so die technische Voraussetzung für die Ausrichtung der ersten „Großen Deutschen Funkausstellung" im Dezember 1924. Zwei Jahre später wurde der fertige Funkturm offiziell eingeweiht. Wie rasch sich der Rundfunk zu einem Massenmedium entwickelte, kann man an dem großen Gebäudekomplex mit der dunkel glasierten Fassade von Hans Poelzig an der Masurenallee ermessen, wo sich heute die Sendestudios und Hörfunkredaktionen des Senders Freies Berlin befinden: Seit 1931 wird im „Haus des Rundfunks" Radio für Berlin produziert.

Mit den Funkturm erhielt das Messegelände, das in den Zwanzigerjahren weit außerhalb des historischen Stadtkerns angelegt wurde, ein weithin ausstrahlendes Wahrzeichen. Bis dahin war Berlin, anders als Leipzig, Frankfurt oder Köln, keine bedeutende Messestadt. Eine Zentralisierung des Messewesens in der Hauptstadt entsprach den Wünschen der Wirtschaft und der Stadtverwaltung, die sich Einnahmen aus dem gesteigerten Fremdenverkehr versprach. Der damalige Stadtbaurat Martin Wagner sah die Chance, um den Funkturm herum ein Stück „Stadtkörper mit Weltstadtcharakter" zu bauen und so dem „Geist unserer Zeit" baulichen Ausdruck zu verleihen: „Es ist nicht der Geist der Geruhsamkeit und Romantik, der efeuumwachsenen Mauern und des kleinbürgerlichen Marktplatzes, es ist der Geist der großen Linie und des weiten Raumes, der Kurve, die das Flugzeug steuert, der Bahn, auf der das Auto gleitet, der knappen klaren Form, die die Maschine zeigt, die die

Bewegungsgelenke des menschlichen Körpers freilässt, kurz: das Wahre und nicht das Verlogene, das Konstruktive und nicht das Willkürliche, das Sachliche und nicht das Theaterhafte." Mit Hans Poelzig skizzierte Wagner einen Bebauungsplan in weiten, geschwungenen Linien um einen elliptischen Terrassengarten. Inmitten klobiger Hallen aus späteren Architekturepochen gelegen, ist der Sommergarten fast das einzige, was von der Ursprungsidee noch auszumachen ist.

Wegen der Wirtschaftskrise konnten Wagner und Poelzig ihre hochfliegenden Pläne bis zur großen Bauausstellung des Jahres 1931 nur zum Teil verwirklichen. Beherrscht wird das architektonische Erscheinungsbild des Messegeländes von monumentalen Hallen aus der frühen Nazizeit, die nach Plänen Richard Ermischs an der Masurenallee entstanden. Die Nazis nutzten die großen Ausstellungen unter dem Funkturm für ihre Propaganda und machten aus dem Rundfunk eine Stütze ihres Regimes: „Der neue Rundfunk ist Stimme und Ohr der neuen Zeit. Der Rundfunk ist unmittelbarer, leidenschaftlicher Ausdruck nationalsozialistischen Wollens", proklamierte Joseph Goebbels auf der Funkausstellung des Jahres 1933. Durch den von Goebbels Propagandaministerium geförderten „Volksempfänger" drang die Hetze in jede deutsche Wohnstube. Daneben wurde bereits intensiv an der Entwicklung des Fernsehens gearbeitet. 1939 waren auf der Berliner Funkausstellung erstmals Fernsehgeräte für private Haushalte zu sehen, deren Einführung sich jedoch durch den Zweiten Weltkrieg verzögerte.

Nach Kriegsende wurde die Funkausstellung in anderen Städten ausgerichtet, ehe sie 1961 an ihren Ursprungsort zurückkehrte. In der Ehrenhalle schaltete 1967 Willy Brandt mit einem symbolischen Knopfdruck das deutsche Farbfernsehen ein. Fast vergessen ist die Bedeutung der

Ausstellungshallen als politischer Kundgebungsort von Parteien und Verbänden in der Nachkriegszeit. Zwischen 1954 und 1969 tagte im damaligen West-Berlin, gegen den Protest der sowjetischen Besatzungsmacht, die Bundesversammlung und wählte Theodor Heuss, Heinrich Lübke und Gustav Heinemann zu Bundespräsidenten. Allein die Berliner Christdemokraten führten die politische Tradition bis in die jüngste Gegenwart fort: Für ihren letzten Wahlkampfauftakt im Sommer 2001 wählten sie das Fünfzigerjahre-Ambiente des „Palais am Funkturm“ hinter der Ehrenhalle, um vor dieser Kulisse ihren jungdynamischen Spitzenkandidaten Frank Steffel zu feiern. Ein überzeugendes Symbol für den versprochenen Neuanfang der Partei war das nicht gerade, und das empfanden auch die Berliner so: Mit der folgenden Wahlniederlage war der Machtverlust der Christdemokraten besiegelt.

Die meisten Tage im Jahr wirkt das Ausstellungsgelände ausgestorben und abweisend, ein riesiger toter Raum in der Stadt, an dessen Rändern dann und wann eine kleinere Fachmesse für Bewegung sorgt, der aber im Ganzen kaum zum Leben zu erwecken ist. Das ändert sich während der „Grünen Woche“ oder der Funkausstellung. Sie verwandelt das Areal unter dem Funkturm in eine Stadt in der Stadt mit eigenem Arbeitsamt, Polizeiwache, Tageszeitung und einer Buslinie, die Fachbesuchern und Presseleuten die langen Wege zwischen den Messehallen verkürzt. 16.000 Menschen arbeiten für eine Funkausstellung, knapp 400.000 Besucher finden den Weg in die Messehallen. Von den fast tausend Ausstellern kommt die Hälfte aus dem Ausland.

Global Players der Unterhaltungsindustrie mieten ganze Messehallen und bauen sie mit Millionenaufwand zu bunt schillernden Spielsalons um. Man geht durch japanische Gärten mit Bambuspavillons, zwischen denen

Lautsprecherboxen säuseln, und über beleuchtete Böden aus Glas, die einen glauben machen, man sei aufs Raumschiff Enterprise gebeamt worden. Dazwischen leuchten zehntausend Bildschirme, die das Flimmern lange verlernt haben. Mit Pistolengeballer und archaischem Kriegsgeheul buhlen die High-Tech-Prunkstücke um Aufmerksamkeit: Mord und Totschlag scheinen immer noch am besten geeignet, die Konsumenten von den Vorzügen hochauflösender Plasmabildschirme zu überzeugen. Und was gibt es Schöneres für die Jugend, als in der wie ein Technoclub aufgemotzten „Game City" den ganzen Tag das Abknallen virtueller Gegner zu trainieren. Je anspruchsvoller die Technik, desto primitiver die Inhalte. Natürlich gibt es auch ganz normale Ausstellungskojen mit biederen Firmenvertretern, die stolz ihre neuesten Produkte erklären. Der konventionellste Teil der Messe ist zugleich der exotischste: eine große Chinatown, in der es nach asiatischen Gewürzen riecht und Menschen aus Taiwan, Peking und Shanghai in kleinen Kojen Autoradios, Kassettenrecorder und Handys feilbieten.

Auf der letzten Funkausstellung im Spätsommer 2001 konnten sich die Besucher erstmals Informationen über die Veranstaltungshöhepunkte jedes Messetages auf ihrem Handy anzeigen lassen. So wurde im Kleinen schon mal vorgeführt, wie sich die Elektronikindustrie die Navigation durch das Berlin der Zukunft vorstellt. Alles, was der Flaneur an Wegweisung durch die Stadt braucht, soll er sich in ein paar Jahren auf dem Handy anzeigen lassen können. Bekommt er zum Beispiel plötzlich Lust, an einer Führung durchs Pergamonmuseum teilzunehmen, kann er abfragen, wann und wo die nächste Veranstaltung beginnt. Das Handy zeigt den Weg zur nächsten Bushaltestelle und die Abfahrtszeiten an, und wenn der Spaziergänger plötzlich Lust auf Bandnudeln bekommen sollte, navigiert es ihn zum nächsten Pastarestaurant. Mit dem Handy der Zukunft kann er aber auch Sekt nach Hause bestellen, den Kühlschrank kälter und die Heizung wärmer stellen. Oder ein Videobild vom Kinderzimmer aufrufen und schauen, welchen Unfug der Nachwuchs gerade treibt. Von jedem Ort der Stadt ließe sich alles erledigen, wozu man früher in die Stadt gegangen ist. Was die Frage aufwirft: Wozu sollte man sich überhaupt noch bewegen? Vielleicht ist der Fluchtpunkt der gegenwärtigen Medienrevolution gar nicht der mobile Handy-Flaneur, sondern der Stubenhocker in seinem „intelligenten Heim", das sich komplett vom Fernsehsessel aus steuern lässt. Mit der Fernbedienung wird man in Zukunft nicht bloß Videokanäle anwählen, sondern alle möglichen Dienstleistungen ins Haus bestellen können, die Jalousien und den Rasensprenger im Garten steuern oder einen kleinen Roboter kommandieren, der die aufgewärmten Fertiggerichte von der Herdplatte zum Fernsehsessel transportiert. Ob diese Lebensform für Menschen aus Fleisch und Blut so attraktiv ist, dass die Investitionen in die notwendige Technik sich für die Industrie am Ende rentieren? Abwarten.

Reisen in die Zukunft enden leicht in der Vergangenheit. Wer von den Messehallen über eine klimatisierte Fußgängerbrücke hinüber ins Kongresszentrum wandert, um dort an einer Podiumsdiskussion über Chancen und Gefahren der Medienentwicklung teilzunehmen, strandet unrettbar in den Siebzigerjahren. Man glaubt sich tief unter der Erde, wie in einem atombombensicheren U-Bahn-Bunker aus jener Zeit. Damals waren Lichthöfe noch nicht wieder in Mode wie im wiedervereinigten Berlin, und der Architekt Ralf Schüler bemühte sich auch gar nicht, die Illusion von Tageslicht in jeden Winkel zu spiegeln. Punktleuchten und bunte Leuchtstoffröhren illuminieren den Tagungsbunker. Alles ist großzügig gedacht und wirkt doch klobig. Man kann das graue Punktornament des Teppichbodens nicht ansehen, ohne an die Gumminoppenböden in Schwimmbädern der Siebziger zu denken. Die zentrale Verteilerhalle lässt mit ihren langgestreckten Abfertigungsschaltern, den Anzeigetafeln mit Buchstabenplättchen und den links und rechts aufwärts führenden Rolltreppen keinen Zweifel, dass wir uns in einem Flughafengebäude befinden. Aus den Sitzecken für die wartenden Passagiere geht der Blick aber durch Fenster mit abgerundeten Ecken nicht hinaus auf ein Flugfeld, sondern auf den lautlos und unablässig fließenden Verkehr der Stadtautobahn. Unten konserviert eine Vitrine das Kuschelimage von West-Berlin mit einigen Dutzend Teddys und dem Slogan: „Berlin – hier tobt der Bär."

Das 1979 eingeweihte ICC ist eine Sehenswürdigkeit, schon weil es sich – lassen wir die Stadtautobahn einmal beiseite – um den teuersten Bau in der West-Berliner Nachkriegszeit handelt: von geschätzten 200 Millionen im Jahr 1970 explodierten die Kosten auf rund eine Milliarde Mark. Zwar wurde es vom Senat und der Messegesellschaft zum zwanzigjährigen Bestehen als Goldesel gerühmt, der der Stadt durch Tagungs- und Kongressbesucher zwei Milliarden zusätzliche Kaufkraft beschert habe. Doch die Kommunalverwaltung ächzt unter den gigantischen Unterhaltungs- und Wartungskosten des Riesenbaus, die doppelt so hoch ausfallen wie der Gewinn. Angesichts der drohenden Kosten für eine Sanierung prüfen Senat und Messegesellschaft, ob nicht Abriss und Neubau des Messezentrums preiswerter wären.

Wohin dann aber mit der Kolossalskulptur des Bildhauers Jean Ipoustéguy vor dem Eingang? Im Entwurfsstadium stellte sie Alexanders Eroberung der Stadt Ekbatana dar, was eine Jury nicht abhielt, sie im Juni 1978 zur

Ausführung zu empfehlen. Nach heftiger öffentlicher Kritik modifizierte der Bildhauer seinen Entwurf, gestaltete die Kolossalfigur weniger kriegerisch, versah die dargestellte Stadt mit Bauarbeiter-Figürchen und fügte berlinische Accessoires – einen Stadtbären und einen Eckensteher Nante – hinzu. Ohne es in seiner Grundstruktur allzu sehr zu verändern, deutete Ipoustéguy sein Werk radikal um: Aus dem Eroberer wurde der „Mensch an sich", der wohlgefällig seine Schöpfung betrachtet. Auch erhielt die Skulptur einen die Berliner Gemüter beruhigenden Titel: „Der Mensch baut seine Stadt".

Durch ihre Nähe zum ICC scheint die 1916 eröffnete S-Bahn-Station Witzleben, die erst seit dem 16. Juni 2002 offiziell „Messe Nord/ICC" heißt, zum Ausstellungsbahnhof prädestiniert. Wie bereits im Kapitel über Westkreuz erwähnt, entschloss sich die Reichsbahn daher 1932, den Namen der vier Jahre zuvor eröffneten Station „Ausstellung" aufzugeben und diese in „Westkreuz" umzubenennen. Man konnte den näher am Funkturm gelegenen Bahnhof Witzleben damals nicht nur in Ringbahnzügen erreichen, sondern über eine Gleiskurve direkt von der Stadtbahn aus anfahren. Diese Verbindung wurde infolge der Bombardements im Zweiten Weltkrieg unterbrochen und nie wieder aufgenommen. Die kärglichen Überreste eines zweiten Bahnsteigs zwischen dem restaurierten Ringbahnsteig und der dröhnenden Trasse der Stadtautobahn lassen die ehemalige Doppelfunktion als Bahnhof für Ring- und Stadtbahnzüge noch erahnen.

Anlässlich der Wiederinbetriebnahme des Südrings im Jahr 1993 sollte auch der Zugang zum Kongresszentrum durch einen neuen Bahnhofszugang im ICC-Design auf der Südseite der Ostpreußenbrücke verbessert werden. Doch das Geld reichte nicht dafür, und in den folgenden Jahren trieb die Messegesellschaft die Entwicklung ihres Geländes mit neuen Hallenbauten in Richtung Eichkamp voran. Dort liegt am Fuße der Deutschlandhalle eine S-Bahn-Station auf der Strecke nach Spandau, die den Vorteil hat, heutzutage direkt von den Stadtbahnzügen angefahren zu werden – so wie früher einmal Witzleben. Nach 17-jähriger Schließung ist der Bahnhof Eichkamp am 16. Januar 1998 reaktiviert worden und trägt seitdem die Bezeichnung „Messe" (2002 geändert in „Messe Süd"). Mit der Folge, dass in den letzten Jahren selbst zu Zeiten der Grünen Woche oder der Funkausstellung nur wenige Messebesucher in Witzleben ausstiegen. Das könnte sich ändern: Mit der Umbenennung in „Messe Nord/ICC", vor allem aber wegen der wesentlich günstigeren Anbindung durch die Schließung des S-Bahn-Rings im Norden bekommt dieser Bahnhof eine neue Chance.

Westend

Kehraus im Künstlerbahnhof

Im Atelier von Barbara Salomé Trost drängen sich zum letzten Mal die Besucher. Ungeniert wühlt eine Dame in einer Kiste mit kleinen bemalten Leinwänden, die sie eben unter dem Schreibtisch der Künstlerin hervorgezogen hat. Andere essen Kekse oder zeichnen gestikulierend den Rhythmus einer großen Komposition aus grünen Farbstrudeln und schwarzen Tupfen nach, die an einer Wand des Ateliers Platz gefunden hat. Die Künstlerin, eine junge Frau Anfang Dreißig mit langen dunklen Haaren, scherzt vor einem kleineren Bild, das ungerahmt auf dem Boden in einer Ecke steht. Sie stellt das Bild probeweise auf den Kopf, trägt es ans andere Ende der Raums und macht sich dort lachend mit Hammer, Nagel und Wasserwaage zu schaffen, bis das Werk ordentlich an der Wand hängt.

Hoch über den Köpfen vereinigen sich die schiefen Wände zu einem spitzen, innen weiß ausgemalten Dachstuhl. Ein wenig erinnert der Zuschnitt des Ateliers ans Innere eines Hexenhäuschens. Durch kreisrunde, spitze und rundbogige Fenster geht der Blick auf die unaufhörlich vorüberziehenden Autoscheinwerferpaare des Stadtautobahnrings. Manchmal hält unter dem Fenster ein S-Bahn-Zug auf einem alten Bahnsteig. Vor dieser Aussicht hat Barbara Salomé Trost zwei Jahre lang von Meer und Wasser geträumt und mehrere Plakate für Konferenzen zum Schutz der Weltmeere entworfen. Auf ihren Leinwänden ist alles im Fluss, wogt und spritzt die Farbe.

Im noch enger verwinkelten Nachbaratelier von Nataly Hocke ist der Zusammenhang zwischen den Werken und dem Ort ihrer Entstehung fassbarer. Die Objekte und Installationen sind hier derart zu Hause, dass man man-

Endstation Westend. Ehe es ein Ost- und ein Westkreuz gab, endeten hier viele Züge. Daher gehörten zu dem repräsentativen Bahnhofsgebäude ursprünglich vier Bahnsteige, von denen lediglich zwei erhalten sind. Nur noch einer ist als Durchgangsstation für Ringbahnzüge in Betrieb. Das Empfangsgebäude hat seine Funktion verloren und steht zu vermieten.

che Werke auf den ersten Blick gar nicht bemerkt. An einer Wand lehnt scheinbar absichtslos ein dunkles Vierkantholz, wie von Bauarbeitern bei der Renovierung des Atelierdachstuhls vor vielen Jahren vergessen. Nataly Hocke hat Glasfenster in den Balken geschnitten, unter denen sich das Holz zu einem ausgeschnitzten und weiß bemalten Knochen verjüngt. Auf die Idee kann man kommen, wenn man monatelang auf die kreuz und quer durch die Atelierräume laufenden Dachbalken guckt.

„Der Ort beeinflusst die Arbeit doch sehr", sagt Nataly Hocke. Den Abschied vom Bahnhof Westend, wo sie zwei Jahre als Stipendiatin der Karl-Hofer-Gesellschaft arbeiten konnte, zum Jahresende 2001 empfindet sie als Zäsur. Wenn sie in ein geräumiges Atelier an der Sonnenallee umzieht, wird sich das Format ihrer Installationen und Objekte verändern. Manche ihrer Stipendiatenkollegen sind noch auf der Suche nach einem passenden Nachfolgeatelier. Es ist nicht einfach für junge Künstler, im wiedervereinigten Berlin zweckmäßige, vor allem aber bezahlbare Arbeitsräume zu finden. Nun geht mit dem Bahnhof Westend ein weiteres Atelier- und Ausstellungshaus verloren. Es wird geräumt, weil der Vermieter den Nutzungsvertrag nicht verlängern wollte. Allerdings hält sich der Groll bei den Betroffenen in Grenzen: Die Künstler hätten die Ateliers nach Ablauf ihrer zweijährigen Stipendiatenfrist sowieso räumen müssen, um Platz für Nachrücker zu machen. Und bei der Karl-Hofer-Gesellschaft, die seit den Achtzigerjahren die Atelierplätze vergab, heißt es, man hätte sich mittelfristig ohnehin gern von dem Haus getrennt. Der aufgegebene S-Bahnhof habe sich als schwer bespielbar erwiesen, das Haus zu betreiben und zu versichern sei unverhältnismäßig aufwändig und teuer.
Die ersten Stipendiaten zogen Anfang des Jahres 1988 ein. Damals war Berlin geteilt, der S-Bahn-Verkehr auf den Gleisen neben dem Bahnhof ruhte, und West-Berlin feierte sich als „Kulturhauptstadt Europas". Der Künstlerbahnhof war ein Vorzeigeprojekt. Gleich im Eröffnungsjahr fand eine Ausstellung „Berlin-Moskau" mit Nachwuchskünstlern statt, ein Signal für das neue Selbstverständnis West-Berlins als Ost-West-Brücke.
Mit Spendengeldern und Lottomitteln hatte die Karl-Hofer-Gesellschaft das denkmalgeschützte, seit dem S-Bahn-Streik von 1980 stillgelegte Gebäude zuvor umbauen lassen. Die

Künstler durften bleiben, als der Senat in Eigenregie begann, die verfallene Ringbahnstrecke wieder in Betrieb zu nehmen. Zur Teileröffnung des Südrings im Jahr 1993 entstanden an der Spandauer-Damm-Brücke zwei pompöse Zugangspavillons aus Stahl und Glas, eine Art Stadttor nach Charlottenburg zur Freude der Autofahrer auf dem Weg in die City.

Der autogerechte Ausbau der Brücke über den S-Bahn-Graben hat das alte Bahnhofsgebäude in einem toten Winkel fast verschwinden lassen. 1884 eröffnet, diente es den reichen Bürgern Charlottenburgs und der Villenkolonie Westend als repräsentative Empfangshalle. Die schmucke Neorenaissancefassade aus Laubaner Ziegeln und Sandstein, die lichte zweigeschossige Halle mit ihren großen Rundbogenfenstern und der imposanten Treppe stammen von dem Architektenduo Heinrich Kayser und Karl von Großheim. Daher rührt der Spitzname „Kayserbahnhof", aus dem der Berliner Volksmund irrtümlich die Bezeichnung „Kaiserbahnhof" ableitete. Ein paar Jahre nach der Eröffnung gewannen die beiden Architekten den Wettbewerb für das Hauptgebäude der neuen Charlottenburger Kunsthochschule am Steinplatz. Ein glücklicher Zufall wollte es, dass ihr Bahnhof später die Funktion einer Erweiterung der Hochschule der Künste übernahm, die sich 2002 in Universität der Künste umbenannte. Bei der Betreiberin des Künstlerbahnhofs, der Karl-Hofer-Gesellschaft, handelt es sich um den 1953 gegründeten Freundeskreis der Hochschule. Er unterstützt Absolventen beim Einstieg in eine freie berufliche Existenz, vermittelt Ankäufe, organisiert Ausstellungen, gewährt Materialbeihilfen oder Druckkostenzuschüsse für Kataloge. Und er stellt Ateliers zur Verfügung, denn viele Absolventen stehen vor dem Problem, dass ihnen nach dem Examen plötzlich die Arbeitsräume der Hochschule verschlossen sind, in denen sie bis dahin experimentieren konnten.

Daneben bemüht sich die Karl-Hofer-Gesellschaft, ihren Schützlingen internationale Kontakte und Erfahrungen zu vermitteln. Diesem Zweck dienten zahlreiche Austauschprojekte, die den Bahnhof Westend zu einem international geprägten Kunstort machten. In den Neunzigerjahren arbeiteten in den Mittelgeschossen eingeladene Künstler aus Wien, Budapest, Glasgow oder Bilbao. Im Gegenzug reisten Berliner Künstler für einige Wochen in die Partnerstädte. Die Arbeitsergebnisse wurden im Bahnhof ausgestellt. Er eignete sich auch für Performances und Theateraufführungen, für Konzerte und Feste. Mit einer Riesenparty verabschiedeten sich im November 2001 die Studenten, Künstler, Freunde und Förderer von dem Haus. Ein letztes Mal tobte in der Eingangshalle die Schlacht ums Buffet. Nebenan im Wartesaal spielten Jazzstudenten, die sieben Ateliers unterm Dach standen jedem offen, und in den Zimmern der ersten Etage präsentierte bereits die nächste Stipendiatengeneration ihre Werke.

Die Neuen werden im abgelegenen Oberschöneweide arbeiten, wo die Karl-Hofer-Gesellschaft 1997 eine neue Ateliersetage hergerichtet hat. Dort will sie die Tradition des Künstlerbahnhofs fortsetzen, freilich unter veränderten Vorzeichen: Jedes der vierzehn neuen Ateliers besitzt einen Anschluss ans Internet und an eine Satellitenempfangsanlage. An dergleichen dachte man beim Umbau des Bahnhofs Westend in den Achtzigern noch nicht, heute ist es das Mindeste, was man dem allseits vernetzten Künstlernachwuchs an Technik bieten muss.

„Als wir den Künstlerbahnhof eröffneten, gab es vergleichsweise wenig Nachwuchsförderung, es gab noch nicht den Kunst-Boom in Mitte und auch keine konkurrierenden Häuser wie die Kunst-Werke in der Auguststraße“, erzählt ein Mitarbeiter der Karl-Hofer-Gesellschaft. Die Kunstlandschaft habe sich in den Neunzigern total umgekrempelt, und auch die Gelder von Firmen und aus Senatstöpfen flössen seinem Verein längst nicht mehr so zu wie in Westberliner Zeiten. Man befinde sich in einer „Konzentrations- und Konsolidierungsphase“ und ziehe sich auch deshalb aus Westend zurück.

Das schöne alte Bahnhofsgebäude ging im Zuge der Bahnreform in den Besitz der Verwertungsgesellschaft für das Eisenbahnvermögen über und sollte verkauft werden. Inzwischen bemüht sich die bundeseigene Vivico GmbH, die bereits den Bahnhof Hohenzollerndamm erfolgreich verscherbelt hat, eine lukrative Nutzung für das Gebäude zu finden. Das scheiterte aber nach Auskunft eines Sprechers zunächst daran, dass bei der Aufteilung des ehemaligen Bahnhofsareals zum Zwecke der besseren Vermarktung eine Grundstücksgrenze genau durch den Bahnhof gezogen worden sei. Die spekulative Rückverwandlung des öffentlichen Kunsthauses in eine frei vermarktbare Immobilie mündete in Leerstand. Bei unserer letzten Visite im Sommer 2002 hing an der Straßenfassade ein Transparent, wie es einem allzu oft auf dem Weg durch die Stadt begegnet: „Zu vermieten“.

Der Trost der Kunstfreunde liegt gleich um die Ecke. Vor einem schmucklosen viergeschossigen Fabrikgebäude aus Backstein in der Sophie-Charlotten-Straße 17/18 bewachen zwei Sphinxe den Eingang. Seit 1891 befindet sich hier die Gipsformerei der Staatlichen Museen, die weltweit größte noch existierende Institution dieser Art. Im 19. Jahrhundert gab es allerorten in Europa solche Werkstätten, die Gipsabgüsse bedeutender Kunstwerke anfertigten, und auch in den Ateliers berühmter Bildhauer wie Rauch und Schadow, Thorwaldsen und Canova wurden Gipskopien hergestellt, denn die Nachfrage war unerschöpflich. Kunstakademien und Universitäten, Museen und Privatleute sammelten die blütenweißen Repliken, galt doch das Studium antiker Plastik als unverzichtbarer

Bestandteil der künstlerischen Ausbildung und jeder höheren Bildung überhaupt. Erst mit dem Beginn der Moderne wanderten die Gipse als wertlose Kopien in die Depots.
Die Berliner Gipsformerei entstand in der Schinkelzeit, gleichzeitig mit dem Ausbau Berlins zu „Spree-Athen", und war anfangs im Keller des Alten Museums auf der Museumsinsel untergebracht. Goethe rühmte 1832 die Berliner Institution, „wo unter begünstigendem Einfluss der Behörden treffliche Gipsabgüsse vorzüglicher antiker und moderner Skulpturen zu billigen Preisen verkauft werden, aller Aufmerksamkeit wert, geeignet Kunst zu erwecken, den Geschmack zu läutern und auf das wahrhaft Schöne zu lenken". 1842 zog die Gipsformerei in das Gebäude der „Neuen Münze" an der heutigen Münzstraße unweit vom Alexanderplatz, am Ende des Jahrhunderts dann in das dafür eigens errichtete Fabrikgebäude in Charlottenburg. Es ist zu vermuten, dass die Nachbarschaft zur Ringbahn, – genauer: zum damaligen Güterbahnhof Westend – bei der Wahl dieses Standortes eine bedeutende Rolle spielte. Mit der Bahn ließen sich die benötigten Materialien bequem herbeischaffen und die fertigen Abgüsse, insbesondere große und schwere Skulpturen, sicherer versenden als auf holprigen Straßen.
Rund 6.500 Gussschalen lagern, mit Seilen verschnürt, in den Regalen unter dem Dach der Gipsformerei. Die ältesten sind rund 175 Jahre alt und dokumentieren nicht selten einen unversehrten Zustand von Skulpturen, deren Originale längst verwittert oder gar ganz verloren gegangen sind. Im Treppenhaus glaubt man sich im Lager eines Kunsträubers, so täuschend echt wirken die Monumentalreliefs aus Ägypten und Vorderasien in ihrer originalgetreuen Bemalung. Eine Etage tiefer werkeln Kunstformer und Stukkateure in einer lichten Halle. Große, kompli-

zierte Skulpturen werden in wochenlanger Arbeit aus einer Vielzahl von Einzelstücken zusammengefügt. Nebenan duftet es nach Wachs, hier werden die Gipsabgussformen in flüssiges Stearat getaucht, um sie haltbar zu machen. Solche alten Handwerksrezepte haben Bestand neben modernen Materialien zur Abformung wie Silikonmasse oder technischer Gelatine. Der Werkstoff Gips bleibt unersetzlich: Kein Kunststoffmaterial ist bis heute in der Lage, Skulpturen ebenso fein und formbeständig wiederzugeben.
Große Ausstellungsinszenierungen greifen inzwischen wieder gern auf originale Gipskopien zurück, falls das Original aus konservatorischen oder Kostengründen gerade nicht greifbar ist. So bestellte das Jüdische Museum zu seiner Eröffnung im Herbst 2001 Abgüsse der Frauengestalten Ecclesia und Synagoge vom Bamberger Dom. Auch Privatleute entdecken zunehmend die Wirkung täuschend echter Repliken aus Gips. Unlängst wurde ein Abguss der Juno Ludovisi, die schon Goethe begeisterte, zum stolzen Preis von fast 2.500 Euro geordert. Sie ziert nun ein Haus in der schicken neuen Friedrichstraße. Wer die moderne Kunst nicht so mag, aber seinem Büro oder Loft mit Kunstwerken eine Aura des Repräsentativen geben möchte, außerdem über das nötige Kleingeld verfügt, findet im werktäglich geöffneten Ausstellungsraum der Gipsformerei bestimmt das passende Kunstwerk. Wie wäre es beispielsweise mit dem „Denker“ von Rodin, wahlweise als unbemalter Gipsabguss, in Farbe oder sogar als echter Bronzeguss? Mit einigen Monaten Wartezeit muss allerdings gerechnet werden.

Jungfernheide

Preußen durch die Hinterpforte

Wenig belebte Stationen mit zwei Bahnsteigen, von denen nur noch einer in Betrieb ist, stehen immer im Verdacht, einmal für größere Verkehrsströme und zum Umsteigen bestimmt gewesen zu sein. Verkehrsknotenpunkt Jungfernheide! – da verlässt einen allerdings die Vorstellungskraft. Doch wer von der Station Westend anreist, kann noch die Schienenführung erkennen, die unter der Autobahnbrücke verschwindet, wenn die S-Bahn sich rechts in die Kurve legt. Die stillgelegte Strecke, nein, die stillgelegten Strecken führten einerseits nach Spandau über Siemensstadt-Fürstenbrunn, andererseits nach Gartenfeld über Siemensstadt, Fahrzeit jeweils acht Minuten! Die erste Verbindung ist die ältere, sie ermöglichte vom Spandauer Hauptbahnhof über Jungfernheide die Fahrt bis zum Lehrter Bahnhof. Die zweite Verbindung ließ die Siemens AG zu ihrer seit 1898 angelegten Werksstadt „Elektropolis" bauen, einem riesigen Areal mit Fabriken, Verwaltungsgebäuden und Wohnanlagen. Ja, wenn die Dinge so liegen, erscheint der S-Bahnhof Jungfernheide in einem ganz anderen Licht, als ein Ort unausgeschöpfter Potenziale.

Das gilt nicht minder für den darunter liegenden U-Bahnhof der Linie 7. Er ging am 1. Oktober 1980 in Betrieb – zwei Wochen nach dem S-Bahner-Streik, der die Schließung des S-Bahnhofs für viele Jahre einleitete. Erst seit 1997 kann man zwischen U- und S-Bahn wechseln. Leere Gleiströge neben den befahrenen U-Bahn-Strecken zeigen an, dass es weitere Umsteigeoptionen geben sollte: zur erweiterten Linie 5 nach Hönow und zum Flughafen Tegel. Die zu West-Berliner Zeiten geforderte Flughafenanbindung ist inzwischen obsolet, da Tegel in ein paar

Jahren zugunsten eines Großflughafens in Schönefeld geschlossen werden soll; und für die Verlängerung der U 5 vom fernen Alexanderplatz bis zur Jungfernheide fehlt der Stadt auf absehbare Zeit das Geld. Jungfernheide ist übrigens nicht der einzige Bahnhof, der bereits für diese Strecke ausgebaut ist: Über den befahrenen Gleisen des U-Bahnhofs Turmstraße an der U 9 ruht ein weiterer Bahnsteig, und am Platz der Republik vor dem Reichstag existiert seit Mitte der Neunzigerjahre ein U-Bahn-Rohbau des Kanzleramtsarchitekten Axel Schultes. Dass die gespenstischen toten Tunnelmünder an den U-Bahnsteigen von Jungfernheide zur so genannten Kanzler-U-Bahn gehören, vermutet freilich kaum jemand. Für die meisten U-Bahn-Reisenden ist der Bahnhof bloß eine unbehagliche, weil allzu spärlich frequentierte Durchgangsstation in Richtung Rathaus Spandau.

Dort liegt der Schlüssel zum Namen des Bahnhofs. In Spandau gründeten Johann I. und Otto IV. im Jahr 1239 das einzige Benediktinerinnenkloster der Mark Brandenburg, dessen Bedeutung trotz völliger Zerstörung anhand der ausgedehnten Besitzungen nachweisbar bleibt. Und zu diesen gehörte die östlich von Spandau gelegene, nach den Klosterfrauen benannte Jungfernheide. Sie ist bis ins 20. Jahrhundert soweit geschrumpft, dass nicht ein Stückchen Heide mehr existiert, dafür ein Volkspark mit Namen Jungfernheide, den Erwin Barth bis 1923 als Landschaftspark mit Wasserflächen gestaltete. Zum Volkspark ist der Weg ziemlich weit, und es verwundert, dass die Haltestelle nicht schon längst umbenannt wurde. Von keiner anderen Ringbahnstation aus liegt das Objekt der Namensgebung so weit entfernt.

Der Schlosspark Charlottenburg liegt da bedeutend näher, doch nur wenige Ortskundige kommen auf die Idee, ihn von der Station Jungfernheide sozusagen durch den Hintereingang zu betreten. Neben den Ringbahngleisen führt eine Fußgängerbrücke über die Spree, auf der es für einen kurzen Moment innezuhalten lohnt. Natürlich ist das Panorama nicht so imposant wie zwischen Ostkreuz und Treptower Park, wo der Berliner Hauptstrom unterm S-Bahn-Ring hindurch ins Innenstadtgebiet fließt; dort entfaltet sich der Wasserlauf auf einer Breite, die ihm hier in Charlottenburg fehlt. „Was ist denn das für ein Kanal?", hört man Unkundige fragen.

Fünf Fußminuten vom Bahnsteig entfernt ist die Gartenanlage erreicht, nach weiteren fünfzehn Schloss Charlottenburg. Der heutige Besucher steigt nach Überquerung der Fußgängerbrücke von oben in den Park hinab und denkt sich nichts dabei – woher auch. Doch der Untergrund hat es in sich. Die kriegszerstörte Stadt wollte nach dem Zweiten Weltkrieg ihren Trümmerschutt loswerden. Einige Parkanlagen sind dadurch höher geworden, auch der Schlosspark in Charlottenburg. Eine Trümmerbahn zog ihre Loren vom Spandauer Damm mitten durch den Park bis zum S-Bahnring, wo das nördliche Parkgelände bis zum Bahndamm angeschüttet wurde. Der Trümmerberg ist 1950 mit Gehölzen bepflanzt und geschickt gestaltet worden, und nun, nach Jahrzehnten, deckt eine dichte Vegetation die Geschichte zu.

Dieser Höhenzug bildet nun den Abschluss des Gartens. Der vom Schlossmittelpunkt ausgehenden Hauptachse fehlt daher der ursprüngliche Fernblick nach Norden. Bis nach Tegel reichte eine der Blickachsen, wie man sie ähnlich aus der Potsdamer Schlösserlandschaft kennt. Verstellt ist der freie Blick aber schon länger, seit dem Ringbahnbau im 19. Jahrhundert. Um der Schlossachse einen neuen Halt und point de vue zu geben, steht an ihrem Ende ein Obelisk – das erste Bauwerk, das dem durch den Hintereingang eintretenden Parkbesucher begegnet. In den Carrara-Marmor ist das Datum des 11. März eingraviert, jedoch ohne Jahreszahl. Wer oder was mag damit gemeint sein? Der Künstler Braco Dimitrijevic, so ergeben Nachforschungen, wollte damit zum Nachdenken über das Wesen historischer Bedeutung anregen. Er wählte einfach den Geburtstag eines im Park befragten Passanten.

Unweit grüßt das Belvedere, einst ein Teehaus im Park, jetzt ein kleines Museum mit Prachtstücken aus der Königlichen Porzellanmanufaktur. Vor 200 Jahren bot es, wie sein Name verspricht, tatsächlich eine „schöne Aussicht" in die unbebaute Landschaft vom Grunewald bis zur Jungfernheide. Den dreigeschossigen Pavillon stellte 1788 der aus Schlesien nach Berlin berufene Architekt Langhans auf eine Insel, die damals nur mittels einer Fähre zu erreichen war. Der Auftraggeber Friedrich Wilhelm II. mochte derart abgeschiedene Orte, was sich auch in des Königs Vorliebe für die Pfaueninsel äußerte.

In den Kabinetten des Belvedere nahm er an Treffen der Rosenkreuzer teil, veranstaltet vom einflussreichen General von Bischoffwerder. Bei spiritistischen Sitzungen wünschte der König mit den Geistern eines Marc Aurel, des Großen Kurfürsten und des Philosophen Leibniz zusammenzutreffen. Sie sollen ihn ermahnt haben, auf den Pfad der Tugend zurückzukehren. Auf diesem Wege versuchte Bischoffwerder des Königs intime Beziehung zur vielgeschmähten Wilhelmine Encke – der späteren Madame Ritz und Gräfin Lichtenau – zu unterbinden, die unweit des Charlottenburger Schlosses Grundstück und Wohnung besaß. Diese Liaison war ein wichtiger Grund für das Interesse des als „dicker Lüderjan" verspotteten Monarchen an der bereits bestehenden Charlottenburger Anlage.

Das Interesse übertrug sich auch auf seinen Sohn und Thronfolger Friedrich Wilhelm III. Zusammen mit der Königin Luise bewohnte dieser Räume im Neuen Flügel des Schlosses Charlottenburg, in dem auch ihre Tochter

Trügerische Idylle. Die Stiftung Preußische Schlösser und Gärten schätzte die Kosten, die für eine Sanierung des Charlottenburger Schlosses notwendig wären, im Frühjahr 2002 auf „50 Millionen Euro plus x", verfügt aber nur über einen minimalen Etat, um rund 300 Bauwerke in Berlin und Brandenburg instand zu halten. Doch „was vor allem für dieses Haus fehlt, ist eine Konzeption aus einem spezifischen

Charlotte geboren wurde, die spätere russische Zarin Alexandra Fjodorowna. Nach dem frühen Tod Luises baute Heinrich Gentz 1810-12 entsprechend den Vorgaben Friedrich Wilhelms III. das Mausoleum für die Königin, einen Podiumstempel in klassischer dorischer Ordnung. Am Ende einer feierlich-ernsten Tannenallee gelegen, birgt es im Inneren Spolien: vier kostbare, aus Schloss Oranienburg stammende Jaspissäulen. Nach dem Tod Friedrich Wilhelms III. wurde das Mausoleum nach Schinkels Plänen erweitert. Ein letzter Anbau nahm die

Bildungsauftrag heraus, den es bis 1984 mit Erfolg wahrgenommen hat. Mit seinen Geschichtsnarben ist es ein Geschichtdenkmal ganz anderer Art als das schimmernde Sanssouci" (Helmut Börsch-Supan). Bis in die Achtzigerjahre war die Große Orangerie (links) Schauplatz bedeutender Ausstellungen, wird dafür aber nur noch selten genutzt, zuletzt aus Anlass des Preußen-Jubiläums im Jahr 2001.

Kenotaphe für seinen zweitältesten Sohn, den deutschen Kaiser der Reichsgründung von 1871 auf, für Wilhelm I. und dessen Gemahlin.

Jahre nach dem Tod der Königin Luise hatte sich Friedrich Wilhelm III. eine neue Frau genommen, Auguste Fürstin zu Liegnitz. Nach Skizzen Schinkels wurde für beide östlich des Schlosses und dicht an der Spree der Neue Pavillon (auch Schinkel-Pavillon genannt) als Sommerhaus errichtet. Dem Entwurf liegt als Vorbild die Villa Reale del Chiatamone in Neapel zugrunde, die der König

1822 während seines dortigen Aufenthaltes bewohnte. Seit 1970 dient der Pavillon als Museum für die Kunst der Schinkel-Zeit. Nach dem frühen Tod seiner geliebten Luise kaufte der König Gemälde des berühmten Caspar David Friedrich, die dem Thema Vergänglichkeit und Verlorenheit des Menschen nachspüren und den Besuch des Neuen Pavillons nachdrücklich empfehlen. An seiner Spreeseite ragen zwei korinthische Sandsteinkapitelle aus der Erde, melancholisch stimmende Zeugnisse der Vergänglichkeit: Es sind Reste des von Schinkel umgebauten Doms am Lustgarten, der nach dem Willen des letzten deutschen Kaisers einem pompösen Neubau weichen musste.
Die lange Gartenseite des Schlosses ist Ausgangspunkt und Klammer der gesamten Parkanlage. Als sie im ausgehenden 17. Jahrhundert erdacht wurde, besaßen die Hohenzollern zwar einen Kranz von Lust-, Sommer- und Jagdschlössern um die Residenz Berlin, aber diese lagen weit ab und waren zum Teil aus der Mode. Deshalb sollte eine Meile Weges von Berlin entfernt – das entsprach ein bis eineinhalb Stunden Fahr- oder Reitweg – ein neuer Sommersitz entstehen. Auf diese Distanz weist eine Meilensäule mit vergoldeter Kugel und Spitze am Spandauer Damm, die auf die alte Stadtmitte Berlins berechnet ist.
Die Namensgeberin Sophie Charlotte, durch ihre hannoversch-herrenhausische Heimat verwöhnt, bekam als Gemahlin des Kurfürsten Friedrich III. 1695 die neue Besitzung in schöner Lage geschenkt. Zunächst entstand ein zweieinhalb Geschosse hoher, elf- zu fünfachsiger Bau eines Corps de Logis, der im Norden mit einer dem Zeitgeschmack entsprechenden Gartenanlage komplettiert und schließlich am 11. Juli 1699 zum Geburtstag des Gemahls (!) eingeweiht wurde. Im August eröffnete im südwestlichen Teil des Gartens das Opernhaus, das die

Kurfürstin als Stätte vieler Feste nutzte und wo sie bei Musikaufführungen selber im Orchester die Flöte spielte. Vom alten Berliner Stadtschloss war die neue Anlage nicht nur auf dem Landweg zu erreichen, sondern auch über die Spree mit dem Schiff. Beide Schlösser wurden umgebaut, als Kurfürst Friedrich 1701 den Titel eines „Königs in Preußen" erwarb. Der Hofarchitekt Johann Friedrich Eosander von Göthe gestaltete das Charlottenburger Schloss zu einer Dreiflügelanlage mit aufgesetztem Turm und Schlosskapelle um. Er verlängerte die Gartenseite um je dreizehn Fensterachsen und fügte im Westen eine 143 Meter lange, eingeschossige Orangerie mit Bodenfenstern an. Wie der Ort selbst erhielt das nun königliche Schloss seinen Namen erst nach dem Tod Sophie Charlottes. Sie verstarb am 1. Februar 1705 in ihrer Heimat Hannover. Der Name Charlottenburg war der Favorit des Königs; auch Königinburg oder Sophienburg standen zur Wahl. Mit der Umbenennung erhob der verwitwete König am 5. April 1705 Charlottenburg zur Stadt, obwohl es das bis dahin nicht einmal im Ansatz war, übernahm gleich selbst das Amt des Bürgermeisters und bestimmte das Wohnhaus des Oberstallmeisters zum Rathaus.
Sein Sohn Friedrich Wilhelm I. hat die Saturiertheit des Vaters gehasst. Er ließ den Schlossbau einstellen und verschenkte das Charlottenburger Opernhaus; aus dem Abbruchmaterial konnte das Schulhaus gebaut werden. Der einem strengen Nützlichkeitsdenken verpflichtete „Soldatenkönig" funktionierte sogar die Wasserfläche des Schlossteiches zur Karpfenzucht um. Sein Sohn Friedrich II., genannt „der Große", besaß mehr Sinn für die Schönheit der Anlage: Nach seinem Regierungsantritt erklärte er Charlottenburg zur Residenz. Friedrichs Freund und Hausarchitekt Knobelsdorff baute der Symmetrie halber das Gegenstück zur Orangerie, den über 140 Meter langen, zweigeschossigen Neuen Flügel

östlich vom Hauptbau des Schlosses: So wuchs seine Hauptfront auf gut einen halben Kilometer Länge an.
Im Zweiten Weltkrieg ausgebrannt, ist das im ehemaligen West-Berlin gelegene Hohenzollernschloss mit großem Aufwand wiederhergestellt worden, indes das ältere Stadtschloss in Ost-Berlin 1950 als verhasstes Symbol der Hohenzollernherrschaft auf Befehl der SED gesprengt wurde. Schloss und Park Charlottenburg waren der zentrale Ort in West-Berlin, um sich an die preußische Schlossbau- und Gartenkunst zu erinnern – denn von fast allen anderen Preußenschlössern war man ja durch die Mauer abgeschnitten. Durch die Wiedervereinigung ist die weitläufige Potsdamer Schlösserlandschaft näher gerückt, andere Brandenburgische Schlösser wie Caputh oder Oranienburg sind inzwischen saniert und öffentlich zugänglich; dadurch hat Charlottenburg an Einzigartigkeit und Attraktivität eingebüßt. 2001 ging überdies die hochkarätig bestückte „Galerie der Romantik" im Neuen Flügel verloren, im Zuge der Wiedervereinigung und Neuordnung der Gemäldesammlungen kehrten die dort ausgestellten Meisterwerke auf die Museumsinsel zurück. Gut möglich, dass auch der Große Kurfürst, dessen Reiterstandbild seit 1951 den Ehrenhof ziert, eines Tages wieder eine Meile nach Osten zurückversetzt wird: 1703 auf der Rathausbrücke in Sichtweite des Stadtschlosses aufgestellt, konnte die Skulptur nach dem Zweiten Weltkrieg aus dem Tegeler See gefischt werden und fand deshalb ihren neuen Platz am zentralen Hohenzollern-Gedenkort von West-Berlin.
Schloss Charlottenburg werde vernachlässigt, es sei nur noch eine marginalisierte Kolonie im von Potsdam beherrschten Imperium der Stiftung Preußische Schlösser und Gärten, liest man im dreizehnten Jahr nach dem Mauerfall in manchen bitteren Zeitungskommentaren. Nur sehr langsam klärt sich, welche Aufgabe das ehemalige

Haupt-Schloss von West-Berlin in der wiedervereinigten Stadt übernehmen könnte. Anlässlich des 300. Jubiläums der Selbstkrönung der preußischen Könige fand dort im Jahr 2001 eine große Preußenausstellung ihren Ort, ein Vorgeschmack auf ein Preußenmuseum, das die durch den Verlust der „Galerie der Romantik" entstandene Lücke füllen soll. Der hinter dem Schloss gelegene Garten, das so genannte Parterre, ist zum Jubiläum nach historischem Vorbild neu gestaltet und vermittelt wieder einen Eindruck von der Gartenkunst des Barock. Man arbeite derzeit an einem „Masterplan" für Charlottenburg, heißt es aus der Schlösserverwaltung. Das ist wünschenswert, klingt aber nicht so, als werde sich dort in den nächsten Jahren allzu viel ändern.

Vor den Gebäuden braust der Straßenverkehr, dahinter rattern Züge über die Ringbahngleise, aber im geschützten Innenhof von Alfred Messels Wohnanlage in der Sickingenstraße 7/8 hört man die Vögel singen.

Beusselstraße

Schöner wohnen mit Genossen

Um 1900 zählte Alfred Messel, der Architekt des legendären, leider zerstörten Wertheim-Warenhauses am Leipziger Platz und des Pergamon-Museums, zu den stilprägenden Baumeistern Berlins. Sein Bewunderer Karl Scheffler rühmte ihn als den ersten deutschen Architekten, „der das Wesen der Großstadt mit stetig reifender Kühnheit auszudrücken gewagt. Wo seine akademischen Kollegen mit Stilübungen über das Wesen der großstädtischen Dinge hinwegzutäuschen suchten, da hat er das Problem im Kern gepackt. Oder: Das Problem hat ihn gepackt und zu einem beseelten Werkzeug gemacht – gleichviel. Der neuen Notwendigkeit hat er eine neue Schönheit abgewonnen. Zögernd vielleicht und ungewiß, aber unaufhaltsam. So ist es gekommen, dass seine Warenhausbauten den Großstädten zu so etwas wie Symbolen geworden sind. An Messels Wertheimhäusern geht kaum ein Passant vorüber, ohne daß, ihm selbst unbewußt wovon, eine starke Impression ausgelöst würde. Man fühlt in diesen Gebäuden die Großstadtstimmung. Die sachliche Härte der Großstadt und die Romantik ihrer zweckgebundenen Monumentalität, das Revolutionäre der Zeit und den Charakter dieses Revolutionären." Dabei war der Bau von Kathedralen des Konsums bei weitem nicht das einzige Gebiet, auf dem sich Messel als Erneuerer versuchte. Seit 1893 lehrte er als Professor an der Kunstgewerbeschule und leitete die Tischlerklasse. Er trat dem 1888 gegründeten „Verein zur Verbesserung der kleinen Wohnungen in Berlin" bei und fungierte als dessen 2. Vorsitzender. Im Verein traf er auf den Bankier Valentin Weisbach, mit dem er ab 1899 eines der größten Reformwohnungsbauprojekte jener Zeit realisierte: eine Anlage mit 400 Kleinwohnungen an der Weisbachstraße in Friedrichshain. Sie sollte, so der Finanzier Weisbach, „unbemittelten Bürgern, welche durch ihre Beschäftigung an das Weichbild von Berlin gebunden sind, auch innerhalb desselben für mäßige Miete geeignete Wohnung bieten."

Die Wohnungsfrage stellte sich in Berlin am Ende des 19. Jahrhunderts, als die Einwohnerzahl der Zweimillionengrenze näher kam, immer dringlicher. Der Massenwohnungsbau konnte schon längst nicht mehr den Spekulanten, Maurer- und Zimmermeistern überlassen werden. Eine Alternative bot das Genossenschaftswesen, das seit 1890 nicht länger unter der Bedrückung des Sozialistengesetzes zu leiden hatte. Messel war von Anfang an dabei, in diesem Rahmen der Arbeiterwohnung menschenwürdigere Maße zu geben. Er konzipierte eine Wohnhausanlage zwischen Ringbahn und Sickingenstraße, wenige Schritte vom Bahnhof Beusselstraße entfernt. In diesem Bereich, dem Postzustellbezirk Berlin N. W., existierte seit dem Fluchtlinienplan James Hobrechts von 1862 ein Straßengerüst, das sich sukzessive mit Wohnhäusern füllte. Den Auftrag führte Messel 1893-95 für den Berliner Spar- und Bauverein aus, der sich später in „Berliner Bau- und Wohnungsgenossenschaft von 1892" umbenennen sollte und mit dem der Architekt noch zwei weitere Mietshausprojekte in der Proskauer und Stargarder Straße verwirklichte – auch sie in der Nähe von Ringbahnstationen, nämlich der Storkower Straße und Schönhauser Allee. Die Anlage in der Proskauer Straße erhielt auf der Pariser Weltausstellung des Jahres 1900 sogar eine Goldmedaille. Messel war neben Adolf Damaschke und dem Sozialreformer Heinrich Albrecht einer der Mitbegründer des Bauvereins, dessen Ziel die Wohnungsversorgung für Mitglieder war. Um 1900 zählte die Genossenschaft zirka 1.200 Mitglieder,

1911 schon etwa 5.500. In der Sickingenstraße 7/8 wie auch den späteren Anlagen blieben die Wohnungen Mitgliedern des Vereins vorbehalten, die bei Vertragserfüllung Kündigungsschutz genossen.
Schon an der Fassade machte Messel den Unterschied zur herkömmlichen Mietskaserne deutlich. Die beiden mächtigen, von Säulen gerahmten verglasten Eingangsportale zur Sickingenstraße bilden ein fürstliches Entrée, gekrönt von einem steinernen Wappenschild, das einen Bienenkorb darstellt – Symbol des Genossenschaftsgedankens. Die darunter zu öffnenden Türen mit Glasfenstern sind vergleichsweise winzig. Sie verraten, dass ausschließlich Bewohner und keine Fuhrwerke herein durften. Es fehlen daher auch die damals üblichen Prellsteine. Messel verweigerte die konventionelle Bebauung eines Grundstücks für Arbeits- und Wohnzwecke. Die mittelständische Arbeit sollte außerhalb des Wohnbereiches stattfinden: Schluss mit dem Hämmern und Sägen, den lästigen Arbeitsgeräuschen, Dreck und Staub, die irgendein Kleinbetrieb verursachte!
Um die Fassade zu gliedern und zu schmücken, verzichtete Messel auf die damals übliche Katalog-Bestellung von Stuckwerk aller Art. Das Satteldach mit seinen hervortretenden Giebeln erinnert stark an den englischen Landhausstil und die noble Villa Springer, die Messel am Großen Wannsee plante. Es dominieren die schmiedeeisernen Balkongitter, die horizontale Bänder über die ganze Breite der Straßenfassade bilden. Wo ist hier eigentlich die Beletage, mag sich der zeitgenössische Betrachter gefragt haben. Er hätte es sich ebenso gut vorstellen können, im ersten wie im vierten Obergeschoss zu wohnen, denn die größten Wohnungen sind hier nicht unten und die ganz kleinen nicht ausschließlich oben. Das merkt man schon an den gleich hohen Fenstern. Bei älteren Mietshausfassaden nehmen sie in der Größe nach oben

ab, was zugleich einen Rückschluss auf die Höhe der Räume zulässt, die niedriger werden. Bei Messel steckt keine Stockwerkshierarchie mehr in der horizontalen Gestaltung.
Da heutzutage ein Zahnarzt seine Praxis in einem der vier zur Straße gelegenen Ladenlokale mit Rundbogenschaufenstern hat, ist es leicht, mit Hilfe des elektrischen Türöffners in den großzügigen Innenhof der Wohnanlage einzutreten. Vier haushohe Bäume spenden im Sommer kühlen Schatten, im Winter fällt viel Licht durch die kahlen Kronen bis in die unterste Etage. In den Bäumen zwitschern Vögel. Vom Lärm der Straße ist der Hof durch die vier umlaufenden Wohnflügel abgeschirmt. Eine Oase für die Mieter, deren Gemeinschaftssinn die Baugenossenschaft durch dort angesiedelte Gemeinschaftsräume heben wollte. Neben einer Bibliothek und einer Waschküche gab es gemeinsame Duschen und Bäder. Alle Wohnungen besaßen Wasserklosetts, was vor 1900 alles andere als selbstverständlich war, für eigene Badzimmer auf jeder Etage jedoch reichten die Mittel nicht. Dafür verzichtete Messel auf das berüchtigte, schlecht belichtete „Berliner Zimmer" in den Hofecken. Der bescheidene finanzielle Rahmen zwang den Architekten zum sparsamen Einsatz der Mittel, gleichwohl durfte die Sehnsucht nach einer qualitätsvolleren Wohnform gegenüber der herkömmlichen Mietskaserne nicht enttäuscht werden.
Auf dem Gebiet des Fabrikbaus hat die Nachbarschaft, seit gut hundert Jahren ein Industrie- und Gewerbegebiet, durchaus Ebenbürtiges zu bieten. Eine Gasturbinenfabrik von Siemens zwischen Sickingen- und Huttenstraße umrundend, steht man plötzlich vor einer Ikone der modernen Baukunst, die man hier nicht unbedingt erwartet hätte. Die AEG-Turbinenhalle von Peter Behrens, erbaut 1908/09, erweist sich als raffinierter Tempel der Arbeit, an dessen Seiten massive Stahlstützen ausgestellt

sind, als wären es wohlgeformte antike Säulen. Auch die Giebelfront ist ein raffiniertes Spiel mit klassizistischen Vorbildern: Der antike Dreiecksgiebel hat sich in eine polygone Wölbung verwandelt und wird scheinbar von dem darunter liegenden Fensterfeld getragen.
Geht man dann aber mit einem gerade mal zehn Jahre alten Architekturführer in der Hand die paar Schritte bis zur Hutten-, Ecke Wiebestraße, wo Teile der ehemaligen Werkzeugmaschinenfabrik Ludwig Loewe & Co. zu besichtigen sein sollten, trifft man bloß noch auf eine Gedenktafel. Mit ihren pavillonartig angeordneten Gebäuden sei die Fabrik vorbildlich gewesen und habe den „Rang eines Baudenkmals besessen", ist dort zu lesen – das hat sie freilich nicht davor bewahrt, Mitte der Neunzigerjahre abgerissen zu werden, um einem aluminiumfarben glänzenden Fabrikneubau Platz zu machen.
Im frühen 20. Jahrhundert war Moabit ein berüchtigtes Stadtviertel. Sein Name weckte bei den Berlinern ungute Assoziationen: Man dachte zuerst ans Kriminalgericht an der Turmstraße und die Moabiter Haftanstalt, dann an Fabrikarbeit, Wohnungselend, Armut, Arbeitslosigkeit und Prostitution. „In Moabit vor einer Fabrik / Standen drei Unsichtbare mit bösem Blick./ Sie standen nämlich in einer großen / Hungrigen Menge von Arbeitslosen", so beginnt ein Gedicht von Brecht (Die drei Soldaten und die Medizin, 1928), das davon erzählt, wie ein bei der Fabrikarbeit verletztes Mädchen nach ungenügender kassenärztlicher Behandlung verblutet. Das soziale Klima war rau, die Stimmung explosiv. Die Spannungen entluden sich öfters in Demonstrationen und Straßenkämpfen. Im Jahr 1910 kam die Gegend durch Unruhen in die Schlagzeilen, bei denen zwei Personen getötet und Hunderte verletzt wurden. Auslöser war ein Streik in der Kohlenhandlung Kupfer & Co. am Güterbahnhof Moabit unweit der Ringbahnstation. Die Arbeiter der umliegen-

den Großbetriebe solidarisierten sich, und es kam zu schweren Auseinandersetzungen mit der Polizei. 1932 brachte der Rauswurf einer Schwangeren aus ihrer Mietwohnung die latenten Spannungen zum Ausbruch; die Polizei verhängte nach Straßenkämpfen mit den Kiezbewohnern sogar den Belagerungszustand. Durch Barrikaden oder Polizeisperren ließ sich das Viertel leicht abriegeln, denn Moabit ist eine von Wasserstraßen umgebene Insel.

Auch die Nationalsozialisten taten sich schwer, den Kiez um die Beusselstraße unter ihre Kontrolle zu bringen. In der Gegend spielt der 1933 uraufgeführte Film „Hitlerjunge Quex", der darauf zielte, Jugendliche aus linken Arbeiterfamilien für die nationalsozialistische Bewegung zu gewinnen. Mitte der Dreißigerjahre geriet das Umfeld des Bahnhofs Beusselstraße dann ins Visier der Stadtplaner um Albert Speer. Seine „Germania"-Planung sah hier die Gleisanlagen für einen gigantischen Nordbahnhof vor, das Gegenstück zum Südbahnhof an der Papestraße. Dahinter stand die Idee, den gesamten Bahnfernverkehr in Berlin über die stark verbreiterte Ringbahntrasse abzuwickeln.

Im Zuge der Umgestaltung Berlins zu „Germania" sollte auch die über die Stadtbahn belieferte ehemalige Zentralmarkthalle am Alexanderplatz verschwinden. Sie war einer geplanten Ost-West-Straßenachse im Weg. Anfang Juni 1937 gab es dazu eine erste Besprechung zwischen Speer und Prof. Dr. Petrick, dem Leiter des Hauptplanungsamtes der Stadt Berlin. Die Verlegung der Zentralmarkthalle war bereits vor der Germania-Planung anvisiert worden. Angepackt wurde das Projekt aber erst im West-Berlin der Sechzigerjahre, um den Großhandel in der Halbstadt zu konzentrieren. Im März 1965 konnte der Fruchthof seiner Bestimmung übergeben werden, im Januar 1967 eröffnete der Fleischgroßmarkt – günstig war in beiden Fällen die Nähe zur Stadtautobahn und zum Westhafen.

Nach wie vor gilt der Beusselkiez als soziales Problemgebiet, auch wenn sich die Wiedereröffnung der S-Bahn-Station 1999 sicher positiv auf das Wohn- und Arbeitsumfeld ausgewirkt hat. Schon seit Jahren werden die alten Industrieareale und -gebäude für Büro-, Qualifizierungs- und Ausbildungszwecke umgenutzt. Doch ist die Arbeitslosigkeit im Kiez unverändert hoch geblieben, und wer es sich leisten kann, zieht weg. Seit 1999 ist der Beusselkiez ausgewiesenes Problemgebiet, für das vom Senat ein so genanntes Quartiersmanagement bestellt wurde, mit dem Ziel, die Lebensbedingungen zu verbessern. Mieterhöhungen, Belegungsbindungen und Fehlbelegungsabgaben wurden gestrichen, bauliche Umgestaltungen und Wohnumfeldverbesserungen vorgenommen, Spielplätze repariert, die Fähigkeit der Kiezbewohner zur Selbstorganisation angeregt. Wer durch die Straßen geht, dem fällt ein Detail ins Auge: Die grün lackierten Bedürfnisanstalten für Männer aus der Kaiserzeit, als „Café Achteck“ gerühmt, sind in Moabit nicht geschlossen, vergammelt, ersatzlos abgerissen oder durch moderne High-Tech-Klos ersetzt worden wie in anderen Stadtteilen, sondern renoviert und benutzbar. Ein Signal, dass es endlich aufwärts geht mit dem Kiez um die Beusselstraße?

Westhafen

Zeitung lesen in der Speisekammer

Verängstigte Menschen, wie Vieh zusammengepfercht in Güterwaggons – auch das ist Ringbahngeschichte. Vom zerstörten Bahnhof Putlitzstraße, dessen Nachfolger Westhafen heißt, fuhren in der Nazizeit die meisten Deportationszüge mit Berliner Juden in die Vernichtungslager ab. Hoch über den Ringbahngleisen, auf dem Scheitelpunkt der Putlitzbrücke, steht seit 1987 eine Art Grabtafel mit großem Davidstern. Dahinter schrauben sich die gegeneinander verdrehten Stufen einer Metalltreppe schwindelerregend ins Nichts. Das Gegenstück zu diesem Denkmal wurde 1988 an der Moabiter Levetzowstraße eingeweiht: Dort wartet an einer stilisierten Deportationsrampe ein Eisenbahnwaggon aus Cortenstahl mit zusammengeschnürten Menschenbündeln aus Marmor auf die Abreise in den Tod. Die große Synagoge an der Levetzowstraße missbrauchten die Nazis ab 1941 als erste Berliner Sammelstelle für die so genannten „Osttransporte“. Wie Vieh wurden Tausende über Alt-Moabit, Lübecker, Perleberger und Quitzowstraße zum Deportationsbahnhof Putlitzstraße getrieben.

Auf den weißen Wandfliesen im U-Bahnhof Westhafen liest man heute die UN-Deklaration der Menschenrechte. Das unterirdische Wandkunstwerk von Barbara Reiter und Françoise Schein ist im Herbst 2000 vollendet und in ähnlicher Form zuvor in Paris, Brüssel, Haifa, Lissabon und Stockholm realisiert worden. Zunächst hatten sich die Künstlerinnen den U-Bahnhof Heinrich-Heine-Straße dafür ausgesucht, aber aus Gründen des Denkmalschutzes mussten sie nach Moabit ausweichen. An der Idee, einen weiteren Heine-Gedenkort in Berlin zu schaffen, hielten sie fest. Beim Aufstieg von der U-Bahn zur

Der ehemalige Getreidespeicher im Westhafen fasste einmal 25.000 Tonnen Brotgetreide aus aller Welt, davon konnte die Viermillionenstadt Berlin vor dem Zweiten Weltkrieg einen halben Monat leben. Heute nutzt die Staatsbibliothek das imposante Gebäude als Zeitungsarchiv.

S-Bahn liest man an den Wänden ein Zitat, in dem der Dichter den Verlust seines deutschen Namens im Exil beschreibt: Da die Franzosen seinen Namen nicht richtig aussprechen konnten, nannten sie ihn „Henri". Aus Monsieur „Henri En" wurde „Enrienne" und zuletzt „Un Rien" – ein Nichts.
Auslöschen wollten die Nazis mit dem europäischen Judentum auch das Andenken an den deutsch-jüdischen Dichter, insofern macht die enge Nachbarschaft von ober- und unterirdischer Denkmalanlage Sinn. Heutige Neonazis

würden gern die Erinnerung an den Holocaust auslöschen und demonstrieren das immer wieder an der Putlitzbrücke: Mehrfach haben sie das Deportationsmahnmal geschändet, im August 1992 wurde es durch einen Sprengstoffanschlag teilweise zerstört.

Die Station Westhafen ist ein besonders unbehaglicher Ort an der nicht unbedingt heimeligen Ringbahnstrecke. Fluchtgedanken stellen sich ein. Plötzlich versteht man den Satz besser, der in einem uralten Zeitungsartikel vom 11. Oktober 1921 im „Berliner Börsen-Courier" unter dem Titel „Die Hafenstadt Berlin" steht: „Das Bewußtsein, daß es im geeigneten Augenblick möglich ist, diese Stadt nicht nur auf dem Landweg, sondern auch auf dem Schiff zu verlassen, macht sie doppelt liebenswert."

Geschrieben hat das der jüdische Romancier Joseph Roth, der hundert Jahre nach Heine ebenfalls feuilletonistische Schilderungen Berlins verfasste, später nach Paris ins Exil ging und sich dort zu Tode trank. Wie Heine empfand Roth das soziale Klima Berlins als eisig: „In Berlin friert man schon bei plus 15 Grad Celsius". In seinen Reportagen hat Roth das Berlin der Zwanzigerjahre fast flächendeckend beschrieben. Er erzählte vom Verkehr, von den Kaschemmen und Vergnügungspalästen, vom Überlebenskampf der kleinen Leute und den neuesten Moden auf dem Kurfürstendamm. Im Herbst 1921 nahm er an einer Motorbootfahrt für die Presse teil, zu der die Stadtverwaltung eingeladen hatte. Nüchtern reportiert er in seinem Text die imposanten Zahlen über den damaligen Schiffsverkehr, ehe er angesichts der noch im Entstehen begriffenen Anlagen am Westhafen ins Schwärmen gerät: „Es ist ein großer Hafen, dessen sich keine Stadt zu schämen brauchte, und wäre sie an einem Meer gelegen. Die schweren Kräne schweben auf und nieder mit leichter natürlicher Gelenkigkeit; sie schaufeln Kohle in ihren dunklen Leib und öffnen sich, am Ziel angelangt, wie zwei Schalen, selbstständig und lebendig. Vom Dach des neungeschossigen Lagerraums ist Berlin, die Stadt mit Straßen, Menschen und Gegenständen, zu sehen. Sie ist keine Kontinentalstadt mehr. Und irre ich nicht, zieht eine leichte Brise über sie hin, und von Wind kann kaum noch die Rede sein ..."

Bei einem Besuch achtzig Jahre später fegt eine ziemlich steife Brise über das größte Hafenbecken. Wenige betagte Lastkähne liegen fest vertäut an den Kaimauern. Das ungestörte Spiel der Wellen auf der weiten Wasserfläche verstärkt das Gefühl großer Leere. Den Point de vue des Hafenbeckens bildet ein dunkles Backsteingebäude mit einem wuchtigen, sich zur Spitze leicht verjüngenden Mittelturm. Dort residiert die Hafenverwaltung. Zwei Möwen fliegen über den Wasserspiegel, als würden sie dafür bezahlt, ein wenig authentische Hafenatmosphäre vorzutäuschen. Einige Kräne vollführen elegante Drehungen, wie von Roth beschrieben, doch kreischt es mitleiderregend in den Eisengelenken. Ein riesiger Kranbagger nimmt Koks von einer Plattform zwischen seine Eisenbacken, fährt dann mit hellem Bimmeln ein paar Meter weiter und lässt die Fracht geräuschvoll wieder fallen. Es sieht nach Beschäftigungstherapie für einen alt gewordenen Arbeitselefanten aus.

Dennoch wirkt die Szenerie geschäftig wegen des Gerumpels schwerer Lastkraftwagen auf dem ehrwürdigen Kopfsteinpflaster. Sie gehören Speditionsfirmen, versorgen Möbellager und die Weinhandlung in einem der Hafenspeicher oder steuern die große Bauschuttsortieranlage an der Beusselstraße an. „Schienenverkehrsfahrzeuge haben Vorrang auf dem Hafengelände": Die Hinweistafel am Hafeneingang liest sich als pure Ironie. Wie museale Dekorationsstücke stehen ein paar rostbraune Eisenbahnwagen mit Briketts auf dem zehngleisigen Güterbahnhof zwischen Hafenbecken und S-Bahn-Trasse herum. So als wollten sie dem Besucher veranschaulichen, warum ausgerechnet an dieser Stelle der größte Hafen Berlins entstand: Der Großschifffahrtsweg zwischen Berlin und Stettin, der Berlin-Spandauer Schifffahrtskanal und der Charlottenburger Verbindungskanal berühren sich hier mit den Gütergleisen der Ringbahn.

Als 1914 mit dem Bau des Westhafens begonnen wurde, sofort nach Vollendung des Osthafens an der Spree, gab es noch keine modernen Lastkraftwagen und keine Autobahnen. Fast der gesamte Güterverkehr zur Versorgung der Berliner Bevölkerung und der damals noch bedeutenden Industrie wurde auf der Schiene und auf dem Wasser abgewickelt. Rund 13.000 Schiffe löschten jährlich in Berlin ihre Fracht. 1923 wurde der Westhafen offiziell eingeweiht, aber schon in den folgenden Jahren nördlich um ein drittes, erst jüngst mit 150.000 Tonnen Sand wieder zugeschüttetes Becken erweitert.

Die Pläne für die Hafenanlage stammten von dem Stadtbaurat Friedrich Krause, doch das Verwaltungsgebäude mit dem markanten Turm, der zugleich als Wasserspeicher der Hafeneisenbahn diente, die Lagerhäuser und Nebengebäude tragen eine andere Architektenhandschrift. Richard Wolffenstein versah sie mit fein gegliederten Fassaden aus dunklen Eisenklinkern und Muschelkalk, mit Walmdächern und hellen Sockeln aus Granit. Im Zweiten Weltkrieg entstand etwas abseits am Berlin-Spandauer Schifffahrtskanal ein riesiger Getreidesilo, der mit seinem an der Fassade sichtbaren Stahlskelett weit nüchterner ausfiel. Durch ein gestaffeltes Giebeldach und rotes Ziegelmauerwerk erweist er den älteren Hafengebäuden seine Referenz. Seit 1963 flankiert ihn ein riesiger Zementsilo aus sechseckigen Betonwaben mit einem freigestellten, 55 Meter hohen Aufzugturm, eine kubische Raumskulptur von großer Eleganz.

Aus der damals größten Anlage dieser Art in Deutschland kam nach dem Mauerbau der Zement für den Wiederaufbau von West-Berlin. Der Westhafen war der wichtigste Umschlagplatz für die Versorgung der politischen Insel mit Lebensmitteln, Brenn- und Baustoffen. In der „Speisekammer" von West-Berlin lagerte der größte Teil der so genannten „Senatsreserve" mit überlebensnotwendigen Gütern. Sie wurde nach der Berlinblockade angelegt, für den Fall, dass die Sowjets den Verkehr nach West-Berlin noch einmal zum Erliegen bringen sollten. Man baute ein Speiseöllagerhaus, Heizöltanks und neue Kohleverladebrücken, und gleich nebenan entstand der Lebensmittelgroßmarkt an der Beusselstraße.

Nach dem Fall der Mauer öffneten sich andere Versorgungswege. Die Binnenschifffahrt verlor weiter an Bedeutung. Der Verbrauch an Kohle und Koks ging so stark zurück, dass die Betreibergesellschaft des Westhafens, die Behala (die „Berliner Hafen- und Lagerhausbetriebe"), den Handel damit inzwischen ganz aufgab. Wo früher schwarze Kohlenberge lagen, wird jetzt der Schutt sortiert, der beim Bau des Neuen Berlin anfällt. Auch musste die Behala für die denkmalgeschützten alten Speicherhäuser neue Mieter finden, nachdem die Stadtregierung 1991 die „Senatsreserve" aufgelöst und die Restbestände an die Sowjetunion verschenkt hatte.

Für das größte Gebäude am Westhafen, den zehnstöckigen Getreidespeicher, fand sich rasch eine passende Nachnutzung. Die Staatsbibliothek hat in den Stahlskelettbau, der für das Einlagern tonnenschweren Getreides ausgelegt war, ihre gewichtigen Zeitungsbände – etwa 150.000 Stück – eingestellt. Seit 1740 archiviert die ehemals königliche Bibliothek kontinuierlich Zeitungen aus dem In- und Ausland. Der Weg zum Lesesaal der Zeitungsabteilung führt an rostigen Schiffen und Kränen, Kohlenlagerplätzen, einem Möbellager und dem einstigen Badehaus vorbei, jetzt Sitz eines Ingenieurbüros. Zuletzt muss man über eine stillgelegte Verladerampe.

Der Lesesaal ist hell, freundlich und zweckmäßig, ausgestattet mit großen Tischen, Katalogschränken, Computern, Mikrofilmlesegeräten und einem großen Regal voll gilbender Zeitungsbände. Man kann einen Mikrofilm mit dem „Berliner Börsen-Courier“ von 1921 bestellen, um Joseph Roths Eindrücke vom Westhafen nachzulesen, mit Blick auf das Hafenbecken, die Lagerhäuser und Kräne draußen vor dem Fenster. Oder in die Ferne schweifen mit den jüngsten Ausgaben der „Jerusalem Post“, des „Svenska Dagbladet“ oder der „Rzeczpopolita“. Ein rundes Fenster ermöglicht den Abschiedsblick in die Vergangenheit: Eine schwere Vakuumpumpe ist dort erhalten, Überbleibsel eines ausgetüftelten Röhrensystems, mit dem bis zu 50 Tonnen Getreide in der Stunde durch das Lagerhaus gepustet werden konnten.
Wenig verändert hat sich seit dem Fall der Mauer im Hafen-Casino, einem Museum der Hafenromantik, geöffnet ab sechs Uhr in der Frühe. Der hohe verrauchte Saal ist mit Schiffsmodellen, Rettungsringen, Schiffsglocke, Steuerrad, Anker, Taucherhelm und ausgestopften Fischen möbliert. Unter einem Fischernetz wird wohlfeile Hausmannskost in Riesenportionen aufgetragen, begleitet von einem Radiosender, der den ganzen Tag „Griechischer Wein“ mit Udo Jürgens und andere Schlagerkost aus den Siebzigerjahren auftischt. Die resolute Serviererin hat für jeden ihrer Stammkunden ein paar freundliche Worte parat. Es sind Lastwagenfahrer, Bauarbeiter und Handwerker. Die Veteranen der Binnenschifffahrt treffen sich ab und zu im „Haus der Schiffergemeinde“ vor dem Hafentor. Im Stadtplan ist der flache Verkaufsbungalow vielversprechend als „Schiffer- und Hafenkirche“ eingetragen. Die weiß-blaue Fassade zeigt ein in zwei Ankerhaken auslaufendes christliches Kreuz, darüber ist ein Gestell mit einer kleinen Glocke angeschraubt. Im Schaukasten predigt ein angegilbter Illustriertenartikel

die ökonomischen und ökologischen Vorzüge der Binnenschifffahrt. Ein Foto aus besseren Tagen zeigt, wie die Lastkähne in mehreren Reihen nebeneinander im großen Westhafenbecken lagen.
Im benachbarten Verwaltungsgebäude der Behala richtet die halbierte Belegschaft ihre Hoffnungen auf das „Verkehrsprojekt Deutsche Einheit Nr. 17". 1991 beschloss die Bundesregierung den Ausbau des Schifffahrtsweges zwischen Berlin und Hannover zu einer Wasserautobahn nach EU-Normen. Mit Milliardenaufwand wird eine Strecke gebaut, auf der einmal 110 Meter lange Containerschiffe und 185 Meter lange Schubverbände verkehren sollen. Vorsorglich ist im Westhafen im April 2001 schon mal ein modernes Containerterminal eingeweiht worden. An den Kais wird mit EU-Finanzhilfe gebaut, um den Großschiffen ein sicheres Anlanden zu ermöglichen. Ob der Aufwand sich am Ende rechnet, ist unter Verkehrsexperten umstritten. Es gibt in ganz Deutschland bisher nur rund ein Dutzend Schiffe in der Größe, für die man den Schifffahrtsweg zum Westhafen ausbaut. Ob sie überhaupt den Weg nach Berlin finden, ist nicht sicher – auch die konkurrierende Bahn hat ihre Schienenwege in die Hauptstadt modernisiert und wird eher die Preise senken, als sich die Kunden wegnehmen zu lassen. Für die mobileren Lastwagen ist das Containerschiff ohnehin keine ernsthafte Konkurrenz. Und eine Schwerindustrie, für deren Güter es attraktiv sein könnte, gibt es kaum noch in Berlin. Angesichts des sinkenden Bedarfs an Hafenkapazitäten hat der Senat im Oktober 2001 beschlossen, den Osthafen in den kommenden Jahren zu schließen und statt dessen den Westhafen zum „Zentralhafen" zu erklären. Um den Standort zum effektiven Logistikzentrum aufzuwerten, soll der nahe gelegene Containerbahnhof an der Heidestraße auf das Hafengelände verlagert werden.

Im fast leeren Hafenbecken, direkt vor dem Eingang zur Hafenverwaltung, liegt sicher vertäut ein weißer Ausflugsdampfer. Der Kapitän schrubbt ihn liebevoll sauber. Man reibt sich verwundert die Augen, aber es ist wahr: Der Dampfer heißt „Nostalgie".

Lehrter Bahnhof

Kurve in die Zukunft

Nirgendwo kommt der S-Bahnring dem Regierungsviertel, den historischen und touristischen Hauptsehenswürdigkeiten um das Brandenburger Tor so nahe wie im Gleisknick zwischen den Stationen Westhafen und Wedding, und kaum sonst wo fühlt man sich ferner davon. Die Schlote und Kohlenhaufen des Kraftwerks Moabit, die Hochbauten der Scheringwerke, Mietskasernen, Schuppen und Lagerplätze bestimmen das Stadtpanorama. Pittoreske Kleingärten mit blühenden Bäumen und Beeten behaupten sich zwischen spröden Gleisanlagen und Straßen.

Wer über die Putlitzbrücke am Westhafen will, muss einen langen Anlauf nehmen. In weitem Bogen überspannt sie eine ungewöhnlich breite Bahnschneise. Darunter ist Platz für ein Dutzend oder mehr Gleise. Doch man braucht Glück, um dann und wann einen Güterzug unter der Brücke durchfahren zu sehen. Für den schütteren Verkehr wirkt das Bahnland viel zu großräumig. Das muss einmal anders gewesen sein.

Als die Ringbahn gebaut wurde, führte sie fast überall durch unerschlossenes Gebiet. Nur im Bereich der heutigen Bahnhöfe Jungfernheide, Beusselstraße und Westhafen lief sie parallel zu einer älteren Strecke. Auf Gleisplänen von 1877, dem Jahr der Ringschließung, erkennt man in diesem Bereich bereits drei Gleispaare mit Abzweigungen zum Güterbahnhof Moabit und der Fabrik des Lokomotivenbauers August Borsig. Sonst war der Bahnring überall zweigleisig. Die beiden älteren Gleispaare, an die er sich im Norden anschmiegte, führten zum 1847 fertig gestellten Hamburger Bahnhof und zum 1871 eröffneten Lehrter Bahnhof. Mit seiner riesigen Halle

übernahm der Lehrter bald die Aufgaben des zu klein gewordenen Hamburger Bahnhofs. So konnte dieser 1884 geschlossen, vorübergehend als Verwaltungs- und Wohngebäude und ab 1906 als Eisenbahnmuseum genutzt werden; heute ist der Hamburger Bahnhof das älteste erhaltene Bahnhofsgebäude in Berlin und dient als Ausstellungsgebäude der Nationalgalerie für neueste Kunst. Zwischen den beiden Kopfbahnhöfen und der Ringbahn lagen ausgedehnte Rangierflächen, Gleise und Bahnsteige für den Güterumschlag. Dort befindet sich der große Containerbahnhof, der nach dem Hafenkonzept des Senats auf das Westhafengelände abwandern soll. Noch verweist das Kürzel „HuL" auf den modernen Verladebrücken auf seine Herkunft: Es steht für „Hamburg und Lehrter Bahnhof".
Die breite Ringbahnschneise am Nordring gehörte also zum betriebsnotwendigen Hinterland des alten Lehrter Bahnhofs, der im Krieg schwer beschädigt, 1951 stillgelegt und 1959 gesprengt wurde. In den Dreißigern rauschte unter der Putlitzbrücke der „Fliegende Hamburger" hindurch, ein legendärer Schnellzug, der die Strecke bis zur Alster in nur 2 Stunden und 18 Minuten bewältigte. Nun werden hier wieder neue Gleise und Fundamente für elektrische Oberleitungen verlegt. In ein paar Jahren sollen wieder moderne Schnellzüge nach Hannover, Hamburg oder Rostock über die Ringbahn fahren. Denn an der Stelle des alten Lehrter Bahnhofs entsteht ein noch gewaltigerer Personenbahnhof, der künftige Hauptbahnhof von Berlin.
Der neue Lehrter Bahnhof ist das Herzstück des künftigen Fernbahnsystems von Berlin, das unter dem Namen „Pilzkonzept" nach der Wiedervereinigung diskutiert und am 15. April 1992 in den Bundesverkehrswegeplan aufgenommen wurde. Seinerzeit standen zwei Strukturmodelle zur Auswahl: Das so genannte „Ringmodell" sah

Abschied vom Lehrter Stadtbahnhof. Die historische Stadtbahntrasse und der S-Bahnhof wurden im Juni 2002 abgerissen, der Verkehr durch die Glashallen des neuen Zentralbahnhofs umgeleitet.

vor, die west-östlichen Fernzüge künftig über die Stadtbahn zu lenken und die nord-südlichen über die Ringbahn. Dazu hätte man den Ring rasch in weit größerem Maße ausbauen müssen, als im zurückliegenden Jahrzehnt geschehen. Das so genannte „Achsenkreuzmodell" knüpfte an eine alte Vision von Berliner Stadtplanern an, die schon seit der Kaiserzeit von einer nord-südlichen Durchgangsstrecke durch das Stadtzentrum träumten. Sie sollte die alten Sackbahnhöfe mit ihren Rangierfeldern entbehrlich machen. Deren Aufgaben sollte ein zentraler Umsteigebahnhof am

Schnittpunkt von Stadtbahn und Nord-Süd-Strecke übernehmen.
Diese Vision gewinnt nun im zukünftigen Lehrter Bahnhof konkrete Gestalt; in ihm schneiden sich die neu gebohrten Nord-Süd-Bahntunnel unter dem Potsdamer Platz, Tiergarten und Regierungsviertel mit der oberirdischen Stadtbahn. Da deren alte Trasse nur über zwei Fernbahngleise verfügt und nicht beliebig verbreitert werden kann, ist zusätzlich eine Entlastungsstrecke vonnöten. Dafür wird der nördliche Ring zwischen Westkreuz und Ostkreuz mit neuen Fernbahngleisen versehen. Der Name „Pilzkonzept“ erschließt sich, wenn man sich die Hundekopfsilhouette des S-Bahn-Rings vornimmt und die laut Verkehrswegeplan auszubauenden Fernbahnstrecken fett nachmalt: Der Nordring bildet dann die Oberseite des Pilzdeckels, die Stadtbahn die Unterseite und der Nord-Süd-Tunnel den Stiel.
Um den Lehrter Bahnhof an die Ringbahn anzubinden, muss nördlich des Achsenkreuzes ein neuer Gleisknoten mit Über- und Unterführungen geknüpft werden. Schon steht die imposante Brücke auf weiß-blau geringelten Stelzen, der so genannte „Überflieger“, auf der die Fernzüge vom Lehrter Bahnhof in einer eleganten Kurve über die Perleberger Straße und den Berlin-Spandauer Schifffahrtskanal in Richtung Gesundbrunnen fahren sollen. Auch die S-Bahn soll von den Ringbahnhöfen Westhafen und Wedding in zwei Gleiskurven zum Zentralbahnhof abbiegen können; eine Weile war sogar eine Umsteigestation Perleberger Straße am Treffpunkt beider Kurven im Gespräch. Wenn dann die auf dem Ring verkehrenden S-Bahn-Züge am Lehrter Bahnhof eingesetzt werden und enden, wird auch dieser betrieblich zum Ringbahnhof – ähnlich wie in der Zeit vor dem Zweiten Weltkrieg der Potsdamer Bahnhof mit seiner angeschlossenen Ringbahnstation.

Begegnung zweier Zeitalter: Der reguläre Stadtbahnzug, der hier kurz nach der Eröffnung im Juni 2002 in die Halle des neuen Lehrter Bahnhofs einfährt, wurde zwischen 1937 und 1942 gebaut.

Der neue Zentralbahnhof über dem Nord-Süd-Tunnel ist ein Projekt der Superlative: Die Spree musste zeitweise umgeleitet, die Stadtbahn verlegt und der schöne alte Lehrter Stadtbahnhof abgerissen werden, um den größten Kreuzungsbahnhof Europas möglich zu machen. Seine Bahnsteige liegen zum Teil unter dem Wasserspiegel des alten Humboldthafens, zum Teil schweben sie auf schlanken Stützen darüber. Am Schnittpunkt sieht der Entwurf des Architektenbüros von Gerkan, Marg und Partner ein mit Glas überdachtes Atrium vor, durch das Licht bis in die unterste Ebene des fünfgeschossigen Bahnhofsgebäudes fallen soll. Darüber sind zwei bügelartige Hochhäuser mit Büros geplant, im Bahnhof selbst riesige Flächen für „Einzelhandel, Dienstleistung, Gastronomie und Entertainment", denn: „Der Lehrter Bahnhof soll zu einem touristischen Zentrum werden", so die Hoffnung der Bahn AG.

Seit den Neunzigern verfolgt das Unternehmen die Strategie, seine Bahnhöfe in lukrative Shoppingmalls und Erlebniszentren umzuwandeln. Die 240.000 Reisenden, die täglich am Lehrter Bahnhof erwartet werden, sollen nicht nur rasch umsteigen können, sondern am besten auch gleich abgespeist, eingekleidet und gut unterhalten werden. Wie am Potsdamer Platz wächst in der öden Gegend eine schicke Stadt-in-der-Stadt, ein neues Viertel mit Ausblicken auf Spree und Tiergarten, Reichstag und Kanzleramt. Seit 1993 liegt der Entwurf für den Bahnhof vor, im folgenden Jahr gewannen die Architekten Ungers und Dudler einen städtebaulichen Wettbewerb, der eine Planungsgrundlage für das umgebende Stadtquartier erbrachte. Damals ging die Bahn AG davon aus, den Bahnhof im Jahr 2000 teilweise in Betrieb zu nehmen und spätestens 2002 fertig zu stellen. Inzwischen peilt Bahnchef Mehdorn die Fußballweltmeisterschaft im Jahr 2006 als Eröffnungsdatum an.

Das Megaprojekt erwies sich als so teuer und technisch kompliziert, dass der Zeithorizont stetig in die Zukunft verschoben werden musste. Bis zum Sommer 2002 ist der neue Bahnhof, ein vielstöckiger Betonwabenbau, gerade in rohen Umrissen sichtbar geworden. Möglich, dass die Station noch viele Jahre ein Torso inmitten einer weitgehend ungestalteten Umgebung bleibt. Um den neuen Zeitplan einhalten zu können, ordnete Mehdorn zum Verdruss der Architekten kurzfristig an, die halbrunden Glashallendächer über den neuen Stadtbahnsteigen stark zu verkürzen. Das Atrium im Zentrum des Bahnhofs wird auf sich warten lassen, bis genügend zahlungskräftige Mieter für die Bürobügelbauten gefunden sind, an denen das mittlere Glasdach aufgehängt werden soll – vorher wird es nicht gebaut. Und erst wenn fest steht, wann der Bahnhof wirklich voll funktionsfähig und vermietet ist, sind Investoren dazu zu bewegen, in der Umgebung zusätzliche Büro-, Einkaufs- und Wohnflächen zu errichten. Aber werden sie überhaupt gebraucht? Die Stadtplanung der Nachwendezeit beruhte auf weit überzogenen Hoffnungen ins wirtschaftliche und demographische Wachstum der Hauptstadt. Längst ist die Goldgräberstimmung, in der Projekte wie das Stadtquartier am Lehrter Bahnhof auf den Weg gebracht wurde, verflogen.

Erweist sich der apostrophierte „Bahnhof des 21. Jahrhunderts“ samt Bahnhofsviertel am Ende als viel zu groß für das Berlin des 21. Jahrhunderts? Dagegen spricht seine unübertrefflich günstige Lage, die Kürze der Wege zum Regierungsviertel und zu den touristischen Hauptattraktionen um die Straße Unter den Linden. Es wird nicht Jahre dauern, sondern Jahrzehnte, aber langfristig dürfte es nicht ausbleiben, dass um diesen gigantischen Schnittpunkt des Verkehrs so etwas wie eine City wächst – wenn auch womöglich auf Kosten anderer Quartiere.

Wedding

Schering regt die Phantasie an

„Achtung Autofahrer! Auf der Müllerstraße kommt Ihnen ein S-Bahnhof entgegen!" Einen schönen Werbeslogan hat sich die Bahn ausgedacht, um die Automobilisten mit den Verkehrshindernissen am S-Bahnhof Wedding zu versöhnen. Wie die Stationen Bundesplatz und Jungfernheide ist er bei der jüngsten Ringbahnsanierung verschoben worden, um das Umsteigen zur U-Bahn zu erleichtern. Genau über der Müllerstraße liegt nun der gläserne Riegel der neuen Bahnhofshalle, getragen von einem massiven Betonunterbau. Schwer drückt er auf den gemauerten Bögen der historischen Viadukte. Aus der Straßenperspektive wirkt die renovierte Trasse durch den Wedding kaum noch wie eine Eisenbahnstrecke, eher wie eine Verlängerung der Stadtautobahn. Schallschutzwände beschneiden den Blick auf die Züge und aus den Zügen. In ein paar Jahren werden Hochgeschwindigkeitszüge vom und zum Lehrter Bahnhof durch das Wohnviertel fahren. Ein Fortschritt, der seinen Preis hat.

Oben auf dem Bahnsteig macht der Bahnhof Wedding einen freundlicheren Eindruck. Am 15. Juni 2002 mit einem Volksfest auf dem Nettelbeckplatz eröffnet, ist er architektonisch der jüngste Ringbahnhof. Kirschholzlamellen an der Unterseite der Bahnsteigdächer verleihen der nüchternen Anlage einen Anflug von Heimeligkeit. Die Zugabfertiger müssen in einem eleganten Stahl-Glas-Kubus schwitzen, nur durch Lamellen vor der Sonne und den Blicken der Reisenden geschützt. Auf dem Bahnsteig zieht es wie Hechtsuppe: Das erschließt den Sinn des Gewächshausriegels mit schicker Schuppenverglasung über der Müllerstraße, in den die Wartenden sich vor Wind und Wetter flüchten können. Das Panorama vom

Es ist nicht die Verlängerung der Stadtautobahn, sondern die neue ICE-Trasse (links oben), die am alten S-Bahnhof Wedding entsteht. Wenn der Bauzaun gefallen ist, wird sich die Müllerstraße wieder beleben und der Magendoktor darf sich auf neue Kundschaft freuen.

Bahnsteig ist ein Potpourri aus Mietskasernen mit braunem Putz, Fabrikgebäuden aus der Gründer- und Nachkriegszeit, Tankstelle, Supermarkt, Arbeitsamt und dem Autostrom auf der Müllerstraße. Eine feine Gegend ist der Wedding nie gewesen. Er war Industriegebiet im Norden der Stadt, dicht besiedeltes Arbeiterquartier, wurde als „Der Rote Wedding" zur Legende:

Links, links, links, links! Die Trommeln werden gerührt!
Links, links, links, links! Der „Rote Wedding" marschiert!
Hier wird nicht gemeckert, hier gibt es Dampf,

Denn was wir spielen, ist Klassenkampf
Nach blutiger Melodie!
Wir geben dem Feind einen kräftigen Tritt,
Und was wir spielen, ist Dynamit
Unterm Hintern der Bourgeoisie.

„Roter Wedding" grüßt euch, Genossen,
Haltet die Fäuste bereit!
Haltet die roten Reihen geschlossen,
Denn unser Tag ist nicht weit!
Drohend stehen die Faschisten
Drüben am Horizont!
Proletarier, ihr müßt rüsten!
Rot Front! Rot Front!

Erich Weinerts Lied wurde nach den Unruhen vom 1. Mai 1929 populär, dem so genannten „Blutmai", als die sozialdemokratische Polizeiführung den Arbeitern das Demonstrieren verbot, die Kommunisten ihre Anhänger dennoch auf die Straße schickte und am Ende heftiger Straßenkämpfe 33 Tote zu beklagen waren. Am wildesten schoss die Polizei am Nettelbeckplatz und in der Kösliner Straße um sich. In seinem Roman „Barrikaden am Wedding" von 1931 schildert Klaus Neukrantz die Ereignisse aus der Perspektive ihrer Bewohner und einer kommunistischen Straßenzelle aus der „Kösliner Ritze". Zur Einstimmung beschreibt er eine Großstadtnacht im Wedding: „Von der Stadtbahnbrücke, am Nettelbeckplatz, trug der Nachtwind das hohle, langgezogene Geräusch der letzten Züge als ein fernes, gedämpftes Geräusch in die dunklen, schweigenden Höfe der Hinterhäuser. Hier und da leuchteten noch an den schwarzen, eng ineinandergeschobenen Mauerfronten Lichter hinter verhangenen Fenstern. Eins nach dem anderen erlosch ... In engen Stuben umspülte die stickige, verbrauchte Luft vieler Menschen in einem Raum die Gesichter der Schlafenden.

Treppen, Flure, Stuben, Quer- und Hinterhäuser, das alles war unerträglich dicht zusammen. Kaum Wände und Luft dazwischen. Einer spürte den schweren, unruhigen Atem des anderen. Der Geruch der Menschen drang durch Wände, Spalten und Verschläge. Mieter, Untermieter, Schlafburschen und der Fluch dieser Gasse – die Kinder, von denen es kaum eines gab, das in einem eigenen Bett schlafen konnte.
Die kinderreichste und kinderelendeste Straße des großen, hungernden Berlin ...!
Auf den Treppenabsätzen kauerten in sich zusammengekrochen Menschenbündel. Obdachlose, die in dem nahegelegenen Asyl keine Unterkunft mehr gefunden hatten. Man ließ sie (...) Um fünf Uhr tappen die ersten Schritte auf den Treppen, und Menschen gehen fröstelnd, mit der Tasche unterm Arm, über den noch dunklen Hof. Am Bahnhof Wedding rollen die Frühzüge mit schweigenden, unausgeschlafenen Arbeitern in die Industrieviertel der Siemensstadt, nach Rummelsburg und Reinickendorf."
An der nagelneuen Ringbahnbrücke über die Wiesenstraße haben einige Gebäude des großen Obdachlosenasyls der Zerstörung und dem Verfall widerstanden. Die ab 1895 im Neorenaissancestil errichtete „Wiesenburg" war eine Musteranstalt mit Schlafsälen, Küche, Bädern, in der bis zu 1.500 wohnungslose Männer, Frauen, Kinder und Säuglinge versorgt werden konnten. Der Bahndamm diente als Abschirmung gegen die Nachbarschaft, die den täglichen Ansturm der Obdachlosen nicht eben gern sah. Aus demselben Grund steht das ehemalige Männerasyl nicht direkt an der Wiesenstraße, sondern zurückversetzt an einer Privatstraße, auf der sich die Kundschaft vor Öffnung des Gebäudes sammeln konnte. Die „Wiesenburg" war beliebt, weil der private Trägerverein wohlhabender Bürger in der Kaiserzeit darauf verzichtete, die Personalien aufzunehmen und an die Polizei weiterzulei-

ten. Wer keine Aufnahme fand, konnte versuchen, im wesentlich größeren Städtischen Asyl an der Fröbelstraße 16, dem späteren Krankenhaus Prenzlauer Berg, einen Schlafplatz zu ergattern. Die schnellste Verbindung zwischen beiden Asylen war die Ringbahn, denn die städtische Einrichtung lag nicht weit vom Bahnhof Prenzlauer Allee entfernt.
Bombenkrieg und Stadtsanierung haben die dichte Wohnbebauung im Wedding aufgelockert, der Klassenkampf wurde auf unbestimmte Zeit vertagt, die Industrie ist längst abgewandert, mit einer Ausnahme: Seit mehr als 130 Jahren pustet Scherings Chemiefabrik an der Müllerstraße weiße Dampfwolken in den Himmel über dem Wedding. Piperazin, Urotropin, Novatophan, Solvamin, Testoviron, Neutralon – dicht an dicht liegen die Medikamente, mit denen Schering-Forscher den Alltag von Millionen Menschen veränderten, in den Vitrinen des Firmenmuseums. Auch das berühmteste Medikament der Firmengeschichte, das 1961 unter dem Namen „Anovlar" herauskam: die erste Antibabypille in Europa, Auslöser einer Revolution in der Beziehung der Geschlechter.
Es riecht ein bisschen stechend im Museum, fast wie in einem richtigen Chemielabor. Auf langen Tischen drängen sich Hunderte von Schälchen, Glaskolben, Fläschchen, allerlei Apparaturen zum Analysieren, Filtrieren, Zentrifugieren und was sonst zum Alltag chemischer Forschung gehört. Eine gemauerte Destillationsanlage, die mit ihren Metalltöpfen eher einem überdimensionalen Küchenherd ähnelt, gibt einen Eindruck von den primitiven Anfängen des Unternehmens. Begonnen hat alles damit, dass der 1824 in Prenzlau geborene Gründer Ernst Schering sechzehnjährig nach Berlin kam, um als Lehrling in die geschätzte Apeliussche Apotheke einzutreten. 1851 kaufte er eine eigene Apotheke an der Chausseestraße 21 – demselben Straßenzug, an dem das Unternehmen noch

heute zu Hause ist, nur eine Meile stadteinwärts – und taufte sie auf Vorschlag seiner Frau hoffnungsvoll „Grüne Apotheke". Schering war ehrgeizig: Es genügte ihm nicht, dubiose Wässerchen wie die „Mariazeller Touristen-Einreibung" zu vertreiben, von der sich ein Fläschchen im Firmenmuseum erhalten hat; auch altertümliche Formen zum Gießen von Zäpfchen oder ein Mullwindelwickelapparat sind dort zu bewundern. Im Schuppen hinter seiner Apotheke betrieb Schering ein kleines Laboratorium. Unter primitiven Bedingungen versuchte er möglichst reine Chemikalien für industrielle Zwecke herzustellen. 1855 reiste er mit seinen Produkten zur Weltausstellung nach Paris, wo er eine Silbermedaille einheimste; von da an gehörte er zu den angesehensten Jungunternehmern der preußischen Hauptstadt.

Scherings Hinterhoflabor befand sich mitten in „Feuerland", dem frühen Zentrum der Maschinenbau- und Eisenbahnindustrie im Norden Berlins. Seine Apotheke lag nah bei den Gleisanlagen des 1843 eröffneten Stettiner Bahnhofs, den man sich neben der erhaltenen S-Bahn-Station Nordbahnhof imaginieren muss. Ohne den Ausbau schneller Eisenbahnverbindungen im 19. Jahrhundert wäre der rasche Aufstieg von Scherings Unternehmen zu einer Weltfirma nicht möglich gewesen. In Scherings Reisetagebüchern findet sich eine Passage, die anschaulich macht, wie wichtig die ständige Reisetätigkeit von „Agenten" des Unternehmens war und welche Schwierigkeiten beim Produktversand zu überwinden waren. Im September 1877 reiste Schering selbst nach Hamburg, um sich die Baustelle einer Tochterfabrik für die Salicylsäureproduktion anzusehen und bei einem Naturforscherkongress sein neues Fabrikat vorzustellen. Zufrieden notierte er in sein Tagebuch: „Die Salicylsäure hatte wegen ihrer Schönheit nicht allein bei den Ärzten sondern auch bei den Chemikern großes Aufsehen erregt, letztere hatten auch alle Salicylsäure, die ich ausgestellt, geplündert". Dann schreibt Schering, der Fabrikant Trommsdorf habe auf dem Kongress von juristischen Streitigkeiten berichtet, „die er wegen Versendung von Chemikalien mit Eisenbahnen gehabt habe. Dadurch daß er einmal Salpetersäure als chemisches Product feuergefährlich declariert, ist er wegen einer falschen Declaration in der ersten und zweiten Instanz verurtheilt worden; er durfte nur die Bezeichnung Salpetersäure nehmen; die Bezeichnung „chemisches Produkt" sei unstatthaft. Ferner die Ballons mit Säure etc. dürften nicht mehr wie 150 Pfund wiegen, haben sie ein höheres Gewicht, so muß für einen Ballon die Fracht eines ganzen Waggon bezahlt werden, so lautet die Bestimmung. Trommsdorf hatte nun einen Ueberkorb genommen und dadurch das Gewicht von 150 Pfund überschritten, er ist verurtheilt, trotz seiner Angabe, daß der Ueberkorb nur zur größeren Sicherheit genommen worden sei. Die Antwort von der Bahn lautete, wie ich selbst gesehen, alle Säurenballons müßten vorsorglich in Doppelkörben verpackt sein. Diese Schwierigkeiten und die ungerechten und nicht sachgemäßen Urtheile der Bahnen, wodurch den Industriellen große Unzuträglichkeiten und Verluste bereitet werden können, dürften nicht zur Geltung kommen und wäre eine Vereinigung sämmtlicher Fabrikanten in höchstem Maße wünschenswerth."

Wie die Schwerindustrie an der Chausseestraße hielt Schering alsbald Ausschau nach geeigneten Grundstücken in der Umgebung, um den Fabrikbetrieb ausweiten zu können. 1858 kaufte er das Grundstück an der Müllerstraße 171, später auch angrenzende Flächen hinzu. Damals gab es schon erste Überlegungen zur Trassierung der späteren Ringbahn, über die Schering informiert gewesen sein dürfte. Möglicherweise suchte er auch die Nähe zum in dieser Zeit errichteten 3. Städtischen

Gaswerk an der Sellerstraße, schließlich entstanden bei der Kohlevergasung wichtige Rohstoffe für die chemische Industrie. 1864 erhielt Schering die Konzession für eine Fabrik an der Müllerstraße und begann in einem bescheidenen Gebäude und einigen Behelfsschuppen mit der Produktion.

Einen gewaltigen Wachstumsschub erfuhr die Firma in den Jahren 1870/71: Im Deutsch-Französischen Krieg lieferte sie per Eisenbahn einen Teil der Medikamente für die kämpfende Truppe. Nach der Reichsgründung grassierte in Unternehmerkreisen das Gründungsfieber; schon um Schritt zu halten, musste Schering daran denken, ebenfalls zu expandieren. Da ihm das nötige Kapital fehlte, wandelte er 1871 die Firma in eine Aktiengesellschaft um. Das ist sie geblieben, und wer den schnelllebigen Aktienhandel beobachtet, staunt über ihre Zählebigkeit. Die jüngsten Exponate im Firmenmuseum würdigen den Gang an die New Yorker Börse im Jahr 2000: eine Bronzemedaille und ein paar Fotos, ausgelegt in einer Vitrine unter dem ehrwürdigen Ölbild des Unternehmensgründers.

In Scherings erstem Geschäftsbericht für die Aktionäre heißt es: „Unsere Fabrik beschäftigt sich hauptsächlich mit der Anfertigung an pharmaceutischen, photographischen und Chemikalien für die Technik, ist von dem Vorbesitzer 1855 begründet und hat sich eines fortwährenden Aufschwunges zu erfreuen gehabt. Der Umsatz ist von ihrer Begründung (1855) von circa 12.000 Thaler jährlich auf die Höhe von 616.000 Thaler gestiegen ... Die Lage derselben ist durch die unmittelbare Nähe an einem Bahnhof der Verbindungsbahn, mit welcher dieselbe durch einen eigenen Schienenstrang verbunden werden soll, sehr günstig, und die Transportkosten der ein- und ausgehenden Güter werden dadurch sehr bedeutend ermässigt." Scherings Fabrik lag damals genau zwischen dem im Mai 1872 eröffneten Bahnhof Wedding und einem großen Kohlebahnhof, der vor allem der Versorgung des benachbarten Gaswerks diente. Aus dieser Zeit stammt das älteste Gebäude auf dem heutigen Firmengelände, das so genannte Alte Hauptlabor, in dem auch Verwaltung und Lager untergebracht waren. Geforscht wird in dem viergeschossigen Backsteinbau mit den Reliefs berühmter Chemiker an der Fassade heute nur über die Unternehmensgeschichte: Hier sind das Archiv und das Firmenmuseum, Scheringinanum genannt, untergebracht. Aus den Fenstern schaut man auf enge, gepflasterte Fabrikstraßen zwischen hohen Bürohäusern und großen Hallen. Silbrige Rohre laufen an den nüchternen Fassaden entlang, irgendwo entweicht Dampf wie auf alten Ansichten der Industriestadt Berlins im 19. Jahrhundert.

Welchen Anblick die Fabrik um 1890 von der Ringbahn bot, darüber schrieb der langjährige Betriebschemiker Johannes Walzberg später in der Werkszeitschrift: „Die Müllerstraße, nordwärts erst spärlich bebaut, lief bis nach Reinickendorf zwischen viel Feldern hin, und das Areal, auf dem heute die Bauten des Leopoldplatzes und des Virchowkrankenhauses stehen, war bis zum Plötzensee hinauf die allerherrlichste Sandwüste. Welch reine Kiefernwalddüfte wehte uns der Westwind von der unfernen Jungfernheide in den Fabrikhof herein! (...) Wenden wir uns nun der Bahnseite des Grundstücks zu, so hat dort der Baumeister ganz schlimm aufgeräumt mit dem Einst. Wo sich heute die weißen vierstöckigen Häuser aneinanderreihen, da ‚erfreute' sich seinerzeit das Auge an einer bunten Mannigfaltigkeit von teils niedrigen massiven Baulichkeiten, wie Pferdeställe für die Stadtgespanne, teils nur aus Brettern gefügten Schuppen für Handwerker, meist für Fabrikationsbetriebe. Ihr meint: unsolide Sache! Hm – nun ja; aber wie es so in einer chemischen Fabrik leidlich geht: Die Darstellung eines neuen Präparates soll schleunigst in die Wege geleitet werden. Hochdruck! Also, Herr Ingenieur, bitte einen Raum dafür! – Wie? Was? Alles besetzt? Na, dann genügt vorderhand auch ein Schuppen. Und der wird gebaut. Nun sträubt sich fast jedes neugeborene Präparat erst einmal gegen seine chemische Reinlichkeit, die ihm seine Pfleger angedeihen lassen wollen. Also muß die bretterne Kinderstube nicht nur ‚vorderhand', sondern oftmals lange stehenbleiben, bis der Schlingel so weit gebändigt ist, daß man ihm ein besseres Quartier anweisen kann. So wuchs denn in der Frühzeit des Werkes einmal Schuppen an Schuppen, bis eine andere Zeit kam, die die Kümmerlinge beseitigte und an ihren Platz moderne Fabrikbauten stellte".

Die kompakte Fabrikstadt im Wedding füllt heute zwei langgezogene Baublocks zwischen Berlin-Spandauer Schifffahrtskanal, Ringbahn, Müller- und Sellerstraße vollständig aus. Mittendurch läuft eine der ungemütlichsten Straßen der Stadt, die vielbefahrene Fennstraße. Das Innenleben der Fabrik spielt sich hinter neutralen, endlos wirkenden Bürofassaden und verspiegelten Fenstern ab. Ohne scharfe Kontrollen gelangt niemand hinein. Beide Hälften der Fabrik kommunizieren über zwei Brückenbauten an der Fennstraße. Wie eine moderne Burg überragt die silbrige Verwaltungszentrale aus den Siebzigern die Häuser der Umgebung. Nach der fast vollständigen Zerstörung im Zweiten Weltkrieg und der Demontage hat sich die Fabrik beim Wiederaufbau noch einmal mächtig ausdehnen dürfen: So konnten wichtige Teile der Produktion und viele Arbeitsplätze auf der Insel West-Berlin gehalten werden, während fast alle anderen Traditionsbetriebe der Industrie verloren gingen.

Weil es an der Müllerstraße zu eng wurde und bestimmte Sicherheitsauflagen dort nicht erfüllt werden konnten, gründete die Firma bereits 1880 ihr erstes Berliner

Zweigwerk am Tegeler Weg in Charlottenburg. Während unserer Ringbahn-Reise ist die moderne Fabrik am Bahnhof Jungfernheide kurz im Wagenfenster aufgetaucht. Auf dem Gelände steht noch der „Palazzo Photo", 1894/95 für die Herstellung von Fotopapieren und Chemikalien errichtet, denn unter dem Markennamen SATRAP war Schering bis zum Zweiten Weltkrieg ein gefragter Hersteller fotografischer Massenerzeugnisse. In Charlottenburg wurde auch synthetischer Kampfer, eine Erfindung des Schering-Labors, produziert. Daraus ließ sich massenweise Celluloid herstellen, der erste durchsichtige Kunststoff, gleichermaßen geeignet als Elfenbeinersatz bei Brillenbügeln und als Trägermaterial der frühen Kinofilme.
Der Standort in Charlottenburg erwies sich alsbald als problematisch, weil man es versäumt hatte, ihn rechtzeitig mit einem Anschlussgleis zu versehen; deshalb wurde schon wenige Jahre nach seiner Eröffnung lieber wieder ins Stammwerk investiert, die Ätherproduktion 1924 von Charlottenburg nach Adlershof, die Fotochemie nach Spindlersfeld ausgelagert. Nach dem Zweiten Weltkrieg lagen diese Werke jedoch in Ost-Berlin und wurden enteignet. Dadurch gewann die Charlottenburger Dependance neuerlich an Bedeutung.
Noch zu Lebzeiten Ernst Scherings gründete das Unternehmen eine Tochterfirma in Russland, 1897 beteiligte es sich am Erwerb einer Borax-Mine in Chile, 1908 baute es eine Fabrik in London zur Versorgung des britischen Empire. Als Folge des Zweiten Weltkriegs ging das weltweite Firmennetzwerk komplett verloren. Vom Stammwerk Müllerstraße aus eroberte Schering dank seines guten Namens und intensiver Forschungsanstrengungen das verlorene Terrain in erstaunlich kurzer Zeit zurück. Längst ist das Unternehmen wieder ein Global Player der Pharmaindustrie. Mit 6.000 Beschäftigten zählt

Schering zu den größten Arbeitgebern in Berlin, rund 20.000 Mitarbeiter sind es weltweit. Die meisten besitzen Schering-Aktien und können deshalb ruhig schlafen: Seit Mitte der Neunzigerjahre meldet das Unternehmen jährlich neue Umsatzrekorde. Die letzte Abschlussbilanz für das Jahr 2001 wies 4,84 Milliarden Euro Umsatz und 418 Millionen Euro Gewinn aus; bis 2007 soll der Konzernumsatz gar auf 7 Milliarden Euro wachsen. „Schering regt die Phantasie an“, lautet eine beliebte Schlagzeile in den Börsennachrichten. Es sieht so aus, als habe im „Roten Wedding“ der Kapitalismus auf ganzer Linie gesiegt.

Bahnhof Gesundbrunnen, 17. September 2001.

Gesundbrunnen

Security

Mit einem großen Fest sollte der vorletzte Lückenschluss auf dem S-Bahn-Ring gefeiert werden, doch sechs Tage zuvor, am 11. September 2001, rasten zwei entführte Passagierflugzeuge in die Zwillingstürme des New Yorker World Trade Center. Ihr Einsturz erschütterte auch Berlin. Jahrzehntelang hatten die Vereinigten Staaten durch ihre Militärpräsenz im Westen ein ziviles und demokratisches Stadtleben ermöglicht, nun waren sie selber Zielscheibe eines heimtückischen Angriffs mit tausenden unschuldiger Opfer. Wenn solch ein perfides Verbrechen in New York möglich war, warum dann nicht auch im Luftraum über dem Kanzleramt oder dem Alexanderplatz? Sorgenvoll schauten die Menschen auf die Flugzeuge am Himmel über Berlin. Wie würden die USA reagieren, würde es weitere Anschläge geben, vielleicht einen richtigen Krieg? Mit gespannter Ruhe wartete alles auf den weiteren Gang der Ereignisse. Zum Feiern war in diesen Tagen niemandem zumute.

Der 17. September 2001, ein Montag, beginnt kühl, aber sonnig. Auf dem neu geknüpften Gleisknoten zwischen den Bahnhöfen Bornholmer Straße, Schönhauser Allee und Gesundbrunnen leuchten strahlend gelb die vielen frisch lackierten Stromschienen für den S-Bahn-Verkehr. Seit vier Uhr früh fahren Züge auf der Trasse zwischen Wedding und Prenzlauer Berg. Probebetrieb, wie es heißt. Es sind die ersten Züge zwischen dem früheren West- und Ost-Bezirk seit vierzig Jahren. Zur Erinnerung an den Mauerbau hängen an den neuen Glasverschlägen, in denen das S-Bahn-Personal über den Verkehr auf der Station Gesundbrunnen wacht, historische Großfotos von beiseite geräumten Warnschildern: „Achtung! Hier letzter

S-Bahnhof in West-Berlin in Richtung Potsdamer Platz." An einem Bahnsteigende ist ein kleiner Bereich mit weinroten Kordeln vom übrigen Publikumsverkehr abgetrennt. Weinrot sind auch die Anoraks der breitbeinig postierten Wachmänner. „SECURITY im Auftrag der S-Bahn-Berlin GmbH" ist in weißen Buchstaben auf ihrem Rücken zu lesen. Sicherheit wird groß geschrieben in diesen Tagen, und es fehlt dabei auch nicht der amerikanische Einschlag. Die weinroten Hilfssheriffs tragen schwarze Baretts, die polizeigrünen Kollegen vom Bundesgrenzschutz ganz normale Schirmmützen. Einem jungen blassen Beamten gelingt es, die Mütze exakt so auf dem Kopf zu balancieren, wie das einmal für die DDR-Grenzer vorgeschrieben gewesen sein muss: Nasenspitze hoch und den Schirm tief in die Stirn gedrückt. Haltung Ost in Uniform West. „Wiedervereinigung am Nordkreuz" steht in großen Buchstaben auf der Rückwand der kleinen Bühne mit gläsernem Stehpult, das auf den Regierenden Bürgermeister wartet.

Ein zu allem entschlossener Attentäter hätte es trotz aller Vorsicht leicht, sich unter die Ehrengäste zu mischen und dem Stadtoberhaupt etwas zuleide zu tun. Ein Anruf bei der Pressestelle der S-Bahn genügte, um in die Liste der zugelassenen Gäste aufgenommen zu werden. Wer auf der Liste steht, erhält einen Button und darf in die VIP-Zone. Wäre das auch so einfach, wenn man dunklere Haut und schwarze Haare hätte? Die Selbstmordattentäter von New York waren extremistische Moslems. Ihre friedliebenden Berliner Glaubensbrüder werden in diesen Tagen mit Morddrohungen am Telefon terrorisiert. Während am Gesundbrunnen zum soundsovielten Mal ein Brückenschlag zwischen Ost und West zelebriert wird, zeigt die Gesellschaft anderswo neue Risse.

Der Bausenator erscheint in der Menge, strahlt und schüttelt Hände. Der Regierende Bürgermeister, erst seit ein paar Wochen im Amt, zeigt ein verschlafenes Gesicht. Die Hände in den Hosentaschen gibt Klaus Wowereit geduldig Kurzinterviews vor verschiedenen Kameras. Business as usual. Wo immer er kann, verteilt der Regierende in diesen aufgeregten Tagen Beruhigungspillen an die Berliner. Was soll er sonst tun. Seine kurze Ansprache, nicht gerade ein rhetorisches Meisterstück, blendet alles Beunruhigende aus. Sie bekommt erst in dem Augenblick etwas Farbe, wo sie zur Wahlkampfrede wird: Der Regierende wirbt für den Zusammenschluss der S-Bahn mit der BVG, denn „alljährliche Fahrpreiserhöhungen für die öffentlichen Verkehrsmittel dürfen kein Naturgesetz sein". Mit dieser populistischen Pointe hat der Politiker zwar nichts versprochen, aber die Volksseele gestreichelt. Nach dem Regierenden lobt Bahnchef Hartmut Mehdorn mit gefalteten Händen die Anstrengungen seines Unternehmens in Berlin. Die jahrelangen Bauarbeiten am Bahnhof Gesundbrunnen verklärt er zum letzten Gefecht gegen den Kommunismus: „40 Jahre nach dem Mauerbau haben wir die Ulbrichtkurve ausgemerzt." Die Ulbrichtkurve, das war die Gleisschleife zwischen den Bahnhöfen Pankow und Schönhauser Allee, mit der in den Fünfzigerjahren im Osten die Unterbrechung des Ringbahnverkehrs vorbereitet wurde.

Nach den Ansprachen dürfen Bürgermeister und Bausenator rote Eisenbahnermützen aufsetzen und erhalten eine grüne Signalkelle, um damit vor dem Einweihungszug für die Fotografen zu posieren. Man kennt dieses Ritual von den Amtsvorgängern beider Politiker. Wowereit findet es sichtlich albern, spielt aber mit. Er ist erst vor ein paar Wochen an die Macht gekommen und muss die Berliner noch davon überzeugen, dass er die Rolle des Regierenden ausfüllt. Weitere Fernsehinterviews gibt er aber lieber ohne rote Mütze, schon der Seriosität wegen.

Der Eröffnungszug ist ein Modell aus DDR-Produktion,

außen ganz rot lackiert. Das passt zu den beiden Sozialdemokraten, die mit Hilfe der PDS die politische Führung der Stadt an sich gerissen haben. Im roten Zug fahren sie über die ehemalige Grenze hinweg bis zum S-Bahnhof Schönhauser Allee. Dort steigen sie aus, um sich nochmals fotografieren zu lassen. Wer weiß, wann sie wieder ein öffentliches Verkehrsmittel betreten. Dann passiert etwas Ungeplantes, was den Sicherheitsleuten den Schweiß auf die Stirn treibt: Plötzlich schließen sich die Türen des Zuges, und er fährt ohne die Politiker zum Bahnhof Gesundbrunnen zurück, nur dünn besetzt mit einigen Bundesgrenzschützern und Ehrengästen.

Die Politiker müssen auf den Sonderzug verzichten und einen ganz normalen Zug nehmen, um zur bescheidenen Premierenfeier am Gesundbrunnen zurückzureisen. Dort ist die Bühne für ihren Auftritt schon wieder halb abgebaut. Eine heiße Tasse Kaffee hinter einem Bauzaun mit Ausblick auf die neuen Gleisanlagen, dann verschwindet der Regierende mit seinen beiden auffällig unauffälligen Bodyguards zum nächsten Termin, um sich seiner Hauptaufgabe in diesen Tagen zu widmen: den Berlinern ein Gefühl von Sicherheit zu geben.

Die raue Stadt wirkt verletzlich in diesen Tagen. Man wird die apokalyptischen Bilder aus New York nicht los. Wollte Berlin nicht immer werden wie New York, so eine richtige Metropole mit Hochhäusern und prallem Straßenleben in den Häuserschluchten? Nun schwelt Manhattan wie Berlin am Ende des Zweiten Weltkriegs. Am Ground Zero sieht es etwa so aus, wie es damals am Bahnhof Gesundbrunnen ausgesehen haben muss.

Die Trümmerwüste ist längst überwachsen, nur am höchsten Punkt ist eine verräterische Stelle kahl und abweisend geblieben. Der für Berliner Verhältnisse imposante Berg im Volkspark Humboldthain besitzt zum S-Bahn-Graben am Bahnhof Gesundbrunnen hin eine steile

Flanke mit nackten Betonwänden unter achteckigen Aussichtsplateaus. Im Winter 1941/42 verbauten Zwangsarbeiter hier 100.000 Kubikmeter Beton und 10.000 Tonnen Stahl für eine riesige Verteidigungsstellung gegen den Luftkrieg. In der Tiefe fanden Menschen aus der Umgebung Zuflucht, wurden Lebensmittel und Munition eingebunkert, oben waren Geschütze postiert. Sie sollten feindliche Bomber abschießen, waren deshalb selbst bevorzugte Zielscheibe bei Angriffen. In den letzten Kriegstagen fanden dann heftige Bodengefechte statt, denn der S-Bahn-Graben war von den Nazis zur Hauptverteidigungslinie gegen die vorrückende Rote Armee ausgebaut worden. Entsprechend groß war im Umkreis der Grad der Zerstörung.

Versuche, den Hochbunker in der Nachkriegszeit zu sprengen, misslangen; also füllte man ihn bis 1952 mit Trümmerschutt und umgab ihn an der Parkseite bis zur Spitze mit einem künstlichen Hügel. Neben der S-Bahn war das nicht möglich. An der offenen Bunkerflanke übten bis in die Achtzigerjahre Berliner Bergsteiger die Kletterei an Steilhängen. Auch als geheime Kultstätte von Neonazis geriet der Berg in die Schlagzeilen. Inzwischen ist er gründlich versiegelt. Eine andere Bunkeranlage in der Nachbarschaft kann dafür jeden Samstag gegen Eintritt besichtigt werden. Der Verein „Berliner Unterwelten" hat die Räume unter der Bad- und Brunnenstraße gepachtet und bietet Führungen an. Phosphoreszierende Wandbeschriftungen weisen im Dunkeln den Weg durch das unterirdische Labyrinth. Ausgestellt sind Eisenbetten, primitive Waschgelegenheiten, Notapotheken mit Hilfsmitteln für Bunkergeburten; Requisiten des Überlebens unter Tage, die ein wenig vorstellbarer machen, wie traumatisch es gewesen sein muss, in überfüllten Schutzräumen auszuharren, wenn die Sirenen heulten, Bombeneinschläge und Flakfeuer die Erde zittern ließen.

Die Bunkeranlage liegt über der U-Bahn-Linie 8 und besitzt direkte Ausgänge in deren Tunnel. Eigentlich handelt es sich um drei Bunker, die sich an beiden Bahnsteigenden an den U-Bahnhof Gesundbrunnen anschließen. Sie verdanken ihre Entstehung dem Umstand, dass die 1930 eröffnete U-Bahn-Strecke an dieser Stelle sehr tief gelegt werden musste. Denn die Trasse unterquert hier die Ringbahngleise, die ihrerseits in einem Graben liegen. Aus statischen Gründen füllte man den Raum zwischen U-Bahn-Tunnel und der darüber verlaufenden Bad- und Brunnenstraße nicht mit Sand auf, sondern beließ dort große Hohlräume. In den Kriegsjahren konnten sie zur versteckten Fabrik für die Rüstungsproduktion und zum Luftschutzbunker ausgebaut werden.
Ende der Zwanzigerjahre hatten die Verkehrsplaner erkannt, dass Umsteigebahnhöfe mit kurzen Wegen und Rolltreppen den Nutzwert der einzelnen Bahnlinien ungemein steigerten: Die großzügigen Stationen Schöneberg und Westkreuz stammen aus dieser Zeit, und auch am Gesundbrunnen entstand ein unterirdisches Tunnelsystem, das die Umsteiger direkt zu den Bahnsteigen von U- und S-Bahn lenkte. Durch einen Bombentreffer schwer in Mitleidenschaft gezogen, blieb es in der Nachkriegszeit teilweise gesperrt, und spätestens seit dem Bau der Mauer und dem folgenden S-Bahn-Boykott bestand in West-Berlin auch kein Interesse mehr an bequemer Zugänglichkeit der S-Bahn-Gleise. Die Schließung der Grenze und die Kappung des S-Bahn-Verkehrs nach Ost-Berlin im August 1961 trafen den Bahnhof und seine Umgebung schwer: Bis dahin waren täglich viele Besucher aus Ost-Berlin gekommen, um Westwaren einzukaufen oder um sich zum halben Eintrittspreis Westfilme in so genannten Grenzkinos anzuschauen. Allein 24 solcher Kinos gab es zeitweise am „Sachsendamm", wie die Einheimischen den Straßenzug der Bad- und Brunnenstraße ironisch

umtauften. Mit dem Mauerbau begann der lange Niedergang des Weddinger Boulevards.
Die Bahnplanungen der Nachwendezeit sehen den Ausbau der Station Gesundbrunnen zum größten Bahnhof am alten S-Bahn-Ring vor: zu den zwei Bahnsteigen für die S-Bahnen gesellen sich drei weitere für Regional- und Fernbahnzüge. Im Laufe eines Jahrzehnts entsteht sukzessive einer der wichtigsten Verkehrsknotenpunkte Berlins; im Jahr 2006 soll er voll funktionsfähig sein. Dann wird sich ein langgestrecktes Bahnhofsgebäude an der heutigen Badstraßenbrücke entlang ziehen und den weiten Blick über den breiten Ringbahngraben in die Stadtlandschaft verriegeln. Teilweise verschwinden die Gleise und Bahnsteige unter einer gigantischen Betonplatte – 12.000 Quadratmeter groß – für die Bahnhofsvorfahrt und das oberirdische Empfangsgebäude. Darunter entsteht eine neue Berliner Unterwelt. Die Überreste der früheren Bahnhofsanlage waren bei diesem Vorhaben nur im Weg. Die charakteristischen S-Bahnsteige der Kaiserzeit mit ihren geneigten Dächern auf filigranen Eisenträgern, das Ziegelmauerwerk eines Zugangs an der Badstraßenbrücke sowie ein S-Bahn-Empfangsgebäude der Sechzigerjahre fielen dem Neubau zum Opfer. Immerhin zeugen die neuen Bahnsteige und Zugänge, die bereits in Betrieb sind, von großer Sorgfalt bei der architektonischen Neugestaltung. Die gestreifte Backsteinhaut über den massiven Betonwänden ist eine gelungene Reminiszenz an die U- und S-Bahn-Architektur zwischen Expressionismus und Neuer Sachlichkeit. Die Architekten Axel Oestreich und Ingrid Hentschel nehmen damit direkt Bezug auf das erhaltene U-Bahn-Empfangsgebäude, einen nüchternen, schön proportionierten Backsteinpavillon des bedeutendsten Berliner U-Bahn-Architekten Alfred Grenander.
Auch dieses Gebäude wäre ums Haar in den Neunzigern planiert worden, doch hatte der Großinvestor, der dort

nach der Wende ein riesiges Einkaufszentrum plante, ein Einsehen. Der verspiegelte Haupteingang zum „Gesundbrunnen-Center“ befindet sich nun nicht genau über dem U-Bahn-Ausgang, sondern daneben. Mit seinem gläsernen Schiffsbug scheint das Shopping-Center direkt auf den flachen Backsteinkubus zuzusteuern, um ihn wie eine Eisscholle zu spalten oder daran zu zerschellen.

Eine große Umsteigestation, wie sie am Gesundbrunnen wächst, müsste eigentlich die Entwicklung eines vitalen Bahnhofsviertels befördern. Das Shopping-Center mit seinen drei Konsumebenen jedoch saugt die fluktuierende Kaufkraft in sich hinein und lässt für die Umgebung wenig übrig. Ob Döner Grill, Zeitungsladen, Schlüsseldienst, Espressobar oder Aldi, das alles ist zwischen den üblichen Boutiquen großer Handelsketten im Center bereits vorhanden. Für die Nachbarstraßen bleiben Spielotheken und Ramschläden, die im Center genauso unerwünscht sind wie herumlungernde Penner und Jugendliche. Ein uniformierter Sicherheitsdienst komplimentiert verdächtige Personen umgehend hinaus. Um den illuminierten Konsumbunker herum wirkt die Stadt umso schäbiger. Drinnen ist alles glatt und glasig, draußen empfindet man die Oberflächen als besonders rau. Die Ziegelmauern des alten U-Bahn-Gebäudes sind wie Reibeisen, man schaut genauer hin und erkennt die Garben von Einschusslöchern. Gegenüber ist ein kleiner Park, zur Badstraße verhässlicht durch zwei kleine Kuben, die auf den ersten Blick vergitterte Bedürfnisanstalten sein könnten. Es sind die Eingänge zu den Luftschutzbunkern über dem U-Bahn-Tunnel. Darüber hängen zwei kleine blaue Schilder mit weißer Schrift: D'AILLEURS C'EST TOUJOURS LES AUTRES QUI MEURENT / ÜBRIGENS SIND ES IMMER DIE ANDEREN DIE STERBEN.

Bornholmer Straße

Die Mauer muss weg!

Der Bahnhof Bornholmer Straße gehört streng genommen gar nicht zur Ringbahn, doch das ist kein Grund, ihn einfach links liegen zu lassen. Schon des Stadtpanoramas wegen, das sich von den Bahnhofsausgängen hoch oben auf der Eisenbrücke über den Bahngraben bietet, muss man hier aussteigen. Kantige Mietskasernen und Laubenkolonien flankieren das ausgedehnte Gleisdreieck zwischen den Stationen Bornholmer Straße, Schönhauser Allee und Gesundbrunnen, dahinter bildet das östliche Stadtzentrum mit dem Fernsehturm eine scharf geschnittene Silhouette. Einen so weiten, landschaftlichen Blick auf die Stadt hat man selten.

„Nordkreuz“ nennen die Bahnplaner den komplizierten Gleisknoten, der dem Betrachter zu Füßen liegt. Er verknüpft die nord-südlichen S-Bahn-Linien in Richtung Stadtmitte, Hennigsdorf, Oranienburg und Bernau mit der Ringbahn, dazu kommen noch Ein- und Ausfädelungen für den Fernverkehr zum Lehrter Bahnhof. Erst seit dem Lückenschluss im September 2001 dient der Bahnhof Gesundbrunnen wieder als Umsteigestation für S-Bahn-Reisende.

Davor konnte man ein paar Jahre nur an der Bornholmer Straße auf den Ostring wechseln, denn die direkte Ringverbindung zwischen Gesundbrunnen zum Bahnhof Schönhauser Allee war durch den Mauerbau unterbrochen und ließ sich nicht kurzfristig wiederherstellen. Der Wiederaufbau und -ausbau des Nordkreuzes zieht sich nun schon seit Jahren hin und ist noch lange nicht abgeschlossen: Allein für die S-Bahn-Führung sind hier 60 Millionen Euro verbaut und zehn Kilometer Gleise neu verlegt worden.

Unablässig rollt der Autoverkehr über die imposante Bogenbrücke, die viele Bornholmer Brücke nennen, obwohl sie nie so hieß. Zur Eröffnung im Jahr 1915 erhielt sie den Namen Hindenburgbrücke, nach dem Krieg wurde sie nach dem in der Nazizeit hingerichteten Wilhelm Böse, einem kommunistischen Arbeiter, umbenannt. Auch zwei Trambahnlinien führen über die Brücke, eine dritte endet etliche Meter von Brücke und Bahnhof entfernt an der Björnsonstraße. Die Wagen der Linie 52 wenden umständlich in der Gartenkolonie Bornholm 2. Ein Relikt aus den Zeiten der Spaltung der Stadt, als hier die Grenze zwischen dem französischen und sowjetischen Sektor von Berlin verlief. Die Wendeschleife im Sowjetsektor entstand schon ein paar Jahre vor dem Bau des „antifaschistischen Schutzwalls" als Resultat einer Ost-West-Groteske. 1953 wurde der grenzüberschreitende Straßenbahnverkehr in den Westsektor unterbrochen, weil der Osten auf weibliches Fahrpersonal nicht verzichten wollte, dessen Einsatz aber in der Männerdomäne von West-Berlin unerwünscht war.
Ein weiterer Zeuge der ehemaligen Grenzsituation ist die Betonmauer an der nördlichen Seite der Auffahrtsrampe zur Bösebrücke. Dahinter liegt die ausgedehnte Gartenanlage Bornholm 1. Dank der Mauer kann den Laubenpiepern keiner auf den Kompost oder den Kaffeetisch gucken. Ursprünglich schirmte sie den Grenzkontrollpunkt Bornholmer Straße ab, den nördlichsten von acht

Das ist nicht die Bösebrücke, sondern ein Blick aufs Nordkreuz am Tag der Wiederherstellung der Ringverbindung zwischen Gesundbrunnen und Schönhauser Allee. Der 400 Meter lange Bahnsteig (rechts im Rohbau) für den künftigen ICE-Haltepunkt am Gesundbrunnen reicht bis unter die „Millionenbrücke" an der Swinemünder Straße.

Übergängen zwischen Ost- und Westberlin. Auf der großen asphaltierten Fläche an der südlichen Seite der Bornholmer Straße standen zu DDR-Zeiten die Baracken für die Personenkontrollen, jetzt warten dort Autos auf Käufer.

Einen S-Bahn-Anschluss besaß der Grenzkontrollpunkt nie. Der S-Bahnhof war seit dem 13. August 1961 geschlossen. Die Ostberliner Züge aus Buch oder Bernau rasten in hoher Geschwindigkeit daran vorbei, um Fluchtversuche zu vereiteln, und bogen dann über die so genannte „Ulbrichtschleife" auf die Ringbahntrasse in Richtung Schönhauser Allee ein. Auch nach dem Passierscheinabkommen und der Errichtung einer Grenzübergangsstelle in den Siebzigern wurde der Bahnhof nicht wieder eröffnet und verfiel. Die verriegelten Türen, die blinden und eingeschlagenen Fenster, das Gras auf den Bahnsteigen, Mauer und Stacheldraht zwischen den Gleisen stimmten die Einreisenden aus West-Berlin auf die schikanösen Kontrollen und Formalitäten beim Betreten der sozialistischen Hauptstadt ein.

Jenseits des Kontrollpunkts fristete die Bornholmer Straße ein Schattendasein. Sie imponierte durch ihre Breite, diente aber, von den wenigen Fahrzeugen des Grenzverkehrs abgesehen, vorrangig dem Anwohnerverkehr. Wer als Ostberliner an ihrem westlichen Ende vor dem Grenzübergang stand, konnte durch das Ansteigen des Geländes zur Brücke einen Überblick über die Kontrollstelle bekommen. 1977 reiste der populäre Schauspieler und Sänger Manfred Krug von hier in den Westen aus, sehnsüchtig verfolgt von vielen Blicken. Für die meisten Ostberliner blieb die Brücke über die S-Bahn unzugänglich. In der Kneipe „Bornholmer Hütte", erzählte man sich augenzwinkernd, sie heiße Bösebrücke, weil dahinter der böse Westen beginne. Dann kam der 9. November 1989 und ein Hauch von Weltgeschichte wehte über die Brücke.

Ironie der Geschichte: „West"-Reklame auf dem Gelände des ehemaligen DDR-Grenzkontrollpunkts an der Bornholmer Straße. Heute fließt der Verkehr unbehindert über die Bösebrücke, nur die abzweigenden Fahrspuren (links) und eine Sichtblende aus Beton (rechts) sind von der Grenzanlage geblieben.

Drei Tage vorher hatte die DDR-Presse Entwürfe für eine neues Gesetz und eine Durchführungsverordnung zur Diskussion veröffentlicht, die Reisen von DDR-Bürgern ins Ausland erleichtern sollten. Die Pläne des SED-Politbüros stießen nicht nur in der Bevölkerung auf Ablehnung, am lautesten auf der Montagsdemo in Leipzig, sondern wurden sogar vom Verfassungs- und Rechtsausschuss der DDR-Volkskammer als nicht den Erwartungen der Bürger entsprechend abqualifiziert.

Die Ereignisse überschlugen sich, als am 7. November die DDR-Regierung zurücktrat und einen Tag später, erstmals in seiner Geschichte, das SED-Politbüro. Zum neuen Pressesprecher war Günter Schabowski bestimmt worden, der am 9. November 1989 eine Pressekonferenz im Internationalen Pressezentrum in der Mohrenstraße leitete und auf Nachfrage beiläufig aus einem neuen Beschluss für die Ausreiseregelungen zitierte: Demnach konnten Ausreisende alle Grenzübergangsstellen der DDR zur BRD oder West-Berlin passieren. Wenige Minuten später schickte der Allgemeine Deutsche Nachrichtendienst der DDR den Text zu Verbreitung ab. Das Westfernsehen, dessen Glaubwürdigkeit bei den meisten DDR-Bürgern höher im Kurs stand als jede DDR-Nachrichtensendung, übernahm die Meldung.

Kaum war die abendliche Tagesschau im Ersten vorbei, zogen viele los, um sich der neuen Freiheit zu vergewissern, um Durchlass an der Grenze zu verlangen oder einfach nur zu schauen, was denn überhaupt Sache war. Die breite, in oranges Straßenlaternenlicht getauchte Bornholmer Straße füllte sich vor dem Grenzübergang mit immer mehr Menschen und Autos. Eine große Spannung lag in der Luft. Die Menge spürte, dass sie eine Macht war und etwas ausrichten konnte. Grün uniformierte Volkspolizisten tauchten auf und versuchten die Leute zu beschwichtigen: Sie sollten am nächsten Tag zu den Volkspolizeimeldestellen gehen und entsprechende Anträge stellen.

Die neue Reiseregelung machte den Besitz eines Passes zur Bedingung – den aber hatten nur vier Millionen DDR-Bürger – um einen überstürzten Aufbruch in den Westen zu verhindern; der von Schabowski zitierte Entwurf war mit einer Sperrfrist zur Veröffentlichung bis zum 10. November 4.00 Uhr versehen. Daher waren die Grenzwächter völlig überrascht vom plötzlichen Ansturm aus-

reisewütiger DDR-Bürger. Endlich erhielten die Grenztruppen eine neue Anordnung von oben: Sie sollten die Drängler passieren lassen, ihnen aber dabei einen Stempel übers Passbild hauen, um ihnen später auf Grund dieses Erkennungsmerkmals die Wiedereinreise in die DDR zu verweigern. Damit war nichts gewonnen und die Lage am Grenzübergang wurde immer bedrohlicher. Die aufgebrachte Menge erinnerte sich der Parolen, die auf der großen Massendemonstration für demokratische Reformen am 4. November 1989 auf dem Alexanderplatz zu lesen gewesen waren: „Pässe für alle und der SED den Laufpass!" Sprüche wurden geklopft, auch einer, den sich Fußballfans manchmal zu rufen trauten, wenn im nahen Jahnstadion der BFC Dynamo spielte, der Lieblingsverein von Stasichef Erich Mielke. Wurde ein Freistoß gegeben und die Spieler des BFC stellten sich in einer Reihe schützend vor das Tor, hörte man von den Rängen: „Die Mauer muss weg, die Mauer muss weg".
Irgendwann gab es kein Halten mehr, und da Waffen nicht eingesetzt werden sollten, blieb den Grenzern gar nichts anderes übrig als nachzugeben und die Massen passieren zu lassen. Nun überwog nur noch Freude, die nach Worten rang: „Wahnsinn!" An der Bornholmer Straße war es mit der Ruhe vorbei. Menschenmassen und Autokarawanen auf dem Kopfsteinpflaster erzeugten eine Geräuschkulisse, die in den folgenden Monaten manchen Unmut unter den Anwohnern heraufbeschwor. Aus Furcht vor dem Andrang der Fremden begannen die verantwortlichen HGLer, sprich Hausgemeinschaftsleiter, die Hauseingänge abends um acht abzuschließen. Da jüngere Leute in der Gegend oft noch später Besuch erwarteten, Wechselsprechanlagen aber fehlten, wurden die Türen gewaltsam aufgebrochen. Grenzpassanten, die kein anderes stilles Örtchen fanden, pinkelten in die Hausflure. Unter den Anwohnern entwickelte sich ein neues

Sicherheitsbedürfnis, das es so vorher in Ost-Berlin nicht gegeben hatte.
Dreizehn Jahre später sind Straße, Brücke und Bahnhof bloße Durchgangsstationen wie viele andere in der Stadt. Die S-Bahn-Station ging im Dezember 1990 wieder in Betrieb. Unauffällige Zeichen erinnern an die Vergangenheit. Unter der Bösebrücke verläuft noch der frühere Grenzpostenweg nach Norden, gesäumt von Kirschbäumen, die nach der Wende als Friedenszeichen gepflanzt wurden. Ein in der Mitte zerborstener Findling flankiert mit seinen zwei Hälften den asphaltierten Weg. An den vier Enden der Brücke sind Bronzetafeln mit gleichlautendem Text angebracht, der auf Grenzübergang und Mauerfall hinweist. Nahe bei den Autohändlern steht ein flaches Betonpult am Bürgersteig, auf dem eine Bronzetafel aus der Gießerei Noack an den Fall der Mauer erinnert. Die am ersten Jahrestag der Maueröffnung enthüllte Tafel zitiert Willy Brandt, den Regierenden Bürgermeister von West-Berlin in den Tagen des Mauerbaus: „Berlin wird leben und die Mauer wird fallen".

Schönhauser Allee

Kommerz, Drehorgeln und Revolution

Das eine Plakat ist rot und zeigt eine junge Mutter, die gerade dem Quelle-Katalog entstiegen zu sein scheint. Der Junge an ihrer Seite pustet Luftblasen auf. „Hier aussteigen! Und hinein in die riesige Einkaufswelt!", schreit die Plakatwand den Durchreisenden auf dem Bahnhof Gesundbrunnen nach. Gleich daneben widerspricht das andere, blaue Plakat: „Sie sind noch nicht am Ziel. Schön. Schöner. Schönhauser Allee Arcaden". Lustig ist das, wie wir S-Bahn-Reisenden umworben werden, als durchstreiften wir einen orientalischen Basar.
Die „Arcaden" an der Schönhauser Allee lasten schwer auf dem tief in einem Graben gelegenen Ringbahnsteig. Gewaltige Betondecken sind über dem hölzernen Bahnsteigdach ausgespannt, das auf alten gusseisernen Säulen ruht. Durch eine Lücke fällt nur noch wenig Tageslicht auf die Wartenden an der Bahnsteigkante. Der Blick schweift zum Himmel und streift dabei eine Böschung und einen schmalen Hinterhof. Durch seine gelbe Klinkerfassade gibt er sich als ehemaliger Gewerbehof zu erkennen. Hart stößt der kaputte Putz des gründerzeitlichen Vorderhauses an die glatt geschliffenen Steinplatten der Centerfassade.
Man kann nicht sagen, dass Alt und Neu am Bahnhof Schönhauser Allee eine harmonische Symbiose eingegangen wären. Es riecht eher nach einem faulen Kompromiss zwischen dem Wunsch, den urtümlichen Charakter der Mietskasernenstadt an der Ringbahn zu bewahren, und ökonomischem Kalkül. Auch die Schönhauser Allee musste ihre Shoppingmall bekommen, um mit anderen Konsumzonen in der Stadt Schritt zu halten. Im März 1999 eröffnet, haben die „Arcaden" etlichen kleineren

Läden an der Straße den Todesstoß versetzt; als einer der letzten Läden aus DDR-Zeiten machte im Juni 2002 die Kleist-Buchhandlung dicht. Andererseits hat das Center die Ansiedlung neuer Geschäfte gefördert, denn zum Glück ist es nicht ganz so groß wie sein Rivale am Gesundbrunnen und deckt nicht sämtliche Konsumbedürfnisse ab. So siedelten sich draußen neben Billig-Discountern und Ramschläden auch geschmackvolle Floristen und ein Bio-Supermarkt an. Das bunte Geschäftsleben der Schönhauser behauptet sich neben der wind- und regengeschützten Binnenwelt der „Arcaden", und letztlich ergänzt sich beides.

Einmal mehr schneidet der S-Bahn-Ring am Bahnhof Schönhauser Allee eine wichtige Radiale. Seit 1913 kann man hier zur U-Bahn umsteigen, die in der Mitte der Allee auf eisernen Stützen hoch über den Köpfen fährt, schneller als alle Autos und Straßenbahnen. Die Untergrundbahn unter dem S-Bahn-Ring durchzufädeln, wie es ihrem Namen entsprochen hätte, wäre zu kostspielig gewesen. Überlegungen, an diesem Schnittpunkt ein Einkaufszentrum zu errichten, gab es schon in DDR-Zeiten. Die Schönhauser Allee war eine beliebte und belebte Flanierstraße in Ost-Berlin, galt als „Boulevard des Ostens", der auch Besucher der Hauptstadt anlockte. Manchmal hatten sie Glück und fanden in den kleinen Läden seltene Dinge, die anderswo in der sozialistischen Republik nur schwer oder gar nicht zu erwerben waren. Das sprach sich herum.

Sogar ein Nachtleben gab es hier, nicht so laut und bunt wie im Westen, aber für sozialistische Verhältnisse spektakulär genug. Künstler, Studenten und Ausreisewillige gingen besonders gern ins „WC" – das „Wiener Café" zwischen Stargarder und Buchholzer Straße. Als es 1986 wegen Renovierung schloss, gab es einen großen Abschiedsumtrunk. Denn die Stammkunden ahnten, dass

Traditionelles Geschäftsleben an der Schönhauser Allee: Neben der Kneipe „Nordring", die mit historischen S-Bahn-Ansichten geschmückt ist, liegt die Einfahrt in den Hinterhof, auf dem sich die berühmteste Berliner Drehorgelfabrik samt Ausleihe befand.

es hinterher weniger freimütig zugehen würde – und das war wohl auch die Absicht von „oben", sprich der zuständigen Verwaltungsstellen. Heute ist dort eine Spielothek. Weiter stadteinwärts an der Schönhauser, im „Lolott" oder „Lotos", knüpften Männer und Frauen meist kurzweilige Beziehungen. Das Vergnügen war wie so vieles in der DDR eine begehrte Mangelware, nach der man gelegentlich Schlange stehen musste. Die längste Warteschlange, in der die ersten schon am Nachmittag ausharrten, gab es an der Ecke Wichertstraße vor der legendären Disco „Café Nord". Sie war bis fünf Uhr morgens geöffnet. Die Einlasser legten auf gepflegte Kleidung großen Wert (keine Jeans!), und nur wer über gute „Beziehungen" verfügte, konnte sich das lange Anstehen sparen. Der Eintrittspreis lag höher als in anderen Diskotheken, ein Ausdruck von Exklusivität. Die Glitzerkugel über der illuminierten Tanzfläche galt als Sehenswürdigkeit – zumindest unter den Novizen aus der Provinz. Das „Café Nord" schloss 1993, ihm half auch kein westlicher Aufputz. An der Straßenecke ist jetzt eine Sparkassenfiliale. Die Nachtschwärmer suchten sich nach dem Fall der Mauer andere Reviere: Der Westen lockte, und um die Oranienburger Straße und den Hackeschen Markt erblühte ein neues Zentrum des Nachtlebens.

Auch Schwulentreffs gab es an der Schönhauser. Sie waren unauffällig und dennoch bekannt wie die „Altberliner Bierstuben" an der Ecke Saarbrücker Straße. Gehalten hat sich allein die „Schoppenstube" am U-Bahnhof Eberswalder Straße. Wer es vertrug, konnte nach durchtanzter und durchzechter Nacht bei „Konnopkes Imbiss" unter den Hochbahngleisen die erste Wurst „mit oder ohne ...?" verzehren. Alle genannten Treffpunkte lagen an der Ostseite der Schönhauser Allee, auch der bekannte „Franz-Club", bis tief in die DDR-Provinz hinein ein Begriff für ein nicht nur konformes „Jugendleben". Er lag auf dem Gelände der einstigen Schultheiss-Brauerei, die nach der Wende zur „Kulturbrauerei" umgewidmet und bis 2001 aufwändig saniert wurde – mit viel Platz für die Konzerte im „Kesselhaus", die „literaturWERKstatt", das Behindertentheater „Ramba Zamba", das „Russische Kammertheater", andere Kulturvereine und Verlage. Heftig umstritten war der Bau des „Village Cinema", eines Multiplexkinos mit 1.600 Plätzen auf dem Gelände. Der Berliner Filmproduzent Atze Brauner, Käufer des traditionsreichen „Colosseum"-Kinos in der Nähe des S-Bahnhofs Schönhauser Allee, versuchte das Konkurrenzprojekt mit allen Mitteln zu verhindern. Er fürchtete, seine Investitionen in das „Colosseum" könnten sich deswegen nicht rechnen. Seit dem Um- und Ausbau zum „Cinemaxx", der im Dezember 1997 abgeschlossen war, verfügt allein das „Colosseum" über 2.800 Plätze. Es hat eine besondere Atmosphäre, denn neben der alten Fassadenfont mit dem geschwungenen grünen Schriftzug aus den Fifties sind innen auch ältere Bauteile aufbewahrt und in die Neugestaltung einbezogen worden.

Das Eckgrundstück war einst Eigentum der Berliner Pferde-Eisenbahn AG, die Ende des 19. Jahrhunderts ein Bahndepot mit großer Wagenhalle samt Ställen und Schmiede errichtete. Später wurde es zum Omnibusdepot umfunktioniert und nach dem Ersten Weltkrieg aufgegeben. Die hohe Bevölkerungsdichte in den Mietskasernen der Nachbarschaft und die günstige Lage am S- und U-Bahnhof Schönhauser Allee legten einen Umbau zum Großkino nahe. 1924 wurde das „Colosseum" mit über 1.000 Plätzen eröffnet. Nach dem Zweiten Weltkrieg diente es zehn Jahre lang als Ausweichspielstätte für das Metropol-Theater. Am 2. Mai 1957 wurde es als erstes „Totalvisionskino" der DDR eingeweiht, bildete danach für kurze Zeit den festlichen Rahmen für Uraufführungen von DEFA-Filmen, bevor an der Paradestraße Karl-Marx-Allee den modernen Neubauten „Kosmos" und „International" diese Rolle zufiel. Viele Schüler der achten Klassenstufe erlebten im Kinosaal des „Colosseum" ihre Jugendweihe und nahmen zur symbolischen Aufnahme in die Erwachsenenwelt das Buch „Weltall, Erde, Mensch" pflichtschuldig in Empfang. Davon wissen die Jugendlichen nichts, die sich heutzutage erwartungsvoll in den Foyers drängeln, um sich Action- oder Fantasyfilme anzusehen. Ob sie sich in dem DEFA-Film „Berlin-Ecke Schönhauser" wiedererkennen würden, der 1957 in die

Kinos kam, eine ziemlich ungeschönte Kinoerzählung von Jugendlichen, die auf der Straße herumlungern, ohne recht zu wissen, was sie mit sich anfangen sollen?
In der Nachbarschaft des Kinos haben neue Kneipen aufgemacht. Die Italiener, die heute Pizza und Pasta auftischen, sind nicht die ersten, die der Allee einen zarten Anflug von Internationalität verleihen. In der Gegend bildete sich schon vor hundert Jahren eine italienische Kolonie mit charakteristischen Läden und Lokalen. Die Handwerker aus dem Süden, die sich in der zweiten Hälfte des 19. Jahrhunderts ansiedelten, lebten davon, den Alltag der Berliner zu verschönern. Sie fertigten Terrazzoböden und Mosaiken für die Wohnungen reicher Leute und sie halfen bei der prunkvollen Ausschmückung des Berliner Doms. Eine größere Zahl von italienischen Bildhauern arbeitete in der Werkstatt von Reinhold Begas, dem Lieblingsbildhauer des letzten Kaisers. Besonders populär waren die Drehorgeln, die in mehreren italienischen Familienbetrieben rund um die Schönhauser gefertigt wurden. Womit wir wieder zu dem Hinterhof zurückgekehrt wären, in den man vom Ringbahnsteig des S-Bahnhofs hinaufsehen kann. Neben der Kneipe „Nordring“ hängt über der Toreinfahrt zum Grundstück Schönhauser Allee 74 A eine Tafel: „Orgelfabrik Inh. G. Bacigalupo“. Dieses Unternehmen existierte von allen Orgelfabriken am längsten, bis zur Geschäftsaufgabe im Jahr 1975. Eine weitere „Fabrik mechanischer Musikwerke“ befand sich auf der anderen Seite des Bahngrabens: Die Firma „Cocchi, Bacigalupo & Graffigna“ ließ Preislisten drucken, auf denen ihre Fabrik über dampfenden Ringbahnzügen abgebildet war. Im Hinterhof der 74 A wurden neben mechanischen Orchestrien vor allem Drehorgeln gebaut, die auch gemietet werden konnten. Leierkastenmänner trugen durch ihr Spiel auf Straßen und Höfen dazu bei, dass manches Lied große Popularität

Preisliste von Bacigalupos „Fabrik mechanischer Musikwerke", die sich um 1900 auf dem Gelände der heutigen „Schönhauser Allee Arcaden" befand. Ein eigenständiges Bahnhofsgebäude wie auf der Zeichnung gibt es nicht mehr, überdauert haben jedoch die gemauerten Stützbögen neben dem Bahnsteig.

bekam. Die Moritat von Mackie Messer zum Beispiel: „Und der Haifisch, der hat Zähne, und die trägt er im Gesicht ..." Auf dem Programmzettel zur Uraufführung der „Dreigroschenoper" von Brecht und Weill, 1928 im Theater am Schiffbauerdamm, ist vermerkt, dass die Walzen für die Drehorgel aus Bacigalupos Fabrik stammten. Erhalten ist eine Schallplattenaufnahme, in der Brecht die Moritat zum Leierkasten krächzt. Ausgerechnet bei der Premiere freilich versagte das Instrument. Als der Schauspieler Kurt Gerron die Kurbel drehte, um den Gassenhauer aus der Taufe zu heben, kam kein Ton heraus.

Die Ringbahn verteilte die Leierkastenkurbler rasch über die Stadt. Über der ehemaligen Ausleihe entziffert man vom Bahnsteig aus den Schriftzug „Diwanow – Raucht PARI". Die Zigarettenfabrik gibt es schon lange nicht mehr. In den ersten Jahren nach dem Fall der Mauer aber blühte genau gegenüber, wo später die „Arcaden" hingesetzt wurden, der illegale Zigarettenhandel auf einem provisorischen Markt. Vietnamesen boten die unversteuerten Stangen billiger als üblich an. Die ehemaligen Vertragsarbeiter waren in der DDR landauf, landab bekannt und galten als fleißig, freundlich und fair. Sie verloren nach der Wende ihre Jobs, und eigentlich durften nur die bleiben, die einen festen Arbeitsplatz hatten. Das vereinigte Deutschland drängte viele in die Illegalität und Kriminalität. Bei blutigen Bandenkriegen innerhalb der Zigarettenmafia gab es insgesamt 19 Tote. Nur noch selten sieht man einen Verkäufer der illegalen Ware an einem S-Bahn-Eingang warten. Statt dessen wird sie meist per Post verschickt oder direkt in die Wohnung geliefert. Andere Vietnamesen haben als Betreiber von Asia-Imbissbuden ein Auskommen gefunden.

Der S-Bahnhof Schönhauser Allee besitzt einen Hinterausgang an der Greifenhagener Straße. Oben angekommen, liegt links die Einfahrt zu den Parkdecks des Einkaufscenters, rechts führt eine Fußgängerbrücke über den S-Bahn-Graben zur Gethsemane-Kirche. Nach Entwürfen von August Orth wurde der freistehende Kirchenbau bis 1893 ausgeführt und im Beisein des Kaiserpaares eingeweiht. Das neugotische Gotteshaus stand zu jener Zeit ziemlich einsam an der Ringbahn. Rasch holten es die von Süden heranrückenden Mietskasernen ein. Ungewöhnlich ist der Landhausstil der großen Wohnanlage schräg gegenüber der Kirche an der Ecke Stargarder/Greifenhagener Straße. Wie die Wohnhäuser am S-Bahnhof Beusselstraße ist sie ein Werk Alfred Messels.

Die Mitglieder der Gethsemane-Gemeinde waren überwiegend arme Leute, die sich in den engen Mietskasernen auf dem Prenzlauer Berg einmieteten. Der Kaiser unterstützte den Bau des Gotteshauses, denn ihn trieb die Sorge, dass „in den großen Volksmassen ... die Umsturz-Ideen immer mehr überhand nähmen und „Gesetze oder Gewaltmaßnahmen ... dagegen nicht ausreichend" seien. „Der wirksamste Schutz für Thron, Altar und Vaterland besteht darin, die der Kirche entfremdeten Massen zum Christentum und zur Kirche zurückzuführen."

Ähnliche Befürchtungen trieben die Partei- und Staatsführung der DDR in den Jahren vor der Wende um. Misstrauisch beobachtete sie das Volk, das sich in der Kirche sammelte und dort außerhalb der Partei- und Massenorganisationen über politische Fragen diskutierte. Die Gethsemane-Gemeinde öffnete ihre Räume nichtkirchlichen Menschenrechts- und Friedensgruppen. Das kirchliche Kontakttelefon half, Informationen aus der ganzen DDR zu bündeln und auszutauschen. Die Kirche gewährleistete eine Art politischer Caritas, war Sprach- und Schutzraum und trug vor der Wende viel zur Demokratisierung der Bevölkerung unter undemokratischen Verhältnissen bei. Im Gotteshaus kam es immer wieder zu echten, nicht vom Staat angeordneten Solidaritätsbekundungen, so nach den Verhaftungen von Teilnehmern des Gedenkmarsches für Rosa Luxemburg und Karl Liebknecht im Januar 1988. Sie hatten Transparente mit dem berühmten Luxemburg-Spruch entrollt: „Freiheit ist immer Freiheit des Andersdenkenden“. An solchen Tagen füllte sich der Kirchenraum bis zum letzten Platz.

Nachdem im September 1989 in Leipzig mehrere regimekritische Jugendliche verhaftet worden waren, beantragte eine Gruppe beim Gemeindekirchenrat, für deren Freilassung eintreten zu dürfen. Er genehmigte ein Transparent über dem Kircheneingang, das ab Anfang Oktober die Leute anlockte: „Wachet und betet – Mahnwache und Fürbitte für die zu Unrecht Inhaftierten“. Am 7. Oktober 1989, Nationalfeiertag und zugleich 40. Jahrestag der DDR-Gründung, versammelte sich eine Gruppe junger Leute auf dem Alexanderplatz, um an die Wahlfälschung vom Mai des Jahres zu erinnern. Sie wollten zum Palast der Republik weiterziehen, dem Sitz der Volkskammer und zentralen Festort, wurden jedoch daran gehindert. So schwenkte am Abend der auf weit über tausend Personen angewachsene Demonstrationszug Richtung Prenzlauer Berg. Die Sicherheitskräfte versuchten die Teilnehmerzahl nicht größer werden zu lassen, Keile in den Zug zu treiben und den Weg Richtung Gethsemane-Kirche zu versperren, was ihnen aber nicht gelang. Schließlich riegelten Polizei und Staatssicherheit die Gegend um die Kirche ab, schlugen später im wahrsten Sinne des Wortes zu, kassierten wahllos Leute ein und transportierten sie ab. Die Brutalität, mit der Polizisten und Stasi-Leute in Zivil gegen wehrlose und sich kaum wehrende Menschen, sogar gegen Schwangere vorgingen, war für die meisten Augenzeugen ein Schock.

Damals empfanden viele die Gethsemane-Kirche als Schutzraum vor staatlicher Gewalt. Bis zur ersten freien Volkskammerwahl im März 1990 blieb sie ein wichtiges politisches Forum in der sich wandelnden DDR. Doch nur noch wenigen ist ihre historische Bedeutung bewusst. An das zerflossene Kerzenwachs, dass sich bei den Mahnwachen auf Mauern und Treppen ablagerte, erinnern sich nur jene, die dabei waren. Das Lebenstempo hat sich seit der Wende beschleunigt. Zum Innehalten bleibt wenig Muße. Der Stadtverkehr dröhnt und zieht uns fort.

Der S-Bahnhof Prenzlauer Allee ist neben dem ehemaligen Bahnhof Börse (jetzt: Hackescher Markt) der älteste erhaltene S-Bahnhof Berlins. Und auch die Umgebung hat sich kaum verändert: Zwischen Schönhauser und Prenzlauer Allee bietet sich S-Bahn-Reisenden fast derselbe Ausblick wie vor hundert Jahren.

Prenzlauer Allee

Das Bergvolk

Der tiefe Graben, in dem die S-Bahn zwischen Nordkreuz und Prenzlauer Allee den Prenzlauer Berg durchmisst, lässt die hundertjährigen Mietshäuser links und rechts der Böschung noch höher, noch steinerner, noch bedrückender erscheinen. Ganz dicht stehen sie am Abhang. Die fensterlosen Brandmauern der Seitenflügel wirken brutal abgeschnitten, als sei ein riesiger Rasenmäher durch die Häuserschluchten gerollt, um eine Schneise für die Bahn frei zu fräsen. Einige der trostlosen Häuserwände sind mit frischen bunten Farben verputzt, viele braunfleckig und von der Zeit geschwärzt. Wie rußig muss die Luft vor der Elektrifizierung Ende der Zwanzigerjahre gewesen sein. Und es waren nicht nur Personenzüge, die von Dampfloks gezogen wurden, sondern lange Ketten von Güterwaggons mit Industriegütern, Brennstoffen, Lebensmitteln oder Vieh. Ein Vergnügen war es bestimmt nicht, an der Ringbahn zu wohnen.

Die Station Prenzlauer Allee besitzt nur einen einzigen Ausgang. Man geht die Treppe hinauf und staunt: Das Bahnhofsgebäude ist frisch renoviert, aber seine Gestalt hat sich seit der Bahnhofseröffnung am 1. Mai 1892 kaum verändert! So behutsam geht die Bahn selten mit ihren S-Bahnhöfen um. Es ist eine der wenigen Stationen, an denen man sich mühelos vorstellen kann, wie die Strecke vor hundert Jahren aussah. Durch die hohe Bahnhofshalle verlässt man das gelbe, mit roten Ornamentstreifen verzierte Backsteingebäude. Mit voller Wucht schlägt einem der moderne Großstadtverkehr entgegen. Vier Autospuren und ein Mittelstreifen mit zwei Gleisen für die Elektrische nehmen die ganze Breite der historischen Brücke über den Bahngraben in Anspruch. Für Fußgänger

ist kein Platz. Deshalb sind neben die Brücke zwei Stege angebaut, die den Passanten ein Gefühl der Sicherheit geben.
Die Prenzlauer Allee führt vom alten Berlin nach Norden. Das im Herzen der Uckermark gelegene Prenzlau, einige Jahrzehnte älter als Berlin, war eine der wichtigen Garnisonsstädte in Brandenburg. Wer den Fahr- und Handelsweg wählte, musste seine Pferde auf Trab bringen, um die kleine Anhöhe zu nehmen, die gleich hinter dem Prenzlauer Tor – nicht weit vom heutigen Alexanderplatz – begann. Umgekehrt geht es von der S-Bahnstation in Richtung Stadtmitte merklich bergab. Das erklärt den Namen der Gegend: „Prenzlauer Berg".
Die Prenzlauer Allee reichte schon zu DDR-Zeiten nicht an die Bedeutung der Schönhauser Allee heran. Im Jahr 1987, aus Anlass des 750-jährigen Stadtjubiläums, wurde sie durch ein Geschenk aufgewertet: das am S-Bahnhof äußerst verkehrsgünstig gelegene Zeiss-Grossplanetarium. Das kugelförmige Gebäude mit seiner silbernen Außenhaut zieht die Blicke gleich beim Verlassen des Bahnhofsgebäudes auf sich. Zu DDR-Zeiten war das Planetarium eine Riesenattraktion, inwischen muss es sich gegen eine größere Konkurrenz von Freizeitangeboten behaupten. Das Kino im Planetarium ist mangels Rentabilität schon seit Jahren geschlossen, es gibt inzwischen einfach zu viele Leinwände in Berlin. Dafür hat sich das „Hörspielkino unterm Sternenhimmel" zu einem Renner entwickelt, dessen Vorstellungen meist Tage zuvor ausverkauft sind. Schwoofen unter den Sternen kann man hier auch, sogar wenn es bei den romantischen Tangonächten im Planetarium draußen hagelt oder schneit.
Schmuckstück der Grünanlage vor dem Planetarium ist eine Sonnenuhr. Sie besteht aus einer großen Steinkugel, die oben zwei Dellen hat, dazwischen ist ein Steg, der wie

eine Nase wirkt und das Ganze einem Gesicht ähneln lässt. Der Schatten der Nase zeigt bei Sonnenschein die Uhrzeit an: links von 8 bis 11, rechts von 13 bis 16 Uhr. Eine Inschrift ermahnt den Leser: SEI DIR DEINER ZEIT BEWUSST. Auf der Bank hinter der Sonnenuhr vertreiben sich ein paar Männer ihre Zeit, genauer den Vormittag, mit Bierdosen. Ob sie den Spruch gelesen haben?

Eine Spirale läuft von der leicht vertieften kreisrunden Fläche weg zur Prenzlauer Allee mit dem Hinweis: Dieser Punkt liegt 51,9 Meter über NN; 52° 32′ 40″ nördlicher Breite, 13° 25′ 44″ östlicher Länge. Der Prenzlauer Berg erreicht damit zwar nicht die Höhe des Kreuzbergs, liegt aber deutlich höher als das mittelalterliche Zentrum Berlins um das Nikolaiviertel. An der tiefsten Stelle, bei gut 30 Metern über Normalnull, fließt die Spree. Das Gelände steigt vom Fluss aus nach Süden und Norden an, zum Teltow und zum Barnim. Berlin und seine Umgebung sind geologisch in der Eiszeit geformt worden. Damals entstand auch der Prenzlauer Berg, der 1920 einem neu geschaffenen Berliner Bezirk den Namen gab. Das Stadtbezirkswappen illustriert seine Vorgeschichte: Es enthält einen Windmühlenflügel, in der oberen Gabel Weintrauben und in der unteren eine Hopfenfrucht. Nördlich von Berlin standen am Berghang einige Windmühlen, wurde Landwirtschaft betrieben, aber auch Viehzucht. Das höher gelegene Gelände nutzten Brauereien. Sie brauchten Gärungs- und Lagerkeller, die nicht unter dem hohen Berliner Grundwasserspiegel leiden sollten. Der Prenzlauer Berg war ein bedeutender Brauereistandort nördlich der Berliner Stadtgrenze, und zwar noch bevor aus der Gegend ein Mietskasernenviertel wurde. Gleich am Ausgangspunkt der Prenzlauer Allee, hinter dem Stadttor, legte Bötzow seine gleichnamige Brauerei an, die direkt an der Straße einen Sommer- und Biergarten besaß. An der Schönhauser Allee ließen

sich die Brauerei von Pfeffer und die Königstädtische Brauerei nieder. Später kamen Groterjahn und Schultheiß, die heutige KulturBrauerei, dazu.
So flach der Prenzlauer Berg in Wirklichkeit ist, als Mythos und Legende kann er es mit dem Matterhorn aufnehmen. Sehr dazu beigetragen hat ein 1987 erschienenes Buch von Daniela Dahn, die „Prenzlauer-Berg-Tour“: „Auf den Hügeln, rund um die Zentren großer Städte, stößt man merkwürdiger Weise oft auf so eine Art städtisches Bergvolk. Jedenfalls ist in Berlin diese besondere Population auffallend in der Gegend des Prenzlauer Bergs und des Kreuzberg, in Paris auf dem Montmartre und Montparnasse; im Londoner Hampton Heath und auf dem Wiener Spittelberg soll es vergleichbar sein. Überall dort Arbeiter, aber auch Studenten, Künstler, Linksintellektuelle – loses Volk ... Die Prachtbauten der City, die Residenzen, Paläste und Patrizier-Häuser wurden bevorzugt in die attraktiveren Niederungen der Flussufer plaziert, an die Seine, die Themse, die Donau, die Spree. Erst als die Städte sich ausdehnten, aufstiegen aus den Tälern, wurden auch die lange gemiedenen, hügeligen Felder und Weinberge als zunächst preiswertes Bauland vergeben. Spekulanten wußten dies zu nutzen, und so sind die nach Berlin strömenden Arbeitskräfte um die Jahrhundertwende auf dem Prenzlauer Berg und dem Kreuzberg geradezu eingemauert worden, in die Mietskasernen. Also zunächst mal alles andere als ein Berg der Genüsse ...“
Kein Ort für Bergromantik. Blättern wir zum Vergleich im „Bären-Führer“ von 1913 und lesen dort nach, was die Stadtreisenden damals erwartete: „Aus den Fenstern des Nordrings sehen wir auf ein anderes Berlin als aus den Spiegelscheiben des Cafés Bauer Unter den Linden, oder auf dem Kurfürstendamm und der Tauentzienstraße in Berlin W. Die glänzende Maskerade fällt und die Blößen

werden sichtbar. Der Norden ist die Kehrseite der Medaille. Jeder, der Berlin mit beobachtenden Augen sehen will, sollte auch sie einmal betrachten. Er wird dann manches Geheimnis der Riesenstadt besser verstehen und die Macht fühlen, die der Arbeiter in Berlin bedeutet. Die aufragenden Schornsteine und die ihnen zuströmenden Menschenmassen reden für die Entwicklung Berlins eine nicht minder beredte Sprache als die grellen Lichter in der Jägerstraße. Auch das Berlin der Arbeiter ist ungeheurer groß geworden, der Norden hat sich weithin bis Weißensee ausgedehnt. Seine Physiognomie ist dieselbe geblieben: Mietskasernen mit tiefen Höfen und engen Seiten- und Quergebäuden, gedrückte Gestalten auf den Straßen, viel Kinder, kleine Geschäftsleute, viel Kneipen, Krankenhäuser usw. Die Luft ist dicker als in der Friedrichstadt, und über dem Ganzen scheint ein Schleier zu liegen (...)
Bahnhof Schönhauser Allee. Durch viel Unterführungen geht es vorwärts. Arbeiter und Arbeiterinnen steigen ein und aus, keine „Geschäftsdamen", modern aufgeputzt, wie in der Ringbahn nach dem Westen, sondern schlecht angezogene Mädchen, denen man es auf den ersten Blick ansieht, daß sie aus der Fabrik kommen.
Prenzlauer Allee. Rechts hinter der großen Gasanstalt liegt das Asyl für Obdachlose der Stadt Berlin. 3.000 Obdachlose suchen täglich darin Unterkunft."
Etwa dort, wo sich heute das Zeiss-Planetarium befindet, stand einer der Gasbehälter des Werks, das sich an der Ringbahn bis zur nächsten Bahnstation hinzog. Gleich neben der Fabrik lag das 1887/89 nach Plänen von Hermann Blankenstein errichtete Asyl: „Rote Ziegelsteine. Die trostlose Uniform aus Strenge und Dauerhaftigkeit, an der bei uns zulande Behörden, Spitäler, Gefängnisse, Schulen, Postämter und Gotteshäuser zu erkennen sind. Vergeblich bemüht sich ein Garten mit

herbstbunten Bäumen, der Staatlichkeit des Unternehmens einen rührenden Zug zu verleihen", schrieb Joseph Roth 1920 in einer Zeitungsreportage über einen Aufstand der Obdachlosen. „Alle Beamten des Staates müßten je einen Monat im Heim für Obdachlose Dienst tun, um Liebe zu lernen". Das Gebäude für die Verwaltung, Beamtenwohnungen und Unterkünfte von obdachlosen Familien an der Fröbelstraße 16 dient seit 1940 als städtisches Krankenhaus. Die dahinter liegenden Baracken mit Schlafsälen für Einzelpersonen wurden fast vollständig abgerissen; erhalten sind das Waschhaus an der Winsstraße, heute eine psychiatrische Tagesklinik, und die Desinfektionsanstalt. Im benachbarten Spital war seit 1936 das Bezirksamt von Prenzlauer Berg untergebracht, jetzt arbeiten dort Behörden des Großbezirks, der 2001 durch die Fusion mit Pankow und Weißensee entstand. Eigentlich gäbe es gute Gründe, das Obdachlosenasyl zu reaktivieren: Im Winter leben derzeit rund 10.000 Menschen auf den Berliner Straßen. Das Städtische Asyl fasste bis zu 4.000 Menschen beiderlei Geschlechts, war allerdings wegen der scharfen polizeilichen Kontrollen äußerst unbeliebt.

Wer vor dem Zweiten Weltkrieg eine Wohnung auf dem Prenzlauer Berg hatte, war nicht sehr viel besser dran als die Obdachlosen. Bei der Volkszählung 1925 lebten 326.311 Personen im Bezirk, der eine Fläche von 1.013 Hektar aufwies. Wenn wir berücksichtigen, dass auf 275 Hektar Laubenkolonien existierten, erhöht sich der Bevölkerungsanteil pro Quadratkilometer noch und lag im Durchschnitt bei 44.000. Viele Familien sahen sich gezwungen, Schlafburschen aufzunehmen, um damit die Haushaltskasse aufzubessern. Innentoiletten, Bäder und Duschen gab es kaum. Wohn- und Kinderzimmer im heutigen Sinne waren unbekannt.

Nicht alle Straßenzüge auf dem Prenzlauer Berg waren von vornherein für arme Arbeiterfamilien bestimmt. Die

Wandlung Berlins zur Industriemetropole im späten 19. Jahrhundert prägte die Sozialstruktur erst allmählich. Miterlebt hat das die Künstlerin Käthe Kollwitz, die nach ihrer Heirat mit einem Arzt 1891 in die Weißenburger Straße zog, die heutige Kollwitzstraße am Kollwitzplatz. Angelegt wurde sie als sehr breite, gutbürgerliche Wohnstraße, der heute leider die dazugehörigen Vorgärten fehlen. Diese Wohngegend ist großteils vom Deutsch-Holländischen Bauverein errichtet worden, mit zum Teil sehr großzügigen Wohnungen, die bevorzugt nach dem Ersten Weltkrieg halbiert wurden, um noch mehr Menschen aufnehmen zu können. Die Lebensqualität verschlechterte sich allein durch Überbelegung.
Im Zweiten Weltkrieg wurde auf dem Prenzlauer Berg nur wenig Bausubstanz zerstört; noch immer stammen gut zwei Drittel der Häuser aus der Zeit vor 1919. Obwohl sich die Bevölkerungszahl in DDR-Zeiten halbierte, blieb es der am dichtesten besiedelte Bezirk in Ost-Berlin. Die DDR-Planwirtschaft war mit der Erhaltung der Altbausubstanz hoffnungslos überfordert. Aber die Atmosphäre der verfallenden Mietskasernenstadt zog seit den Siebzigerjahren magisch junge Leute an, die sich gesellschaftlichen Anpassungszwängen entziehen und neue Lebensformen ausprobieren wollten: Bohemiens, Künstler, Punks, Schwule und andere, die einfach „ihr Ding" machen wollten. „Sie kamen und kommen von überall her, aus der ganzen DDR, besonders aus deren unergründlichem Süden. Sie gehen mit prüfendem Blick die Straßenfronten ab. Sie suchen Wohnungen, die sichtbar leer stehen, und zwar lange genug. ‚Die stille Hausbesetzerszene vom Prenzlauer Berg' unterscheidet sich gründlich von dem, was im Schwesterbezirk Kreuzberg vorgeht. Hier knacken Ältere und Jüngere schon mal eine Wohnung. Dann versuchen sie schleunigst, die Miete an den Mann, d. h. an die kommunale Wohnungsverwaltung

(den volkseigenen Vermieter) zu bringen. In der Regel handelt es sich um subventionierte siebzig bis neunzig Pfennig je Quadratmeter. Das lockte sie auch, nicht wahr?", erinnert sich der Dichter Uwe Kolbe in einer „Archäologie" seines Heimatbezirks. Aussteiger fanden leicht ein eigenes Dach über dem Kopf und Gleichgesinnte, außerdem war es hier möglich, mit sehr wenig Geld zu überleben. Künstler, die sich dem reglementierten DDR-Kunstbetrieb verweigerten, richteten sich Ateliers ein. 1979/80 gründeten Puppen- und Schauspieler das Theater „Zinnober" und bezogen am Kollwitzplatz Quartier – eines der ersten Off-Theater in der DDR, das als „Theater ohne Namen" sogar die Wende überlebte.

In Wohnungen und auf Höfen fanden halböffentliche Konzerte, Lesungen und Galerieausstellungen statt. Der aus Dresden zugezogene Jürgen Schweinebraden betrieb seit 1974 in seiner Hinterhofwohnung die erste Galerie, die sich als professionelles Gegenmodell zu staatlichen Ausstellungshäusern verstand. Die Szene wurde von der Stasi bespitzelt und gegängelt, es gelang aber nicht, sie wirksam zu kontrollieren oder zu „zersetzen".

Der Prenzlauer Berg war ein verlockendes Ziel für Nonkonformisten, aber auch eine Endstation – ein Transitraum, wo viele darauf warteten, endlich in den Westen ausreisen zu dürfen. Eine Gegenwelt zum reglementierten und spießigen Alltag der DDR. Ein Resonanzraum für Stimmen, die anderswo erstickt wurden. Ein Labor für alternative Umgangsformen, eine andere Lebensführung, künstlerische Experimente. In der subkulturellen Gegenöffentlichkeit bereitete sich der Aufstand selbstbewusst gewordener Bürger gegen das verkrustete DDR-Regime vor. Im Herbst 1989 wurde die baufällige Mietskasernenstadt zum Zentrum der Revolution in Ost-Berlin.

Vom früheren Arbeiterbezirk ist die Bausubstanz geblieben – das größte Sanierungsgebiet in Deutschland nach der Wende. In den Straßenzügen um den Kollwitzplatz ist inzwischen fast jedes Haus renoviert, über hundert Lokale haben dort neu aufgemacht. Der „Prenzlberg" ist eine touristische Attraktion und beliebtes Yuppie-Zuzugsgebiet geworden. Begonnen hat der Imagewandel des Prenzlauer Bergs in DDR-Zeiten. Seit dem Stadtjubiläum von 1987 zeigt die auf den Kollwitzplatz mündende Husemannstraße ein Erscheinungsbild, die an ein Freiluftmuseum erinnert. Die Sanierung bediente ein Bedürfnis nach Stadtromantik, es fehlte nur noch, dass man den Bewohnern historische Kostüme verpasst hätte, so wie den Komparsen bei den dort häufig stattfindenden Dreharbeiten.
Eine Subkultur wie zu Mauerzeiten gibt es nicht mehr auf dem Prenzlauer Berg, kann es gar nicht geben: Zu gründlich haben sich die Lebensverhältnisse geändert. Die Nonkonformisten der Achtziger sind nach dem Ende der DDR verschiedene Wege gegangen: Viele strandeten nach der Wende rasch wieder im politischen Abseits, einige wurden als Stasi-Spitzel enttarnt, andere haben im Kulturbetrieb Karriere gemacht, einer wurde sogar Bundestagspräsident.
Nach wie vor wirkt die Atmosphäre der gelüfteten Mietskasernenstadt anziehend auf junge Autoren und Künstler, gibt es eine sehr lebendige, sich ständig erneuernde Kultur- und Kneipenszene. Und kaum sonst wo sieht man so viele frisch gebackene Mütter und Väter mit Kinderwagen wie zwischen Schönhauser und Prenzlauer Allee. Die jüngste Generation des Prenzlauer-Bergvolks liegt schon in der Wiege.
Dazu passt eine Bemerkung von Walter Benjamin, mit der er 1930 die Berliner Mietskasernen gegen die Ansicht verteidigte, sie seien ein lebensunwürdiger Wohnort, den

man am besten abreißen sollte. „Gewiß ist das Leben, das Hunderttausende Jahrhunderte lang in diesen Berliner Gelassen geführt haben, ungesund, unwürdig gewesen. Gewiß drückt sich das diabolische Wesen der Mietskaserne heute wie damals im Ehe- und Familienleben, in den Qualen der Frauen und Kinder, in der Borniertheit des Gemeinwesens, der Häßlichkeit seines Alltags aus. Aber ebenso gewiß ist es, daß Boden, Landschaft, Klima und vor allem Menschen – nicht nur Hohenzollern und Polizeipräsidenten – diese Stadt geschaffen und ihrerseits im Bilde der Mietskaserne einen Abdruck des ihrigen hinterlassen haben. Noch die planlose Rohheit dieser Siedlung, so gewiß ihr Kampf bis aufs Messer zu liefern ist, hat ihre Schönheit, nicht nur für den flanierenden Snob aus dem Westen, sondern für den Berliner, den Zille-Berliner selbst, eine Schönheit, die innigst seiner Sprache, seinen Sitten verwandt ist." Man übersehe nicht, „daß die Mietskaserne, so fürchterlich sie als Behausung ist, Straßen geschaffen hat, in deren Fenstern nicht nur Leid und Verbrechen, sondern auch Morgen- und Abendsonne sich in einer traurigen Größe gespiegelt haben, wie nirgends sonst, und daß aus Treppenhaus und Asphalt die Kindheit des Städters seit jeher so unverlierbare Substanzen gezogen hat wie der Bauernjunge aus Stall und Acker."

Greifswalder Straße

Neues Berlin von gestern

„Es ist die Ausstrahlung des Häusermeeres nach allen Seiten in das Land hinein, die besonders durch die Neubauten nach dem Kriege und durch die Bildung eines einheitlichen Groß-Berlin verstärkt worden ist. Die Stadt mit ihrer in den Außengebieten lockeren Bebauung greift immer weiter in das Land hinein, und das Land greift damit mehr und mehr in die Stadt hinein. Nicht als ob nun schon eine Auflockerung des Inneren zu bemerken wäre; doch die Stadt selbst weitet sich in einer Weise, die den früheren Methoden entgegengesetzt ist ... Ihre produktive Fähigkeit zeigt sich am deutlichsten in den Außenbezirken, wo auf freiem Gebiet Stadt und Land sich berühren, und Berlins Mission kann vielleicht darin liegen, den Umwandlungsprozeß zu einem neuen Menschentum zu beschleunigen, nämlich die Durchdringung des Stadtelements mit dem ländlichen und ebenso umgekehrt, die Aufhebung des Gegensatzes Bauer und Städter und die Synthese daraus. Die produktiven Kräfte gerade auch kultureller Art sind am deutlichsten in der Peripherie erkennbar. Daß das Bauen dort dasjenige im Innern Berlins weit an Umfang übertrifft, ist dafür ein besonderer Gradmesser. Von hier aus allein weht frische Luft und sie wird auch das Innere Berlins durchwehen".
So hat der Architekt Bruno Taut seine Vision vom „Neuen Berlin" 1929 in der gleichnamigen Zeitschrift geschildert, gewiss mit Zustimmung des Stadtbaurats Martin Wagner, der als Herausgeber des Blattes verantwortlich zeichnete. Am S-Bahnhof Greifswalder Straße nahm die Vision zur selben Zeit fassbare Gestalt an. Er hieß damals noch „Weissensee" nach einem ziemlich weit entfernten Dorf, das schon im Mittelalter existierte und im späten 19.

Jahrhundert in den Sog der Großstadtwerdung Berlin geriet. Seit 1920 war „Weissensee" zugleich der Name eines neu geschaffenen Außenbezirks von Groß-Berlin. Nach Großstadt sah es aber um den Bahnhof noch Mitte der Zwanzigerjahre nicht aus. Zwischen der Ringbahn und der Weißenseer Bezirksgrenze erstreckten sich ausgedehnte Laubenkolonien. Sie mussten einem Bauvorhaben weichen, das eine Alternative zum Wohnen in den älteren Mietskasernen aufzeigen wollte, ganz im Sinne Bruno Tauts, des entwerfenden Architekten.

Schon vom nördlichen Bahnsteigende springt der helle Kubus mit Flachdach, Balkonen und bunten Fensterrahmen ins Auge, den er damals als Blickfang an der Greifswalder Straße errichten ließ. Dahinter, an der Grellstraße, liegt eine 1927/28 von der Gemeinnützigen Heimstätten AG (GEHAG) finanzierte Wohnanlage. An der parallel verlaufenden Erich-Weinert-Straße schließt sich eine noch großzügigere Siedlung an, die nach einem Gewerkschafter benannten „Wohnstadt Carl Legien" mit weit über tausend Wohnungen.

Gefordert war schon wegen der Nähe zum S-Bahnhof eine ähnlich dichte Wohnbebauung wie in den älteren Mietskasernen. Doch die typische Großstadtarchitektur der Gründerzeit mit ihren stereotyp aneinandergereihten Stuckfassaden und dunklen Höfen war in den republikanischen Zwanzigern verrufen. Sie galt als menschenfeindliche Bausünde der Kaiserzeit. Taut entwarf lange Häuserzeilen, zwischen denen viel Platz blieb für Grünflächen und Spielplätze. Licht, Luft und Sonne sollten ungehindert in die Arbeiterwohnungen strömen, Loggien und Balkone dienten als sommerlich verlängertes Wohnzimmer. Es gab keine Außentoiletten mehr, sondern Bäder in jeder Wohnung, keine Ofenheizung, sondern eine zentrale Wärmeversorgung, die den Alltag erleichterte. Außerdem zwei moderne Waschhäuser, ein

Lebensmittelgeschäft, einen Bäcker, einen Fleischer, den Schuhmacher, die Tabak- und Papierwarenhandlung, einen Friseur, eine Drogerie und eine Leihbücherei. Produzierendes Gewerbe, das Krach, Abgase und Lieferverkehr in die Wohnsiedlung getragen hätte, musste draußen bleiben. Das alles erscheint uns heute fast selbstverständlich. Seinerzeit war es revolutionär.

Mit den Siedlungen „Freie Scholle" und „Onkel Toms Hütte", vor allem aber mit der weltberühmten Hufeisensiedlung in Britz hatte sich Taut bereits einen Namen als Protagonist des Neuen Bauens erworben. Mehr als 10.000 Wohnungen entstanden zwischen 1924 und 1933 nach seinen Plänen in Berlin, damit gehört er zu den das Stadtbild prägenden Architekten, nur eben nicht im Zentrum, sondern an der damaligen Peripherie. Der Bau großer Siedlungen mit hellen, gut durchlüfteten Kleinwohnungen für Familien mit geringem Einkommen diente in den Zwanzigerjahren nicht allein der Linderung der Wohnungsnot. Wie beim Messegelände am Funkturm ging es um die architektonische Selbstdarstellung der Weimarer Republik und ihrer Hauptstadt. Demonstrativ verabschiedete sie sich von der Formensprache des Kaiserreichs und signalisierte mit dem Repertoire der Neuen Sachlichkeit den Anbruch einer neuen Epoche. Deshalb wurde das Neue Bauen von den reaktionären Feinden der Demokratie heftig bekämpft. Tauts Karriere in Berlin war 1933 beendet: Er floh ins Ausland, lebte drei Jahre in Japan und dann in der Türkei, wo er noch vor Ausbruch des Zweiten Weltkrieges starb.

Wie sich die Nazis die Alternative zur Mietskaserne und zum Neuen Bauen wünschten, ist auf der anderen Seite des S-Bahnhofs zu besichtigen, ein paar Schritte stadteinwärts an der Anton-Saefkow-Straße. Die Wohnblocks der 1939 gebauten Siedlung sind etwas niedriger. Auf den Häuserzeilen sitzen brave Satteldächer, die Eckgebäude

wirken trutzig, es gibt Rundbögen und ein altertümelndes Hauptportal. Fehlt bloß noch eine Zugbrücke, um den Burgcharakter zu vervollständigen. So sah Gemütlichkeit unterm Hakenkreuz aus.

Mit der frischen Luft, die durch die Wohnstadt „Carl Legien" wehen sollte, war das allerdings so eine Sache. Denn auf der anderen Seite der Ringbahn verpestete eine riesige Gasraffinerie die Luft. Zwischen dem Güterbahnhof Weißensee und der Danziger Straße ging 1873 die IV. Städtische Gasanstalt in Betrieb. Die ersten drei Städtischen Gasanstalten lagen noch an Spree, Landwehrkanal und Spandauer Schifffahrtskanal, aber der verwertbare Raum an den Wasserläufen war durch das städtische Wachstum schon längst verloren gegangen und die billige Kohlezufuhr auf dem Wasserweg musste durch Schienentransporte ersetzt werden. Ein geeignetes Terrain fand sich hier im Nordosten der Stadt mit Güterbahnanschluss am Nordring, über den die Kohlezufuhr erfolgte: Steinkohle aus Oberschlesien, dem Rheinland und England.

Auf den vielen Gleisen und an den Rampen, die man vom S-Bahnsteig an der Greifswalder Straße sieht, hielten früher Kohlenzüge und Güterwaggons für den Abtransport der Nebenprodukte, die bei der Kohlevergasung anfielen: Teer, Ammoniak, Benzol, Koks sowie Schlackensteine, die aus den Koksschlacken hergestellt und auf dem Bau verwendet werden konnten. Das Gaswerk war die größte Industrieanlage im Bezirk und ohne die Ringbahn-

Die Gasometer auf dem Prenzlauer Berg kurz vor ihrer Sprengung im Juli 1984. Sie bestimmten die Aussicht aus den Ringbahnzügen ähnlich wie die erhaltenen Gasspeicher in Schöneberg und am S-Bahnhof Jungfernheide. Im Vordergrund die Station Prenzlauer Allee.

anbindung nicht denkbar. Zwei Retortenhäuser und angeschlossene Nebenanlagen dienten der Gaserzeugung. Für die Speicherung des produzierten Gases benötigte die Gasanstalt entsprechende Behälter. Die ersten beiden besaßen ein Fassungsvermögen von 37.000 Kubikmeter, der sechste und letzte, vor dem Ersten Weltkrieg gebaute, 116.000 Kubikmeter. Die Maximalleistung pro Tag betrug schon in der Anfangszeit 300.000 Kubikmeter.
Im Unterschied zum Speicher am Südring in Schöneberg, der aus einer reinen Metallkonstruktion besteht, waren die hiesigen Behälter große Rundbauten aus gelbem Klinker, abgesetzt mit roten Gesimssteinen und Bändern. Durch umlaufende Rundbogenfenster in Geschosse gegliedert, verbarg die gemauerte Außenhaut die dahinter gelegenen eisernen Galerien, die mit ihren Vorrichtungen das Heben und Senken des Behälters je nach Füllmenge ermöglichten. Flachkuppeln nach dem Konstruktionsprinzip des Statikers Wilhelm Schwedler, das eine Überwölbung großer Durchmesser erlaubte, schlossen die Gasometer oben ab und beherrschten die Silhouette der Anlage. Nach dem Zweiten Weltkrieg standen noch drei große Gasbehälter an der Ringbahn. Die Einführung der elektrischen Beleuchtung für private und öffentliche Gebäude sowie die Straßenlaternen ließ die erzeugte Kubikmetermenge schon seit dem Ersten Weltkrieg stagnieren. Dass sie nicht in größerem Umfang abfiel, lag an der Zunahme der Gaskocher und der Warmwasserbereitung mittels Gaserhitzern in den Haushalten.
Das Gaswerk minderte die Wohnqualität in der Umgebung erheblich. Zwar waren die Berliner die Nachbarschaft zur Industrie in vielen Bereichen gewöhnt, doch der Grad an Beeinträchtigungen unterschied sich. Staub- und Rußentwicklung und der Ausstoß von Gasen machten die Luft um die Gasanstalt dicke, besonders im Winter, wenn zusätzlich die Kohleöfen auf dem Prenzlauer Berg qualm-

ten. Daher gab es schon in den Dreißigerjahren Pläne, das Gaswerk abzureißen und einen Volkspark mit Schwimmbad anzulegen – als „Voraussetzung für die Gesundung des Verwaltungsbezirks Prenzlauer Berg", so der Bürgermeister Bombach. Ein Gasometer an der Winsstraße wurde vor Ausbruch des Zweiten Weltkrieges abgerissen und durch eine Grünfläche ersetzt. Nach dem Krieg vertröstete die Stadtverwaltung die Anwohner mit der bevorstehenden Stilllegung des Werkes, deren Zeitpunkt freilich noch nicht feststehe. Tatsächlich erfüllte die Anlage in der Hauptstadt der DDR weiterhin eine wichtige Versorgungsfunktion. Die letzte Stunde schlug dem Werk, das zum VEB Energiekombinat Berlin gehörte, erst durch die Umstellung auf Erdgasversorgung. 1981 wurde es stillgelegt, die Bewohner des Prenzlauer Bergs konnten endlich durchatmen.

Die Partei- und Staatsführung dekretierte, dass hier ein Ernst-Thälmann-Park entstehen solle. Der von den Nazis ermordete KPD-Führer Ernst Thälmann wäre 1986 hundert Jahre alt geworden. Aus diesem Anlass sollte endlich ein lange geplantes Thälmann-Monument in Erz gegossen werden. Da sich kein angesehener DDR-Bildhauer um den Auftrag riss, entwarf der sowjetische Bildhauer Lew Kerbel den Riesenkopf vor bronzenem Fahnenhintergrund mit Hammer und Sichel; auch die geballte Arbeiterfaust durfte nicht fehlen. Wie ein Altar beherrscht die Skulptur einen kahlen Platz, dessen Quadratpflasterung die Zweckbestimmung als Aufmarschgelände für Thälmannpioniere noch fühlen lässt.

Das Denkmal lag an der Protokollstrecke der Partei- und Staatsführung. Auf der Greifswalder Straße pendelten die Limousinen von Honecker & Co. zwischen den Regierungsgebäuden in der Stadtmitte und der abgeriegelten Wohnsiedlung für Spitzenfunktionäre bei Wandlitz. Hinter dem Denkmal sollte eine musterhafte Hochhaussiedlung ent-

stehen, keine Plattenburgen wie in Marzahn, sondern ein grüner Wohnpark mit weithin sichtbaren Punkthäusern, Schwimmhalle und Kultureinrichtungen. Die alten Gasometer waren als Kulisse für das Thälmann-Denkmal unerwünscht, obwohl sie doch ein authentisches Zeugnis proletarischer Lebensverhältnisse darstellten. Noch in einer Veröffentlichung des Institut für Denkmalpflege über Bau- und Kunstdenkmäler aus dem Jahr 1983 las man: „Als weithin sichtbare, für den Stadtbezirk Prenzlauer Berg charakteristische Bauten und als interessante technische Denkmale ist ihre Erhaltung und Einbeziehung in die in den nächsten Jahren entstehende Parkanlage beabsichtigt". Beabsichtigt. Ein hoffnungsfrohes Wort. Zugleich aber auch ein Alarmsignal, denn was war im Sozialismus nicht alles beabsichtigt. Als die Abrisspläne ruchbar wurden, protestierten Denkmalpfleger, Architekten, Kulturmenschen und einfache Bürger. Es hagelte Eingaben und Beschwerden bei der Bezirksverwaltung, eine breite Protestbewegung formierte sich. Die staatlichen Stellen hielten dagegen, schon wegen der starken Verseuchung müssten die Gasometer abgerissen werden. Am Samstag, dem 28. Juli 1984, sackten die großen Klinkerbehälter in sich zusammen. Das Fotografieren der Sprengung war vorsorglich verboten worden. In den vorbeifahrenden S-Bahnen hörte man gallige Kommentare: „Die war'n doch so stabil, die hätten och 'n Sozialismus überstanden." Ein leicht angetrunkener Vollbartträger in Jesuslatschen konnte es sich nicht verkneifen zu empfehlen: „Da hätten die Parteibonzen ihre Sprechblasen speichern können und bei 'ner Politbürositzung hätte sich der Deckel jehob'n."
Verschont wurden der alte Eingang an der Danziger Straße und das zum Kulturhaus umgewidmete Verwaltungsgebäude. Das „Theater unterm Dach" existiert heute noch neben einer Galerie und der Kinder- und Jugend-

kulturetage ZwiEt. In einem weiteren alten roten Klinkerbau, der zum Kulturamt Prenzlauer Berg gehört, befinden sich künstlerische Werkstätten des „Kulturhaus e.V." Wer vom S-Bahnhof kommt, bemerkt von all dem zunächst nichts. Vier Hochhäuser mit zwölf bis achtzehn Geschossen auf vieleckigem Grundriss beherrschen den Wohnpark und bilden die Kulisse für das Thälmannmonument. Dieses Wohngebiet war das beste, was es in dieser Art in Ostberlin gab, durch seine Lage, seine Verkehrsanbindung, seine weitflächigen, mit Wasserelementen aufgelockerte Grünanlagen, mit Schwimmhalle, Kulturhaus, Kindergarten, Schule, Spielplätzen, Läden. Ein Lokal erhielt den Namen „Zur alten Gaslaterne", ein weiteres, der „Rosengarten", ist mittlerweile eingegangen. Anders als in DDR-Großsiedlungen außerhalb des S-Bahn-Rings mussten die Bewohner nicht Monate oder Jahre auf die nötige Infrastruktur warten – schließlich sollte das Vorzeigeobjekt zum Thälmanngeburtstag fix und fertig sein. Im folgenden Stadtjubiläumsjahr 1987 gehörte der Thälmannpark zum Pflichtprogramm der Stadtrundfahrten in Ost-Berlin. Die Touristen hatten dort eine längere Zwangspause einzulegen. Man wurde regelrecht aus den Bussen hinauskomplimentiert, um sich an der neuesten sozialistischen Errungenschaft gründlich satt zu sehen.

Pünktlich zur Einweihung der Anlage im April 1986 erhielt auch der S-Bahnhof den Namen Thälmannpark. Seit Mai 1993 heißt er wieder Greifswalder Straße. Diesen Namen hatte er schon von 1946 bis 1986. Die Wohnanlage Thälmannpark durfte ihren Namen behalten. Sogar die monumentale Plastik des KPD-Führers überlebte den Denkmalsturm, der nach dem Ende der SED gegen deren Erinnerungsmale im Stadtbild tobte. Das gibt uns heute die Chance zum Vergleich: Erinnern wir uns zurück an die postmoderne Beliebigkeit, mit der das westliche Tor zur City am S-Bahnhof Halensee dekoriert wurde. Zur selben Zeit errichtete die SED ihrem Märtyrer am anderen Ende des S-Bahn-Rings eine Weihestätte, die in ihrer Ästhetik der Stalinzeit verhaftet blieb. Ideologisch hatten sich Ost und West soweit auseinander entwickelt, dass sie sich nicht einmal mehr in offener Feindschaft aufeinander bezogen. Gemeinsam war beiden Seiten, dass sie nicht ahnten oder ahnen wollten, wie nahe die Wiedervereinigung war. Mitte der Achtzigerjahre lag der Thälmannpark vom Kurfürstendamm aus gesehen irgendwo in Sibirien; der Halensee vom Prenzlauer Berg aus in den Rocky Mountains. Jetzt braucht man mit der Ringbahn nur noch eine halbe Stunde zueinander.

Landsberger Allee

Eine Runde in dreizehn Sekunden

Der Übergang vom S-Bahnhof zum Velodrom verströmt den spröden Charme einer Stadtautobahnunterführung. Die kahlen Betontreppen und -wände schreien geradezu danach, dass ein Graffiti-Sprüher seine Spraydose zückt. Die S-Bahn-Betreibergesellschaft hatte ein Erbarmen. Sie beauftragte eine Sprayertruppe damit, einige Wände mit grell bunten Radsportmotiven zu verschönern.

An der grauen Eingangsflanke der Schwimm- und Radsporthalle hingegen wachen Videokameras darüber, dass sich die Kreativität der Passanten in Grenzen hält. Schilder weisen darauf hin, dass es zur eigenen Sicherheit geschehe. Aufgelockert wird die Trostlosigkeit der überdachten Zufahrtstraße durch hohe Werbeballons in Gestalt rosiger und blassgrüner Getränkedosen. Große Fenster gewähren Einblick in eine Schwimmhalle, in der Nixen ihre Bahnen durchs blassblau funkelnde Wasser ziehen, vielleicht Medaillenanwärterinnen bei den nächsten olympischen Spielen.

In diesen Hallen sollten die olympischen Schwimm- und Radsportwettbewerbe des Jahres 2000 ausgetragen werden, so hatte es sich ein Bündnis aus Lokalpolitikern, Sport- und Wirtschaftsfunktionären in den Kopf gesetzt. Um das für die Vergabe der Spiele zuständige Komitee zu beeindrucken, ordnete der Senat Anfang der Neunzigerjahre die Zwangsbeflaggung öffentlicher Gebäude mit Olympiafahnen an und begann mit dem Bau der neuen Sporthallen an der Landsberger Allee. Die Straße und der Bahnhof hießen bis dahin: „Leninallee".

Die Standortwahl für die Sporthallen folgte einem Verkehrskonzept, wonach der wiederhergestellte S-Bahn-Ring zum Hauptverkehrsmittel zwischen den Olympiastätten werden sollte. Neben den Gleisen für den öffentlichen Verkehr war eine weitere Trasse für einen Olympia-Express vorgesehen, um die Athleten und Sportfunktionäre rasch zu ihren Einsatzorten zu bringen. Doch das Olympiakomitee entschied anders und vergab die Spiele des Jahres 2000 nach Australien. Damit rückte auch die Wiederherstellung des S-Bahn-Rings in die Ferne. Axel Nawrocki, Manager der Gesellschaft, die Millionen für die erfolglose Berliner Olympiabewerbung verpulverte, wurde zum Dank von seinen politischen Freunden zum Chef der Berliner S-Bahn befördert. Zu seinen bleibenden Verdiensten gehören die schicker geschnittenen Uniformen, die er dem weiblichen Personal auf den S-Bahnhöfen verpasste.

Als Ersatz für die entgangene Olympiade wurde in der riesigen Radsporthalle eine einheimische Sporttradition wiederbelebt: das Sechstagerennen. Es gehört zu Berlin wie die Spree, der Funkturm und die Hundekacke auf dem Bürgersteig. Das erste Sechstagerennen fand 1909 in den Ausstellungshallen am Zoologischen Garten statt. Ursprünglich fuhren die Radmannschaften tatsächlich sechs Tage und Nächte im Kreis, angefeuert von den Sportfans der Hauptstadt: ein Hexenkessel, so hat Egon Erwin Kisch das Sechstagerennen in einer berühmten Reportage beschrieben. Es war ein gesellschaftliches Ereignis und Höhepunkt des Berliner Sportwinters. Die großen Feuilletonisten der Zwanzigerjahre entdeckten darin ein Sinnbild der Metropole, ihres Tempos, ihrer Jagd nach Rekorden und Sensationen, des ununterbrochenen Zirkulierens von Gütern und Menschen.

Schon auf dem S-Bahnsteig an der Landsberger Allee stimmt Graffiti die Besucher aufs Sechstagerennen im benachbarten Velodrom ein.

Legendärer Schauplatz der meisten Sechstagerennen war der Schöneberger Sportpalast, in dem Goebbels den totalen Krieg proklamierte und der Anfang der Siebziger einem großen Wohnsilo weichen musste. Das letzte Rennen in der Deutschlandhalle endete 1990 mit einem riesigen Loch in der Kasse der Veranstalter. Sieben Jahre später wurde in der neuen Olympiahalle des französischen Architekten Dominique Perrault an der Landsberger Allee der Neuanfang gewagt. Mit so anhaltender Publikumsresonanz, dass die Austragung weiterer Sixdays in Berlin für die kommenden Jahre gesichert sein dürfte.
Der Eingang zum Berliner Radsporttempel ist unscheinbar. Stünde nicht groß VELODROM an der Tür, man würde vorbeilaufen. Es ist Montagabend, vorletzter Tag des 90. Berliner Sechstagerennens. Samstagnacht ist hier angeblich die Hölle los, jetzt hoffen einige Kartenbesitzer sehnsüchtig darauf, dass ihnen jemand ihre Tickets abkauft. Jenseits der Einlasskontrolle gerät der ortsunkundige Besucher in ein sinnenverwirrendes Gedränge. Eine wandelnde Dixiekapelle lärmt, dazu zersäbelt ein italienischer Pizzabäcker eine riesige Mortadellawurst. Hinter einem Stand warten zwei schüchtern aussehende Jungs darauf, dass ihnen jemand ein buntes Programmheft abkauft. Der Sechstageneuling erwirbt das Heft, sucht vergeblich nach einem Lageplan und begreift, warum sonst niemand es haben will. In dem kostenlos ausliegenden Extrablatt einer Boulevardzeitung steht mehr drin.
Es ist warm, man gibt die Garderobe ab und ist wieder um eine stattliche Summe ärmer. Wo geht es bloß zur Halle? In einem rötlich illuminierten Nebensaal spielt eine Mittfünfziger-Kapelle Hardrock vom Blatt. An der Caipirinha-Bar ist nichts los, auch der Weinausschank ist nur schwach besetzt. Zurück auf den Hauptflur, dessen sanfte Biegung vermuten lässt, dass er die Arena umfängt.

Das Gedränge ist ohren- und nasenbetäubend, eine Kakophonie aus den Ausströmungen frischer Bratwürste, heißer Saftschinken, warm gehaltener Barbarie-Enten, dampfender Thunfischpizzen und wenig beachteter Käseteller. Dazwischen flimmert ein Titanic-Video, Reklame für Event-Dinners. Ein wenig geht es zu wie auf der Grünen Woche unterm Funkturm. Man kann auch am Stand eines großen Baumarktes Heimwerkertipps einholen oder das neue Lebensgefühl kosten, welches einem die jüngste Generation drahtloser Computerbildschirme schenkt. Die Berliner Verkehrsbetriebe versuchen ihre neueste Unterwäschekollektion loszuschlagen, eine Tankstellenkette offeriert Plüschtiger in allen Größen.
Zwischen den hell ausgeleuchteten Verkaufsobjekten ziehen die Besucher wie Schatten vorbei, so dass es schwer fällt, diese Konsumzone zu durchwandern, ohne an Dantes Höllenkreise zu denken. Radsportbegeisterte Schnäppchenjäger sind besonderen Versuchungen ausgesetzt, überall winken ihnen stark verbilligte Radlertrikots, Sturzhelme und Hometrainer. Das Sechstagerennen ist auch der Auftakt zum Winterschlussverkauf, der in der Woche nach dem Startschuss beginnt.
Da öffnet sich unerwartet eine schlichte Seitentür zur Radsportarena. Trotz ihrer Riesendimensionen – die konzentrischen Kreise der freitragenden Deckenkonstruktion erreichen am Rand einen Durchmesser von 115 Metern – wirkt die Halle weder monumental noch elegant, eher nüchtern, geräumig und zweckmäßig. Am Boden der flachen, von einem planen Deckel geschlossenen Schüssel glimmen rote Lämpchen an den Tischen der VIP-Lounge. Eine Showband rockt, dazu malen computergesteuerte Deckenscheinwerfer bunte Ornamente auf die Menge, die sich inmitten des hell erleuchteten Rennovals drängelt. Die zum Innenraum geneigte Fahrbahn zeigt unten die warme Färbung sibirischer Fichte, in der oberen Hälfte

die grellen Großbuchstaben der Hauptsponsoren. Auch das grüne S-Bahn-Signet ist dabei. In zwei abgeschirmten Ecken liegen die engen Kojen der Fahrer, am Streckenrand warten dicht an dicht Rennräder auf ihren Einsatz.
Die Sicht von den Rängen ist gut, der luftige Abstand der Schalensessel aus Kunststoff angenehm, aber der Stimmung nicht unbedingt förderlich. Um sie anzuheizen, braucht es eine aufwändige Lightshow, ununterbrochene Musikberieselung und einen Moderator, der den Besucher unaufhörlich versichert, wie toll, großartig und einzigartig alles sei, was gerade passiert. Während sich die Sportler unten warm fahren, läuft auf einer Großprojektionswand ein Sechsminutenfilm über die Geschichte des Sechstagerennens. Er beschwört den Mythos der Veranstaltung, erinnert an frühere Austragungsorte, an legendäre Radsporthelden und an „Krücke" – jenen Sportfan, der einen Wiener Walzer in die Sportpalasthymne verwandelte, indem er dazu auf den Fingern pfiff. Der Film zeigt Aufnahmen vom letzten Rennen in der Deutschlandhalle und vergisst nicht die DDR-Amateurwettbewerbe in der Werner-Seelenbinder-Halle, die dem Velodrom weichen musste. Sage niemand, hier werde die ostdeutsche Sportgeschichte unter den Teppich gekehrt. Fluchtpunkt der filmischen Rückbesinnung ist die glanzvolle Wiedergeburt des Sechstagemythos an Ort und Stelle.
„Tradition mit Zukunft", lautet das schrecklich originelle Motto der Veranstalter. Für den gelungenen Brückenschlag zwischen den Zeiten gibt es einen Kronzeugen: Otto Ziege, Deutscher Straßenmeister des Jahres 1949 und Teilnehmer an vierzig Sechstagerennen, nun ein Mann in den Siebzigern, wird nie müde zu versichern, dass es heute im Velodrom ebenso aufregend zugehe wie damals im Sportpalast. Ja, alles sei durch die Showelemente noch viel schöner. Aber was soll er den Leuten als Sportdirektor der Veranstaltung schon anderes sagen?

In Wirklichkeit haben die heutigen Sixdays mit den Wettbewerben, die den Ruhm des Berliner Sechstagerennens begründeten, nicht allzu viel gemein. Wahrscheinlich würde sich auch gar kein Spitzensportler mehr finden, der im Wechsel mit einem Kollegen sechs Tage lang sinnlos im Kreis herumfährt. Und welcher heutige Zuschauer hätte das Sitzfleisch, es 144 Stunden in der Halle auszuhalten (in den Zwanzigerjahren soll die Hälfte des Publikums vom Anfang bis zum Ende ausgeharrt haben)? Zwar zieht sich das Showprogramm vom Abend bis tief in die Nacht, aber wenn's hoch kommt, sitzen die Fahrer drei Stunden im Sattel. Angeblich fahren sie tagsüber im Umland spazieren, um sich fit zu halten. Heute lebt die Veranstaltung davon, dass sie möglichst viele Weltmeister, Olympiasieger und Stars aus berühmten Straßenwettbewerben live präsentiert. Als Sechstagefahrer verdienen sich die Profis im Winter ein Zubrot. Ihre Auftritte sind Teil einer Nummernrevue, die aus zahlreichen Kurzwettbewerben, viel Musik und penetranten Werbeeinblendungen gestrickt ist.

Alle halbe Stunde ist es Zeit für eine Siegerehrung mit Sportpalastwalzer. Damit die gehörige Lautstärke erreicht wird, verschenken die Sponsoren Trillerpfeifen an die Besucher. Doch sichtlich geht es bei den Siegerehrungen weniger um die Sportler als darum, die Aufmerksamkeit für die Sponsoren zu erhöhen. Im Programm liest sich das so: „19.35 Coca-Cola-Wertungssprints, 19.50 Supersprint des Autohauses Berlin, 20.20 Punktefahren um den Preis des Berliner Kurier, 20.50 Die Bewag-Jagd, 21.30 Großer ESSO-Partner-Preis der Steher...", und natürlich wird jede Möglichkeit genutzt, die Sponsoren durch optische und akustische Werbeeinblendungen zu würdigen.

Zu ertragen ist die endlose Sponsorenparty eigentlich nur aus der Oberrangperspektive. Man könnte auch sagen: Aus der Schultheissperspektive, denn unterm Dach

besitzt die Traditionsbrauerei ein Ausschankmonopol. Wie in der Oper konzentrieren sich auf den oberen Rängen Sachverstand und Leidenschaft, während unten in der exklusiven VIP-Lounge gepflegte Langeweile herrscht. Dort sieht man viele junge Gesichter mit Schlips und Kragen, indes das Fachpublikum auf den Rängen sich vor allem aus Männern in mittleren Jahren zusammensetzt. Mit Argusaugen verfolgen sie jede Bewegung der Radsportberühmtheiten auf der Piste. Ihre Haltung hat mit dem Fanatismus, in den sich das Publikum der Zwanziger hineinsteigerte, wenig gemein. Es ist Sache des erfahrenen Moderators, die Menge auf den Tribünen zum Anfeuern der Fahrer zu ermuntern, wenn es um Punkte und Runden geht. Bei den Wertungssprints spielt eine Kapelle schneller und immer schneller bis zum Tusch. Dann sausen die strampelnden Roulettekugeln mit siebzig Stundenkilometern im Kreis herum, alle dreizehn Sekunden eine Runde. Schön anzusehen sind auch die großen Jagden, wenn dreißig Fahrer auf der Bahn sind, die eine Hälfte energisch vorwärtsstrebend, die anderen in ruhigerem Tempo. Man wundert sich, wie jedes Mal der Rollentausch der Partner mit dem Schleudergriff klappt, ohne eine Massenkollision auszulösen. Zwar fahren die Mannschaften gegeneinander, aber ebenso sehr in gegenseitiger Rücksichtnahme miteinander, das verleiht den Jagden den ästhetischen Reiz einer virtuosen Zirkusnummer. Wenn zuletzt um Millimeter gekämpft wird, springt auch der Funke zum Publikum über: Es fiebert mit, feuert an, johlt und pfeift – bis die nächste Werbedusche die Atmosphäre wieder abkühlt.
Die Stimmung bleibt lau, der Mythos Sechstagerennen schmeckt im Kessel an der Landsberger Allee reichlich aufgewärmt. Wieder zu Hause, liest man neidisch in den Reportagen von früheren Sixdays: „Gleichmäßig dreht sich die Erde, um von der Sonne Licht zu empfangen,

gleichmäßig dreht sich der Mond, um der Erde Nachtlicht zu sein, gleichmäßig drehen sich die Räder, um Werte zu schaffen – nur der Mensch dreht sich sinnlos und unregelmäßig beschleunigt in seiner willkürlichen, vollkommen willkürlichen Ekliptik, um nichts, sechs Tage und sechs Nächte lang." Nein, so wie der „rasende Reporter" Egon Erwin Kisch kann man das wirklich nicht mehr beschreiben. Weil das Sechstagerennen heute kein mitreißendes Ereignis mehr ist, sondern nur seine bemühte Simulation. Es zehrt vom Mythos, besitzt aber keine mythenbildende Kraft. Und ist vielleicht gerade deshalb wieder ein Sinnbild für den Zustand der Stadt.

Storkower Straße

Das Schwein muss geschlachtet werden

Vorsichtig steuert Hans-Jörg Schmidt seinen Saab über die frisch asphaltierte Piste am S-Bahnhof Storkower Straße. Er fährt Schlangenlinien um die kreisrunden Kanalisationslöcher, auf denen die Gullydeckel noch fehlen. Der frisch gepflasterte Rad- und Fußgängerweg zwischen Fahrbahn und Eisenbahngleisen ist menschenleer. Sand- und Steinhaufen ziehen im Seitenfenster vorbei. In riesigen Pfützen spiegeln sich Baufahrzeuge und ein paar flache Hallen aus rotem Backstein. Nach Westen begrenzt ein lückenloser Saum gründerzeitlicher Mietskasernen das versteppte Brachland, im Osten ragen Plattenbauten über die Bahngleise.

Der Wagen hält vor einem Hochspannungsmast, an dem eine Überlandleitung endet. „Früher standen mehrere Masten auf dem Gelände. Jetzt läuft die 110-Kilovolt-Trasse unterirdisch zum neuen Umspannwerk der Bewag an der Thaerstraße", erklärt Schmidt. Er deutet auf ein kleines Grundstück zwischen der neuen Straße und dem S-Bahn-Graben. „Hier wird eine Ausbildungswerkstatt für 260 Behinderte gebaut. Die Zuschüsse des Bundes sind im Januar bewilligt worden. Eine Baugenehmigung liegt vor. Es kann also noch in diesem Jahr losgehen."

Wir schreiben Anfang 2001. Im Rückspiegel, fast am Horizont, sieht man schon ein paar Baukräne. „Dort entstehen 191 geförderte Wohnungen. Wir bekommen täglich Anrufe von Leuten aus den Nachbarquartieren, die fragen, wann sie fertig sind. Dahinter an der Landsberger Allee ist bald Baubeginn für einen großen Dienstleistungskomplex, der bis zum Weihnachtsgeschäft 2002 bezogen sein soll. Wir hoffen, dass dann auch das Baufachmarktzentrum am S-Bahnhof Storkower Straße

Skelett der ehemaligen Hammelmarkthalle auf dem Schlachthofgelände an der Storkower Straße. An Markttagen konnte die in zahlreiche Buchten unterteilte Halle bis zu 20.000 Schafe aufnehmen.

steht." Herr Schmidt ist sichtlich froh, dass er neugierigen Besuchern endlich halbfertige Straßen, abgesteckte Baufelder und handfeste Bauarbeiten zeigen kann. Denn er ist für die undankbare Aufgabe zuständig, Investoren für Baugrundstücke zu finden. Schmidt arbeitet als Prokurist bei der landeseigenen Stadtentwicklungsgesellschaft Eldenaer Straße, kurz SES. Seit 1993 kümmert sich die Firma um Stadtplanung, Erschließung und Vermarktung eines Geländes, das rund achtmal so groß ist wie die Daimlercity am Potsdamer Platz.

Bisher standen die Investoren vor dem SES-Büro an der Thaerstraße nicht gerade Schlange. Jetzt, wo das neue

Stadtquartier Gestalt anzunehmen beginnt, werde es leichter, Investoren zu finden, glaubt Schmidt. Platz gibt es reichlich: Einen halben Quadratkilometer misst das Entwicklungsgebiet, davon ist die Hälfte für Grünanlagen, Straßen, Sportplätze, Turnhallen und Kitas reserviert. Bleiben 24 Hektar „privatisierungsfähiges Bauland", auf dem Gewerbe angesiedelt und 1.900 Wohnungen für etwa 5.000 Menschen gebaut werden – falls die Entwicklungsgesellschaft ihr Plansoll bis 2010 erfüllt. Bisher ist ein Drittel des Baulandes verkauft. Auf den Prokuristen Schmidt, einen korrekt gekleideten Angestellten Mitte Vierzig mit Schnauzer und Brille, wartet noch eine Menge Arbeit.

Er verzieht das Gesicht, als er hört, weshalb der Besuch gekommen ist. Das Gelände, auf dem das neue Stadtquartier entstehen soll, hat eine blutige Vergangenheit. Die gesamte Fläche wurde bis zum Zweiten Weltkrieg vom Städtischen Vieh- und Schlachthof eingenommen. Alte Luftaufnahmen zeigen eine gigantische Fabrik, in der bis zu zwei Millionen Tiere jährlich zerlegt wurden. Was kann man davon noch sehen? Natürlich kennt Herr Schmidt die Nutzungsgeschichte des Geländes sehr genau, aber begeistert ist er nicht von der Frage. Schließlich ist es sein Beruf, den unwirtlichen Ort potenziellen Investoren schmackhaft zu machen. Seine Firma bemüht sich, dem Gelände ein positives Image zu geben – da wirkt die Erinnerung an Ströme von Blut und Berge von Tierkadavern eher störend, erst Recht kurz nach der BSE-Krise.

Andererseits sucht die Entwicklungsgesellschaft die Öffentlichkeit, um Nachnutzer für die denkmalgeschützten Reste des Schlachthofs zu finden. Also nimmt sich Herr Schmidt viel Zeit für den Besuch, erläutert erst anhand aktueller Pläne seine generalstabsmäßige Vermarktungsstrategie, danach geht es im Auto über das holprige Gelände.

Am S-Bahnhof Storkower Straße, der früher Zentralviehhof hieß, führt zum Zeitpunkt unserer Visite noch ein eiserner Fußgängersteg über die ganze Breite des Areals. „Langer Jammer“ nennt der Volksmund die 500 Meter lange überdachte Brücke. Wer zu Verfolgungsängsten neigt, sollte den schier endlosen Weg ohne Seitenausgänge lieber meiden. An der Proskauer Straße schaut man von der Brücke hinab in die zusammenfallenden Dachstühle ehemaliger Rinderställe und endet an einer Kneipe mit dem vielsagenden Namen „Eisbein-Eck“. Die Denkmalpflege würde Berlins längste Fußgängerbrücke gerne erhalten, die SES will sie „rückbauen“ – was so viel heißt wie „abreißen“, aber dieses Wort hat Herr Schmidt sorgsam aus seinem Wortschatz getilgt: „Wir haben uns mit der Denkmalpflege darauf geeinigt, dass wir mit dem Rückbau anfangen, sobald die Genehmigung für das Baufachmarktzentrum vorliegt.“

Von der Brücke aus hatte man vor ein paar Jahren noch einen guten Überblick über ausgedehnte Gleisanlagen, jetzt verläuft dort die frisch asphaltierte Hermann-Blankenstein-Straße. In einem 1910 gedruckten Führer über das Schlachthofgelände heißt es über den Ort: „Viehbahnhof mit seinen 15,5 Kilometer langen Geleisen, welche die gleichzeitige Ausladung von 5 je 400 Meter langen Zügen von je 100 Achsen zulassen. Die Größe jeder einzelnen der 170 Auslade- oder Zählbuchten entspricht der Grundfläche eines doppelbödigen Eisenbahnwaggons. Bahnsteige und Buchten sind mit wasserdichtem Pflaster versehen und kanalisiert. Sie müssen nach jeder Benutzung gewaschen werden.“ Erwähnt wird auch eine Desinfektionsanstalt, in der alle Waggons nach dem Entladen gereinigt wurden. Der Grund: Seit dem ausgehenden 19. Jahrhundert wusste die Veterinärmedizin, dass hochansteckende Krankheiten wie die Maul- und Klauenseuche durch Eisenbahnwaggons rasch über Hunderte von Kilometern verbreitet werden konnten.

Aus hygienischen Gründen wurde die Fleischproduktion in der Kaiserzeit an diesem Ort zentralisiert und strenger staatlicher Kontrolle unterworfen. Zu diesem Zweck kaufte die Kommune 1876 ein großes Flurstück an der Ringbahn, das damals weit außerhalb der Bebauungsgrenze lag. Drei Jahre zuvor hatte Berlin mit dem Bau einer Kanalisation begonnen, nun ging es darum, dem gesundheitsgefährdenden Schlachten in Remisen und Hinterhöfen ein Ende zu setzen. 1881 nahm der von Stadtbaurat Hermann Blankenstein für den Bedarf von zwei Millionen Verbrauchern geplante Schlachthof den Betrieb auf, zugleich wurde gegen den heftigen Widerstand der Schlächter der Schlachtzwang durchgesetzt, das hieß: In ganz Berlin durfte nur Fleisch verarbeitet werden, das einen amtlichen Stempel vom Zentralviehhof an der Eldenaer Straße trug.
Mit dem Schlachtzwang verschwand das Töten von Tieren aus dem Alltag der meisten Großstädter. Mit der Folge, dass ihr Fleischverbrauch wuchs. Damit die Berliner ihr Eisbein und ihre Bockwurst sorglos verzehren konnten, waren allein in der Fleischbeschau 750 Personen damit beschäftigt, Gewebeproben zu entnehmen und mikroskopisch zu untersuchen. Hinter den roten Schlachthofmauern vollzog sich ein industrieller Prozess, der mit dem aussterbenden Schlächterhandwerk nur noch wenig zu tun hatte. Tausende arbeiteten in neuen Spezialberufen für die Versorgung der noch lebenden Tiere auf dem Gelände, für Gesundheitskontrolle, Verwaltung, Vermarktung und Verwertung der Kadaver. Das Töten besorgten schlecht bezahlte Schlächterkolonnen im Akkord. An einem einzigen Tag des Jahres 1900 schlachteten sie 12.425 Schweine, Rinder, Kälber und Schafe. Dabei flossen 62.600 Liter Blut, außerdem fielen 2,9 Tonnen Horn, 12.425 Häute, 300 Kilometer Darm und 1,3 Tonnen Borsten und Haare an. Die meisten Nebenprodukte der Fleischproduktion wurden

Die ehemaligen Schweineschlachthäuser an der Landsberger Allee sollen in naher Zukunft den Eingangsbereich zu einem Shopping-Center verschönern, das auf der daneben liegenden Brache geplant ist. Arbeitstitel des Projekts: „Zentrum Alter Schlachthof".

von Spezialfirmen teils auf dem Schlachthofareal, teils in der Nachbarschaft verwertet. Das Blut diente als Rohstoff für die Impfstoffproduktion, der halbverdaute Mageninhalt der Wiederkäuer ließ sich zu Viehfutter aufbereiten. Drei Gebäude von Verwerterfirmen sind auf dem Gelände erhalten: die Häutesalzerei, die Darmschleimerei und die Lederfabrik Steinlein, vor dem Ersten Weltkrieg ein gefragter Produzent von Stiefeln für das preußische Militär. Bis zum Zweiten Weltkrieg wurde der Schlachthof ständig erweitert und modernisiert. Ein DDR-Fleischkombinat nutzte einen Teilbereich bis 1991, dann stellte die

Treuhand den Schlachtbetrieb ein. Der Senat drängte Anfang der Neunzigerjahre auf eine schnelle Räumung des Geländes, um dort das Mediendorf für die Olympiade 2000 zu errichten. Das Eingreifen der Denkmalpflege rettete einige alte Gebäude vor dem bevorstehenden Abriss, darunter die Darmschleimerei und die neusachliche Fassade eines Rinderschlachthauses von Richard Ermisch. Nach langer Suche fanden sich Investoren für die erhaltenen Bebauungsreste: Vier leerstehende Hallen an der Landsberger Allee sollen renoviert werden, um dem Eingangsbereich des dort geplanten Einkaufszentrums ein individuelles Gesicht zu geben. Einige der maroden Rinderställe an der Eldenaer Straße sind bereits eingerüstet. Wie vor hundert Jahren mauern Bauarbeiter mit der Kelle einen historischen Backsteingiebel neu. Die Dächer werden komplett erneuert, darunter entstehen Gewerberäume für Kleinbetriebe und das Archiv der Heinrich-Böll-Stiftung.

In den zweigeschossigen Beamtenwohnhäusern am Forckenbeckplatz sind eine Kita und eine Sozialstation untergebracht. Dazwischen lag früher der Haupteingang zur Viehbörse. Er führt ins Leere. Auf weiter Brache steht das filigrane Eisenskelett einer großen Halle ohne Dach. Die ehemalige Hammelmarkthalle werde sorgfältig demontiert, versichert Hans-Jörg Schmidt, um Ersatzteile für die Rekonstruktion der größten Halle auf dem Gelände zu gewinnen. Sie ist 217 Meter lang und 72 Meter breit und bot an Marktagen bis zu 4.800 Rindern Schutz vor der Witterung. Dach und Außenwände gleichen nach zahllosen Ausbesserungen einem Flickenteppich, im Innern zerschneiden Zwischenwände die neunschiffige Basilika in mehrere leere Säle. In der Nachkriegszeit dienten sie als Lager, weil sich für die Rinderauktionshalle im Ganzen keine andere Nutzung fand. Berlins Landeskonservator nennt sie ein „Schlüsselbauwerk“, auch die

SES sieht in der Halle das historische Herzstück des neuen Stadtquartiers, doch ist es schwierig, einen Investor für ein Bauwerk von diesem Zuschnitt aufzutreiben. Sein Erhalt wäre eine öffentliche Aufgabe. Dafür ist aber angeblich kein Geld da. Hans-Jörg-Schmidt hätte sich die seit Jahren auf der Suche nach einem eigenen Haus umher irrende Berlinische Galerie oder das Deutsche Zentrum für Photographie hier gewünscht. „Aber wenn man bei den zuständigen Stellen anruft, dann beißt man auf Granit."

Noch vermitteln die weiten Blicke über das planierte Gelände einen starken Eindruck von den gigantischen Dimensionen der verschwundenen Schlachtfabrik. In der Leere zwischen den kargen Gebäuderesten ist Platz für die Erinnerung, für Nachdenklichkeit und die Vision von einem schönen neuen Stadtquartier. Das alles wird sich in den nächsten Jahren verlieren. „Das Schwein muß gebrüht werden, ausgeweidet, zerhackt, das geht Zug um Zug", heißt es im Schlachthofkapitel von Döblins Roman „Berlin Alexanderplatz". Warum sollte es dem Schlachthofgelände anders ergehen?

Postskriptum

Mai 2002: Über ein Jahr ist seit dem Termin mit Herrn Schmidt auf dem Schlachthofgelände vergangen. Die Wohnanlage in der Nähe des Bahnhofs Landsberger Allee ist fast bezugsfertig, die Sanierung der Rinderställe an der Eldenaer Straße abgeschlossen, die Behindertenwerkstatt neben den Bahngleisen im Bau. Am Steppencharakter des Geländes hat das nichts geändert. Die Gnadenfrist des „Langen Jammers" läuft in Kürze ab, für die Rinderauktionshalle gibt es eine neue Nutzungsidee: Eine Art Einkaufspassage mit Läden und Gastronomie könnte daraus werden, aber nicht für die üblichen Filialen mit

Massenware, sondern für kleine Handwerksbetriebe und Geschäfte mit Waren aus Handarbeit. Es fällt schwer sich vorzustellen, dass sich dafür genügend Geschäftsleute mit dem nötigen Kapital finden: Dazu ist die Umgebung einfach nicht schick genug.
Inzwischen regiert ein rot-roter Senat die Stadt und macht sich seine Gedanken, wie es weitergehen soll mit diesem und fünf weiteren Entwicklungsgebieten, die den maroden Haushalt Berlins belasten. Einen schnellen Abschluss der Entwicklung zu einem blühenden Stadtquartier erwartet niemand mehr, denn leere Gewerbeflächen und Wohnungen gibt es anderswo in der Stadt schon genug. Die Rechnung, nach der die Investitionen in die Infrastruktur des Schlachthofsgeländes sich rasch durch Grundstücksverkäufe an private Investoren amortisieren würden, sie ist nicht aufgegangen. Und wird in absehbarer Zeit auch nicht aufgehen. Das heißt: Entweder muss weiter viel Geld in die Stadtentwicklungsgesellschaft gepumpt werden – oder der Senat wickelt sie ab und stoppt das ganze Projekt. Mit riesigem Aufwand wäre es dann gelungen, das kaputte Denkmal Alter Schlachthof in eine teure Stadtentwicklungsruine zu verwandeln.
„Neues Leben in der Stadt" steht auf den grünen Fahnen, die am 6. Mai 2002 an der neuen Thaerstraßenbrücke über den Ringbahngraben flattern. Es ist der Tag, an dem die Brücke, die Thaerstraße und die Hermann-Blankenstein-Straße dem öffentlichen Verkehr übergeben werden. „Ein historischer Tag", sagt der Geschäftsführer der Stadtentwicklungsgesellschaft in seiner Ansprache, denn damit werde der „weiße Fleck auf der Landkarte" nach 130 Jahren zum ersten Mal öffentlich zugänglich. So als sei das Schlachthofgelände schon immer das wüste Kolonialgebiet gewesen, als die es sich seit der Flurbereinigung der Neunziger darstellt. Eine Staatssekretärin aus der Bauverwaltung vertritt die Landesregierung bei

der Zeremonie. Die Dame drückt sich um eine Aussage zur Zukunft der Stadtentwicklungsgesellschaft herum, spricht jedoch von einer „schwierigen Situation". Für bessere Stimmung sorgen eine Dixieband und die Kinder aus der Grundschule an der Hausburgstraße, denen man schon allzu lange eine Turnhalle auf dem angrenzenden Schlachthofareal versprochen hat. Nun werden sie wohl noch ein paar Jahre darauf warten müssen, weil die Kommune fast pleite ist. Die Schüler tanzen zu Discorhythmen auf der neuen Brücke, unbekümmert um die traurige Kulisse. Das ist ein bisschen peinlich, wie das imposante Buffet, das nach der Zeremonie in der Rinderauktionshalle auf die Ehrengäste wartet. Doch unerwartet wird klar, warum der Schuldirektor den Unterricht hat ausfallen lassen. Als die Honoratioren zur Schere greifen, um das symbolische grüne Band über der neuen Brücke zu zerschneiden, heben die Schüler Transparente in die Höhe: „Herzlichen Glückwunsch, aber denkt auch an unsere Turnhalle".

Frankfurter Allee

Magistrale zwischen Stalin und Stasi

In den ersten Jahren nach dem Fall der Mauer spitzten die Planer um den damaligen Stadtentwicklungssenator Volker Hassemer die Bleistifte und begannen zu rechnen. Unterm Strich kam ein gigantischer Fehlbedarf bei Büro- und Einzelhandelsflächen heraus, der durch großzügige Neubauten und Umnutzungen in der Stadtmitte allein nicht zu decken gewesen wäre. Um der erwarteten Nachfrage von bauwilligen Investoren entgegen zu kommen und den Druck von den Citybereichen zwischen Ku'damm und Alex zu nehmen, ertüftelte die Behörde eine „Ringstadtkonzeption". Damit wollte sie Investoren auf unterentwickelte Flächen am S-Bahn-Ring locken. „Fleischbrocken vor die hungrigen Tiere schmeißen", nannte der Senator seine Strategie. Vor allem am West- und Ostkreuz, am Gesundbrunnen und der Papestraße sollten großräumige „Ring-Center" mit Büros, Parkplätzen und Einkaufsmöglichkeiten gefördert werden. Nur so sei es möglich, glaubten die Stadtplaner, im Zentrum den Verkehr zu begrenzen, die Verdrängung von angestammten Bewohnern und Gewerben zu verhüten, kurz, einen Kollaps der Innenstadt abzuwenden.
Am S-Bahnhof Frankfurter Allee, dem Schnittpunkt der Ringbahn mit einer wichtigen Automagistrale und der U-Bahn-Linie 5, sollte zügig ein „erstes Beispiel für die neuen Stadtadressen am inneren Ring entstehen", weithin sichtbar markiert durch einen 120 Meter hohen gläsernen Büroturm mit 32 Stockwerken. 1997 war die Einweihung vorgesehen. Gebaut wurden aber lediglich zwei Einkaufspassagen samt Parkdecks zu beiden Seiten der Ringbahn. Vor dem „Ring-Center 2" auf der östlichen Seite blieb eine unbebaute Rasenfläche, ordentlich gemäht und eingefasst

Die Magistrale hieß früher auf ganzer Länge Frankfurter Allee, dann Stalinallee und heute im abgebildeten Teilabschnitt Karl-Marx-Allee. Links unten hinter Bäumen versteckt befinden sich Laubenganghäuser aus der ersten Phase des sozialistischen Wiederaufbaus. Der Blick geht vom Frankfurter Tor über sozialistische Wohnpaläste der Fünfzigerjahre zum Alexanderplatz.

mit einer Hecke. Wer die Bebauungspläne gesehen hat, erkennt in der Krümmung der Centerfassade das Negativ des linsenförmigen Grundrisses, auf dem sich das Hochhaus erheben sollte. Der Rasenteppich deckt ihn zu. In seiner Mitte warten vier stämmige Birken darauf, dass die Gnadenfrist abläuft, die ihnen das unerwartete Überangebot auf dem Immobilienmarkt verschafft hat.

Das zwiefache „Ring-Center“ ist nun schon die fünfte Shoppingmall auf unserer Ringbahnreise – nach dem

„Gesundbrunnen-Center", den „Schönhauser Allee Arcaden", dem „Forum Landsberger Allee" und dem „Storkower Bogen" an zurückliegenden Stationen. Zwei Haltestellen weiter bildet das „Park-Center" am Treptower Park den Schlusspunkt dieser Ringstadt des Konsums. Man muss nicht alle diese Einkaufsparadiese besichtigen – wer eines gesehen hat, hat alle gesehen. Die meisten Läden gleichen sich ohnehin, weil sie zu großen Filialketten gehören. Das „Ring-Center 1" auf der westlichen Seite des S-Bahnhofs hätte allerdings einen Sonderpreis verdient für die besondere Rücksichtslosigkeit gegenüber der Nachbarschaft, die es architektonisch zur Schau trägt. Vier Straßenfassaden besitzt die introvertierte Konsumschachtel, aber an keiner einzigen öffnet sich ein Ladengeschäft zu den Passanten. Besonders unangenehm fällt das an der Ringbahnseite auf. Wer aus dem alten Backstein-Empfangsgebäude tritt, prallt fast gegen eine tote Wand aus poliertem Naturstein, blinden Glasfenstern und verschlossenen Glastüren. Dabei wäre an diesem viel benutzten Fußgängerdurchgang zum U-Bahnhof ein blühendes Geschäftsleben möglich – wie die Baracken entlang des Bahndamms beweisen, in denen sich hartnäckig ein Blumenladen, ein Reisebüro und mehrere Schnellimbisse halten. Das Center zeigt ihnen die kalte Schulter.

Schon seit dem Zweiten Weltkrieg ist die Frankfurter Allee ein beliebtes Experimentierfeld für städtebauliche Planspiele. Bis dahin war sie bloß eine schier endlos graue, von Mietskasernen gesäumte Ausfallstraße. Im Sommer 1945 glich die Allee über weite Strecken einer Trümmerwüste. Nach der letzten großen Entscheidungsschlacht des Zweiten Weltkrieges bei den Seelower Höhen waren von der 1. Belorussischen Front Truppenteile der 5. Stoßarmee über die Frankfurter Allee ins Zentrum vorgerückt. Innerhalb des S-Bahnrings gehörte die Allee zum damaligen Bezirk Friedrichshain, in dem nach den Weltkriegszerstörungen 13 Straßen und Plätze nicht mehr aufgebaut wurden, fast die Hälfte der Gebäude so stark beschädigt war, dass ein Wiederaufbau nicht in Frage kam. Von den 1939 gezählten 346.246 Friedrichshainer Bürgern lebten im Jahre 1945 nur noch 156.000, wobei auf 100 junge Männer 450 gleichaltrige Frauen kamen.

Wegen des hohen Zerstörungsgrades wurde die Frankfurter Allee zum Ausgangspunkt des Wiederaufbaus im sowjetischen Sektor von Berlin ausgewählt. Federführend bei den Planungen war zunächst Hans Scharoun, der später in West-Berlin die Staatsbibliothek und die Philharmonie bauen sollte. Scharoun wollte dort weitermachen, wo Bruno Taut und andere Vertreter des Neuen Bauens nach dem Scheitern der Weimarer Republik aufgehört hatten: „Was blieb, nachdem Bombenangriffe und Endkampf eine mechanische Auflockerung vollzogen, das Stadtgebiet aufrissen? Das, was blieb, gibt uns die Möglichkeit, eine ‚Stadtlandschaft‘ daraus zu gestalten. Die Stadtlandschaft ist für den Städtebauer ein Gestaltungsprinzip, besonders um der Großsiedlungen Herr zu werden. Durch sie ist es möglich, Unüberschaubares, Maßstabloses in übersehbare und maßvolle Teile aufzugliedern und diese Teile so zueinander zu ordnen, wie Wald, Wiese, Berg und See in einer schönen Landschaft zusammenwirken."

Um die baulichen Relikte dieser Vision in Augenschein zu nehmen, müssen wir zwei oder drei U-Bahnstationen stadteinwärts fahren, bis dahin, wo die alte Frankfurter Allee den Namen Karl-Marx-Allee angenommen hat. Halb hinter Bäumen versteckt stehen an der Südseite der Allee, zwischen Frankfurter Tor und U-Bahnhof Weberwiese, schlichte Laubenganghäuser: die ältesten Zeugen des sozialistischen Wiederaufbaus. Scharoun und seine Mitarbeiterin Ludmilla Herzenstein planten in diesem Stil

eine aufgelockerte „Wohnzelle Friedrichshain“ für 5.000 Menschen. Doch kaum war mit dem Bau der ersten Wohnblocks begonnen worden, gaben die Machthaber der gerade gegründeten DDR dem Projekt eine neue Richtung.
Den Wendepunkt markiert der 21. Dezember 1949, der 70. Geburtstag Josef Stalins, des Herrschers über das sowjetische Einflussgebiet. An diesem Tag wurde die Frankfurter Allee auf ganzer Länge in Stalinallee umgetauft. Die geplante „Wohnzelle Friedrichhain“ hieß nun „Wohnstadt Stalinallee“. Walter Ulbricht, als SED-Parteichef mächtigster Mann in der DDR, und Oberbürgermeister Friedrich Ebert reisten zum Stalingeburtstag nach Moskau. Wieder in Berlin, forderte Ulbricht die Wendung zu einer Baukunst „im Sinne des Volksempfindens“. Auf einer Rede vor dem 3. Parteitag der SED im Juli 1950 geißelte er die Architekten, „die in ihren kosmopolitischen Phantasien glauben, daß man in Berlin Häuser bauen könne, die ebenso gut in die südafrikanische Landschaft passen“. Gegen die Laubenganghäuser an der Stalinallee wurde eine Pressekampagne inszeniert. Das „Neue Deutschland“, Parteiblatt der SED, druckte am 13. Februar 1951 das Photo eines Friedrichshainer Neubaus mit dem Verdikt: „Die von der Baubetreuung Berlin erstellten Wohnhäuser in der Stalinallee sind ein typisches Beispiel für den ‚Baukastenstil‘, wie er für unsere Werktätigen nicht mehr in Frage kommen darf.“ Daneben war ein Foto von einem Wohnhochhaus im Zuckerbäckerstil zu sehen, versehen mit dem Kommentar: „Eines der vielen Wohnhäuser, die an den Hauptstraßen in Moskau in den letzten 15 Jahren errichtet wurden und die nicht nur der Erfüllung ihres Zwecks dienen, sondern auch dem Schönheitsempfinden des Volkes Rechnung tragen“.
Um die gerade bezogenen Laubenganghäuser nicht gleich wieder abreißen zu müssen, wurden schnell wachsende

Pappeln davor gepflanzt. Ein wenig abseits der breiten Allee, an der Marchlewskistraße, zogen Baukolonnen im Winter 1951/52 mit hohem Tempo das Gegenmodell zum Scharoun-Entwurf hoch. Die SED ließ das „Hochhaus an der Weberwiese", entworfen von dem zum Neoklassizismus konvertierten Bauhaus-Anhänger Hermann Henselmann, als Vorboten einer neuen Zeit feiern. „Ein hohes Haus. So hoch sind wir gestiegen / Und bauten Licht und Luft und Übersicht. / Erfüllt der Traum von unserer Art zu siegen / Seht unser Schöpfungswerk: Es werde Licht!", dichtete Johannes R. Becher, der bald darauf zum ersten Kulturminister der DDR befördert wurde. Das Wohnhochhaus lockte viele Schaulustige an. Es imponierte auch vielen West-Berlinern, die hierher pilgerten, um sich ein Bild vom sozialistischen Wiederaufbau zu machen.

Am 3. Februar 1952, sieben Jahre nach dem schwersten Bombenangriff auf Berlin, fand dann die propagandistisch groß aufgezogene Grundsteinlegung für die Bebauung der Stalinallee mit Wohnpalästen statt. Zwischen Proskauer Straße und Strausberger Platz zieht sich das Ensemble der „1. sozialistischen Wohnstraße" über eine Länge von fast zweieinhalb Kilometern hin. An der Nordseite wurde die Allee verbreitert, um die monumentale Wirkung der Magistrale zu steigern. Die Ziegelsteine für die mächtigen Wohnblöcke stammten zum großen Teil aus den Trümmerhaufen der zerbombten Mietskasernen. Fliesen, Kacheln und klassizistische Schmuckelemente an der Fassaden verliehen den neuen Wohnpalästen Helligkeit, Freundlichkeit und repräsentativen Glanz. Daneben wirkten die Altbauten der Vorkriegszeit noch schäbiger. Vergleichsweise luxuriös waren die Wohnungsgrundrisse und die Innenausstattung. In den Neubauten gab es kein Außenklo mehr, dafür Bäder mit Warmwasserversorgung, Zentralwärme, Einbauküchen, Müllschächte, Fahrstühle und Wechselsprechanlagen, selbst Portiers wie in Paris. Auffällig sind heute noch die großen Läden im Erdgeschossbereich, die sich zu einem Schaufenster für die Leistungskraft der sozialistischen Konsumgüterindustrie entwickeln sollten. Doch war die Nachfrage meist höher als das Angebot. Neben normalen Läden lockten Spezialgeschäfte, ein Kinderkaufhaus im „Haus des Kindes" am Strausberger Platz, ferner ein „Haus für Sport und Freizeit", das größte Sporthaus der DDR. Große Lokale brachten den Ost-Berlinern die Küche der „sozialistischen Bruderländer" nahe: das Café Warschau, das Café Sofia, das Restaurant Bukarest und als Flaggschiff das Restaurant Budapest mit 360 Plätzen auf drei Etagen. Sie existieren alle nicht mehr, aber wenigstens die Karl-Marx-Buchhandlung gibt es noch in den ursprünglichen Räumen. Die Stalinallee war die Bühne für große Aufmärsche an Staatsfeiertagen und galt zugleich als „Ku'damm" des Ostens. Emphatisch rief Walter Ulbricht den Architekten auf einem Kongress im Dezember 1951 zu: „Die Bauwerke, die unsere deutschen Architekten jetzt entwerfen und bauen werden, sind Bauwerke für Jahrhunderte, für eine Zeit, in der das einige, demokratische und friedliebende Deutschland hergestellt sein wird". Recht hat er behalten. Nach der Wiedervereinigung kaufte eine Bank das gesamte Ensemble, gründete Immobilienfonds und begann mit der denkmalgerechten Sanierung sämtlicher Wohnpaläste.

Risse bekam die Utopie vom Wiederaufbau der gesamten DDR-Hauptstadt im Palaststil der Stalinallee spätestens am 16. und 17. Juni 1953, den Tagen des Arbeiteraufstandes, der von den Baustellen an der Frankfurter Allee seinen Ausgang nahm. Dort fehlte es an Material und an Werkzeug, was den Fortgang der Bauarbeiten hemmte. Eine von der Regierung verabschiedete Erhöhung der Arbeitsnormen brachte den latenten Unmut zum Ausbruch. Sowjetische Panzer schlugen den Protest blutig nieder. Er war auch ein Indiz dafür, dass in der DDR die Wirtschaftskraft fehlte, um den an der Stalinallee eingeschlagenen Weg des Wiederaufbaus fortzusetzen. Eigentlich sollten sich die neoklassizistisch dekorierten Wohnpaläste vom Frankfurter Tor bis zum S-Bahn-Ring und darüber hinaus bis zum Bahnhof Lichtenberg fortsetzen. Nach dem Abschluss des ersten Bauabschnitts jedoch wurde das kostspielige Vorhaben abgeblasen.

Statt dessen entstand in den Jahren 1959 bis 1965 zwischen Strausberger und Alexanderplatz der „1. sozialistische Wohnkomplex", das erste Projekt in Großtafelbauweise. Mit dem industrialisierten und typisierten Bauen kehrten Ideen der Zwanzigerjahre in die DDR-Architektur zurück, allerdings in stark vulgarisierter Form. Der Blick vom S-Bahnhof Frankfurter Allee nach Lichtenberg zeigt die Fortsetzung des Massenwohnungsbaus mit der „Platte". Östlich des S-Bahn-Rings entstanden große Wohnquartiere, deren Erscheinungsbild sichtlich vom Zwang zur Sparsamkeit diktiert wurde. Eingestreute Flachbauten zwischen den kargen hohen Wohnblocks dienten als Läden, Kindergärten oder Schulen. Die Gestaltung der Grünflächen zwischen den Blocks blieb in DDR-Zeiten meist der Eigeninitiative der Mieter überlassen.

„Unsere Entscheidung für das Wohnungsbauprogramm stützte sich auf die Erkenntnis, daß die Wechselbeziehungen zwischen den Arbeitsleistungen der Menschen, ihren Bildungsmöglichkeiten und den Wohnbedingungen immer mehr beachtet werden müssen. Nur so kann sich die Persönlichkeit voll entfalten, nur so kann der Mensch als Hauptproduktivkraft zu hohen Leistungen befähigt werden. Darin liegt letztlich die Feststellung begründet, daß das Wohnungsbauprogramm das Kernstück unserer Sozialpolitik ist." Als Erich Honecker im Jahr 1973 nach Ulbrichts Tod die Macht in der DDR vollends übernahm, verkündete er ein umfassendes Wohnungsbauprogramm.

Die Lösung des Wohnungsproblems „als soziale Frage" bis zum Jahr 1990 sollte die Leistungsbereitschaft der Werktätigen steigern. Mit dem kühnen Motto „Jedem seine Wohnung" traten Honecker und seine Parteigenossen vors Volk, um bald darauf das „s" zu streichen. Statt um Qualität ging es zuletzt nur noch um Quantität. Entsprechend sahen die Neubauwohnungen aus, in denen nicht Bequemlichkeit und Großzügigkeit herrschten, sondern ein minimalisierter Gebrauchswert. „Jedem eine Wohnung", das hieß: eine Einheitsbehausung, egal ob für die Putzfrau oder den Professor, den Straßenkehrer oder die Ärztin.
Die industrielle Bauweise mit vorgefertigten Betonplatten erlaubte nach Innen und Außen wenig Gestaltungsspielraum. Sie wurde deshalb bevorzugt auf der grünen Wiese eingesetzt oder in Stadtteilen, die man zuvor komplett planierte – wie in Marzahn oder auf der Fischerinsel. Erst in den Achtzigerjahren begann ein innerstädtisches Bauen, dass sich ins Verhältnis zu den älteren Häusern setzte und sich deren Maßstäblichkeit anpasste. Die Platte wurde gefügig gemacht und mit allerlei historistischem Zierrat optisch aufgewertet. Damit konnten auch Lücken geschlossen werden, die der Krieg gerissen hatte. Vom S-Bahnhof Frankfurter Allee stadteinwärts blickend sieht man, wie die durchlöcherten Häuserzeilen in dieser Art vervollständigt wurden.
Schaut man von der Ringbahnbrücke oder vom Mittelstreifen der Allee wieder nach Osten, kann man auf einem grauen Plattenhochhaus das Logo der Deutschen Bahn bemerken. Das Haus hätte eine andere Markierung verdient. Dort befand sich bis 1990 die Hauptverwaltung Aufklärung des DDR-Staatssicherheitsdienstes. So wenig einladend sich die Frankfurter Allee in dieser Richtung präsentiert, es lohnt sich auf jeden Fall, auch noch den Weg bis zum nächsten U-Bahnhof Magdalenenstraße zu

gehen. Die Stasizentrale belegte dort bis 1990 ein großes Geviert zwischen Frankfurter Allee, Rusche-, Magdalenen- und Normannenstraße. In dem hermetisch gegen Blicke von außen abgedichteten Komplex aus Alt- und Neubauten arbeiteten mehr als 20.000 hauptamtliche Stasileute. Die Wohnungen in den öden Wohnblocks der Umgebung gingen bevorzugt an Mitarbeiter der Firma „Horch & Guck", von denen viele bis heute dort ihre Pensionen verzehren. Wer daher auf der Straße nach dem Weg fragt, dem kann es passieren, dass er einfach stehen gelassen oder in die Irre geführt wird – so erzählen es Mitarbeiterinnen des Museums auf dem Stasigelände.

Am 15. Januar 1990 stürmten Demonstranten die Bastille an der Frankfurter Allee. Eine Woche später beschloss der Runde Tisch, das politische Gremium des Übergangs von der Parteidiktatur zur Demokratie, eine Forschungs- und Gedenkstätte einzurichten. Sie liegt in der Mitte des ungemütlichen Häuserblocks, dort wo die Touristenbusse parken. Im ehemaligen Leitungsgebäude residierte der Minister für Staatssicherheit Erich Mielke, Herrscher über den Repressionsapparat mit zuletzt 91.016 hauptamtlichen und mindestens 174.200 inoffiziellen Mitarbeitern. Im Haus klärt nun eine umfängliche Ausstellung über die vielfältigen Formen von Opposition und Unterdrückung in der DDR auf. Respektlos schlendern Schulklassen durch Mielkes im Originalzustand erhaltenes Büro, die Vorzimmer, Privaträume und Besprechungssäle – alles vollgestellt mit biederem, miefigem Ostmobiliar, das die bedrückend spießige Atmosphäre der untergegangenen Diktatur ausdünstet.

In der Topographie der Magistrale markiert das Stasiministerium den Gegenpol zu den frühen Bauten der Stalinallee. Die Hässlichkeit, Formlosigkeit und Unwirtlichkeit der Stasi-Stadt an der Frankfurter Allee steht in bitterem Kontrast zur Großzügigkeit und dem Pathos der sozialistischen Wohnpaläste. Utopie und Niedergang, Anfang und Ende der DDR, materialisiert in den Wendungen des DDR-Städtebaus, sind an dieser Straßenflucht physisch zu erfahren. Vorausgesetzt, dass man um die Geschichte weiß. Am S-Bahnhof Frankfurter Allee selbst findet sich keinerlei Hinweis auf den Namen, der von 1949 bis 1961 auf den Stationsschildern stand: Stalinallee.

Ostkreuz

Ströme

Eine flüssige Menschenmasse, die aus Bahnen, Bussen und Straßenbahnen quillt, in den Hauptzeiten des Verkehrs über Treppen und Gänge sprudelt, sich auf Bahnsteige ergießt, dort in ungeduldig wartende, schwatzende oder in Zeitungen vertiefte Einzelpersonen zerfällt – wir kennen dieses Bild aus alten Berlinfilmen wie Walther Ruttmanns „Die Sinfonie der Großstadt". Es gehört zum Mythos der Metropole. Das Bild ist uns im Alltag fast verloren gegangen, ist abgelöst worden durch ein anderes Motiv: endlose Blechkarawanen auf vielspurigen Stadtautobahnen, anschauliches Symbol des Massenverkehrs im Zeitalter individueller Motorisierung.

Am Ostkreuz fühlen wir uns atmosphärisch in einen Schwarz-Weiß-Film der Zwanziger oder Dreißiger zurückversetzt. Die Umsteigestation pulst kräftig im Takt der stetig ein- und ausfahrenden S-Bahn-Züge. Es herrscht ein atemberaubendes Werktagsgedränge. Hier ist Großstadt: Hunderttausend Wege kreuzen sich täglich am Ostkreuz, aber kein Mensch sagt dem anderen Guten Tag. Weil man zu gar nichts anderem mehr käme, verhielte man sich wie ein Dorfbewohner. Höflichkeit heißt hier nicht, dem Mitmenschen freundlich zu begegnen, sondern ihm möglichst rasch auszuweichen. Das Ostkreuz wäre der Ort, um Georg Simmels viel zitierten Aufsatz über „Die Großstädte und das Geistesleben" aus dem Jahr 1903 wiederzulesen, in dem er die Herausbildung einer großstädtischen Mentalität beschrieben hat. Alle, die am Ostkreuz umsteigen, wollen rasch ans Ziel. Es zu erreichen, erfordert den Abschied von Verhaltensweisen des Landes oder der Kleinstadt, eine urbane Disziplin. Simmel sprach von der „Technik des großstädtischen

Lebens" und meinte keine Maschinen, sondern psychologische Verhaltensweisen wie Pünktlichkeit, Berechenbarkeit, Sachlichkeit. Individuelle Ziele lassen sich in der Millionenstadt nur erreichen, wenn man bereit ist, an einem Ort wie dem Ostkreuz ein gefügiges Atom der flüssigen Menschenmasse zu werden.

Was macht den Ort so großartig? Wasserfälle und Stromschnellen sind ähnlich faszinierend. Dort sucht sich das Wasser seinen Weg durch widerständiges Gelände und lässt seine ganze Wucht spüren. Am Ostkreuz überwinden Menschenströme ein widriges Terrain. Das Zu-, Aus- und Umsteigen ist ein Hindernislauf. Ums Treppensteigen kommt niemand herum, denn es gibt weder Rolltreppen noch Aufzüge, und zu ebener Erde ist keiner der vielen Bahnsteige zu erreichen. Alte Leute, Kinder, Mütter mit Kinderwagen, Radfahrer und Hunde quälen sich über die ausgetretenen Stufen. Ein junger Gehbehinderter hangelt sich am Geländer hoch, während ein Begleiter keuchend den Rollstuhl hinterher schleppt. Auf den Treppen zwischen Ring- und Stadtbahnsteigen drohen alle paar Minuten schwere Zusammenstöße, wenn unten und oben gleichzeitig S-Bahn-Züge halten. Wie zwei Flutwellen prallen die eiligen Umsteiger aufeinander und bilden kleine Strudel von Menschen, die sich auszuweichen suchen, benebelt von einer Wolke aus Backaroma und Kaffeeduft, den eine Croissantbäckerei absondert. Genau über den Köpfen der hastenden Menschen, dort wo das Dach des Stadtbahnsteigs an die eiserne Ringbahnsteigbrücke stößt, hat sich eine Taube ihr Nest gebaut. Es klemmt dort oben wie ein Strohkörbchen, das der Osterhase vergessen hat.

Das Ostkreuz mag ein Ort der Anonymität sein, aber es ist kein anonymer Ort. Dieses Stück Stadtlandschaft besitzt die Aura des Naturhaften, nicht wegen der Gräser, Büsche und Bäume am Rande, sondern wegen der Altersspuren

Selbst an einem Werktagvormittag ist der versteckte Bahnsteig A am Ostkreuz manchmal menschenleer. Im Zuge der Neugestaltung des stark frequentierten Umsteigepunktes soll er abgerissen werden. Der markante Wasserturm steht als weithin sichtbare Landmarke am Ostkreuz unter Denkmalschutz.

an den Anlagen von Menschenhand. Ostkreuz, Rostkreuz: Der Bahnhof trägt seinen Spitznamen zu Recht. Die tausend Stahlnieten, Schrauben und Muttern, die den Bahnhof gerade noch zusammenhalten, sind zu dunklen Klumpen korrodiert, die Schienenschwellen mit einer undefinierbaren schwarzen Kruste überzogen, der Schotter gleicht Steinkohlen und die elektrischen Anlagen guckt man sich besser nicht so genau an. Fahrtrichtungsanzeiger und Stationsschilder stammen noch aus DDR-Zeiten, das gibt es sonst nirgendwo mehr am Ring.

Ausgeflickt sind die Bahnsteigpflaster und die Verglasungen an den morschen Treppenaufgängen. An den eisernen Handläufen fehlt der Lack, wo Millionen Hände zugegriffen haben. Vom Ringbahnsteig schaut man auf lange Dächer aus Wellpappe mit verwackelten Teernähten, darunter warten Reisende auf die Stadtbahnzüge. Moderne, bunt lackierte Tonnen für die Mülltrennung hängen an alten Trägern mit abgeplatzter Lackierung. Neue Richtungsschilder, Werbetafeln, Verkaufsbuden oder Bahnsteigmöbel sind bunte Flicken, die provisorisch wirken wie die denkmalgeschützte Bausubstanz. „Sehr geehrte Fahrgäste, für Sauberkeit auf diesem Bahnhof ist die Firma Sasse verantwortlich", liest man auf einem sehr sauberen Aufkleber über einer stinkenden Pissecke.
Wie lange steht eigentlich schon das störende Metallgitter auf dem betriebsamen Ringbahnsteig? Seit mindestens drei Jahren ist dort ein kleiner Platz wie eine Baustelle eingezäunt. In der Mitte liegt ein Stück grasgrüner Balkonteppich. Blumenkübel beschweren die Grünanlage aus Kunststoff, darin blühen gelb und blau echte Stiefmütterchen. Aus der Blumenerde gucken ein Terrakottamaulwurf und ein Vorgartenigel. Mit Paketschnur am Hals sind zwei Plastikenten angebunden, damit die Zugluft auf dem Bahnsteig sie nicht wegpustet. Hat es sich das Bahnsteigpersonal einfach schöner machen wollen an seinem Arbeitsplatz? Oder handelt es sich bei der Blumeninsel um eine subtile künstlerische Installation? Weit gefehlt: Die Stelle, unter der Regionalbahnen und der ICE ohne Halt durchfahren, ist so baufällig, dass sie für das Publikum gesperrt bleiben muss. Ihre Reparatur wäre so kompliziert, dass sie bis jetzt von Jahr zu Jahr hinausgeschoben wurde; denn in naher Zukunft soll der morsche Bahnsteig sowieso abgerissen und durch eine richtige Bahnhofshalle mit mehr Gleisen ersetzt werden.
Dass alles bald anders werden soll, hört man nun schon

seit Jahrzehnten, genauer: Seit den Dreißigerjahren gibt es konkrete Pläne, das Ostkreuz zu einer ähnlich großzügigen und aufgeräumten Umsteigestation umzubauen wie das Westkreuz am anderen Ende der Stadtbahn. Bisher blieben sie immer in der Schublade. Zwar sahen die Verantwortlichen bei der Bahn und in der Politik die Dringlichkeit stets ein, doch wenn das Geld wegen teurer Prestigeprojekte an anderer Stelle knapp wurde, ging das marode Ostkreuz jedes Mal leer aus. Auch für jedes der vergangenen Jahre wurde irgendwann einmal von Bahnmanagern vorsorglich angekündigt, nun werde endlich mit den Umbauarbeiten begonnen. Wären da bloß nicht die veranschlagten Kosten, die erst einmal aufgebracht werden müssen: Um die 350 Millionen Euro sollen Ausbau und Sanierung bei laufendem Betrieb verschlingen. Das Geld wäre gut angelegt: Schließlich halten weit über tausend Züge täglich am Ostkreuz, die Zahl der Ein-, Aus- und Umsteiger wird auf 140.000 taxiert, Prognosen für die Zeit nach dem Umbau liegen noch um rund 100.000 Fahrgäste höher.

Ein Provisorium war das Ostkreuz von Anfang an. Anders als am Westkreuz gab es am Schnittpunkt der Ringbahn mit den vom heutigen Ostbahnhof wegführenden Gleisen bereits zwischen 1872 und 1882 einen Haltepunkt, auf dem man allerdings nicht umsteigen konnte. Mit der Eröffnung der Stadtbahn ging eine Umsteigestation unter dem Namen „Stralau-Rummelsburg“ in Betrieb, die wegen des wachsenden Verkehrsaufkommens in der Folgezeit immer weiter aus- und umgebaut wurde; den markanten Namen „Ostkreuz“ erhielt dieser Bahnhof 1933, gut ein Jahr nach der Umbenennung seines Gegenstücks am anderen Ende der Stadtbahn in „Westkreuz“. Heute sind noch vier Bahnsteige in Betrieb, bezeichnet mit den Buchstaben A, D, E und F; was bereits darauf hindeutet, dass nicht nur Teile der früheren

Bahnhofsarchitektur verlorengegangen, sondern ganze Bahnsteige abgetragen worden sind.
A, D, E, F – man kann dabei auch an Töne denken. Jeder Bahnsteig schwingt mit seiner eigenen Frequenz. F ist der höchstgelegene Perron, hier halten die S-Bahn-Züge, die auf dem Ring verkehren. Zusammen mit dem breiten Stadtbahnsteig D bildet er den meist benutzten Umsteigepunkt der unübersichtlichen Bahnhofsanlage; weshalb auf D die meisten Verkaufsbuden (auch Budenzauber genannt) warten. Der Wartende hat die Wahl zwischen Thüringer Bratwurst, Kaffee, Zeitungen, frischem Obst und Schnittblumen. Sogar eine Bedürfnisanstalt ist geöffnet – derzeit die einzige am gesamten S-Bahn-Ring, der früher einmal in dieser Hinsicht sehr viel besser ausgestattet war.
Auf dem parallelen Stadtbahnsteig E ist weniger los, die Wartezeiten sind länger und die Gesichter verdrossener. Ein asiatischer Nippeshändler teilt sich das historische Bahnsteighäuschen mit einer fleißigen Zugabfertigerin. Im kleinen Schaufenster liegen Spielzeugautos, Aschenbecher, Glaselefanten, Feuerzeuge und Taschenmesser aus, und die auf dem Pflaster ausgebreitete Blumenpracht, die man vom Nachbarbahnsteig bewunderte, erweist sich aus der Nähe als Kunstschöpfung aus Stoff und Plastik. Bei dem mäßigen Publikumsverkehr auf diesem Bahnsteig wäre der Handel mit rasch welkenden Schnittblumen ein schlechtes Geschäft.
Derzeit herrscht auf F und E noch der so genannte Linienbetrieb, das heißt, an jedem Bahnsteig halten Züge in zwei Richtungen. Das ist unpraktisch, weil beispielsweise Reisende, die aus der Innenstadt kommen, aber nicht im richtigen Zug nach Osten sitzen, oft Treppen steigen müssen, um eine passende S-Bahn zu erreichen. Beim Umbau des Ostkreuzes sollen die vor und hinter dem Haltepunkt liegenden Gleise so umgelegt werden, dass

Richtungsbetrieb möglich wird. Dann halten alle Züge in Richtung Stadtbahn auf einem Bahnsteig, alle ausfahrenden auf einem anderen.
Ganz verschwinden soll Bahnsteig A. Er ist fast ein Geheimtipp, man erreicht ihn über Treppen am westlichen Ende von D und E, aber dorthin verschlägt es nur wenige. Selbst in der Hauptverkehrszeit ist der uralte Bahnsteig mit seinem gekrümmten Dach manchmal menschenleer. Ein abgeschiedener Ort wie geschaffen für konspirative Verabredungen oder Verliebte, eine grüne Insel mit hohen Bäumen, umspült vom Schienenverkehr. In größeren Abständen halten S-Bahn-Züge älterer Bauart, die von der Ringbahn auf die Stadtbahn abbiegen. Die Züge aus der Gegenrichtung fahren am Ostkreuz ohne anzuhalten vorbei; denn es fehlen die in DDR-Zeiten abgebrochenen Bahnsteige B und C. Dafür soll der Bahnhof beim Umbau zwei weitere Perrons parallel zu den übrigen Stadt- und Ringbahnsteigen erhalten, damit er auch zum Ostkreuz für den Regionalbahnverkehr werden kann.
Weithin sichtbarer Blickfang am Ostkreuz bleibt der etwas abseits zwischen Kleingärten stehende Wasserturm mit markanter Pickelhaube, eine Schöpfung des Bahnarchitekten Karl Cornelius aus dem Jahr 1912. Vom Ringbahnsteig springt zudem der gedrungene Eckturm der einstigen Knorr-Bremse ins Auge. Alfred Grenander, der bedeutende Berliner U-Bahn-Architekt, hat die ab 1913 gebaute Schnellbremsenfabrik entworfen. Von ihm stammen auch die Abfertigungsgebäude an den U- und S-Bahn-Treffpunkten Gesundbrunnen und Neukölln. Ähnlich prägend wie Grenander für die U-Bahn war in den Zwanzigerjahren der Architekt Richard Brademann für die S-Bahn. Als die Stadt-, Ring- und Vorortbahnen elektrifiziert wurden, entwarf er Gleichrichterwerke, Stellwerke und die neuen Umsteigebahnhöfe am Westkreuz

und der Bornholmer Straße, später auch die Tunnelstationen am Potsdamer Platz und Anhalter Bahnhof. Am Ostkreuz entstand nach seinen Plänen die Fußgängerbrücke über den Stadtbahnsteigen. Neben dem Bahnhofsareal plante Brademann 1928 eine kantige Backsteinburg. Das mächtige Umspannwerk am Markgrafendamm war notwendig, um den vom Kraftwerk Klingenberg bezogenen Drehstrom in Arbeitsstrom für den S-Bahn-Betrieb umzuwandeln. Im Gebäude wurde die so genannte Fahrleitungsmeisterei angesiedelt, die zentrale Befehlsstelle der Bahnstromversorgung. Seit dem Frühjahr 2000 arbeitet in der historischen Schaltwarte eine computergestützte Netzleitstelle, die sämtliche Stromanlagen der Berliner S-Bahn überwacht. Sie reguliert die Kraftströme, ohne die es weder auf der Ringbahn noch am Ostkreuz Menschenströme gäbe.

Treptower Park

Panorama am Wasser

In den Sekunden, bevor der S-Bahn-Zug in den Bahnhof Treptower Park einfährt, bietet sich von der Brücke über die Spree einer der großartigsten Panoramablicke, die man vom S-Bahnring aus haben kann, ganz unabhängig von Witterung und Jahreszeit. Hier besitzt der Fluss eine Breite, die ihm im Zentrum der Stadt fehlt. Man glaubt einen großen Strom zu überqueren und wünscht sich, die S-Bahn möge ein einziges Mal stehen bleiben, damit man in aller Ruhe das Auge rundum schweifen lassen kann. Stromabwärts liegt das alte Zentrum der Stadt mit dem Fernsehturm. Am rechten Spreeufer reihen sich die Speicher und Kräne des Osthafens. Vor dem Ersten Weltkrieg gebaut, soll er mangels Rentabilität in ein paar Jahren ganz stillgelegt werden. Einige Speicher sind schon zu Lofts und Büros umgebaut. Über den Fluss gespannt, zieht die Oberbaumbrücke alle Aufmerksamkeit auf sich. Das rote Backsteinbauwerk mit seinen beiden markanten Türmen erinnert in seiner Wehrhaftigkeit an ein Wassertor. Als es vor gut hundert Jahren gebaut wurde, war es eine Reminiszenz an die schon längst verschwundene Stadtgrenze des 18. Jahrhunderts am Oberlauf der Spree. Dort wurde ein Wassertor allabendlich mit Baumstämmen verschlossen, daher der Name: Oberbaum.

Mitten im Fluss steht eine gigantische Plastik, drei durchlöcherte Scheiben mit den Umrissen menschlicher Figuren, dreißig Meter hoch. Das Kunstwerk von Jonathan Borofsky trägt den Namen „Molecule Men" und symbolisiert den Schnittpunkt der Stadtbezirke Treptow, Kreuzberg und Friedrichshain. Doch die Arbeit des Künstlers, der stets nur ein einziges Kunstwerk in eine Stadt vergibt, sprengt keine Dimensionen, da am Ufer in den Neunzigern ähnlich hohe Neubauten und ein 135 Meter hoher Büroturm emporschossen. Das Allianzhochhaus der gleichnamigen Versicherungsgesellschaft ist das zweithöchste Gebäude der Stadt. Es entstand in den Neunzigern als neue Dominante auf dem ehemaligen, 85.000 Quadratmeter großen Gelände der Elektro-Apparate-Werke (EAW-Treptow), von denen einige unter Denkmalschutz stehende Klinkerbauten erhalten blieben. Bis zum Untergang der DDR war der Bezirk Treptow der zweitgrößte Industriestandort in der Hauptstadt. Sein Wandel zum Büro- und Dienstleistungsstandort ist paradigmatisch für die Umwälzungen im ehemaligen Industrierevier zwischen Spree und Ostbahnhof.

Stromaufwärts zeigt das Spreeufer eine beschaulich romantische Seite. Da liegen die Ausflugsdampfer der Stern- und Kreisschifffahrtsgesellschaft, mal mehr, mal weniger, je nach Saison. Den Fluss entlang geht der Blick über den Saum des Treptower Parks und Plänterwalds ins Weite. Das Riesenrad vom Spreepark und die Schornsteine des Kraftwerks Klingenberg ragen ein wenig über die Parkbäume. Gegenüber der Schiffsanlegestelle, am Ufer der Stralauer Halbinsel, sind in den letzten Jahren neue Wohnhäuser entstanden, die von einem idyllischen Leben am Wasser träumen lassen.

Ehe Berlin zur Autostadt umgekrempelt wurde, war es eine Eisenbahnstadt. Und davor eine Wasserstadt. Im späten 12. Jahrhundert entwickelte sich an einer günstigen Furt durch die Spree am heutigen Mühlendamm eine bür-

„Molecule Men" am Osthafen, dahinter hat man einen Blick auf „Berlin am Wasser": Hafenspeicher, Fernsehturm, Oberbaumbrücke und Schlote des Kraftwerks Mitte. In den Büroriegeln mit Blick aufs Hafenpanorama regeln Mitarbeiter des Allianz-Konzerns Versicherungsfälle.

gerliche Doppelstadt, die einige Zeit später Mitglied des Hansebundes werden sollte. Von den Küstenstädten zwar weit entfernt, aber durch die Wasserläufe Spree, Havel und Elbe direkt mit Hamburg und der Nordsee verbunden, war die Binnenstadt Berlin bis zum Beginn des 16. Jahrhunderts ein wichtiger Handelspartner. Ein Jahrhundert später ermöglichte ein künstlicher Kanal zur Oder die Verbindung nach Stettin und damit zur Ostsee. Aber nicht nur als Wasserweg war die Spree von Bedeutung, denn keine Stadt kommt ohne Wasser aus. An Flussläufen gegründet, boten diese auch Schutz, waren wichtig zum Waschen und Baden, ermöglichten Fischfang, dienten zum Feuerlöschen und für allerlei Gewerbe.

Als die Spree immer stärker vom Schiffsverkehr frequentiert wurde, baute man künstliche Stadtkanäle, die im 19. Jahrhundert dazu beitrugen, eine Millionenmetropole entstehen zu lassen: „Berlin is aus'em Kahn jebaut". Die Versorgung mit Lebensmitteln und Rohstoffen für die Industrie erfolgte ebenfalls in einem heute kaum noch vorstellbaren Ausmaß über den Wasserweg. Vor Hochwasser musste in Berlin niemand Angst haben, denn das Gefälle auf den letzten 170 Kilometern bis zur Einmündung der Spree in die Havel beträgt nur 14 Meter, zudem bilden Spreewald und Müggelsee wichtige Pufferzonen.

Seit der Wiedervereinigung ist an den Gestaden von Berlin immens viel gebaut worden – man denke nur an die neuen Parlaments- und Regierungsbauten im Spreebogen unweit des Reichstages. Die jahrzehntelange Nachbarschaft zum Rhein ist der bundesrepublikanischen Demokratie gut bekommen, nun fällt der Spree die Aufgabe zu, die Gedanken der Mächtigen im Fluss zu halten. In West-Berlin wurde bereits in den Achtzigerjahren damit begonnen, durch gezielten Wohnungsbau die enge Beziehung von Stadt und Wasser wiederherzustellen, zunächst weit draußen am Tegeler Hafen im Rahmen der

Internationalen Bauausstellung. Einen neuen, viel komplexeren Versuch startete die eigens dazu gegründete Wasserstadt GmbH, Entwicklungsträger des Landes Berlin, im ersten Jahrzehnt nach der Wiedervereinigung mit zwei Projekten, der Wasserstadt Berlin Oberhavel in Spandau und der Rummelsburger Bucht mit der Stralauer Halbinsel. 130 Hektar umfasst das Entwicklungsgebiet östlich der Ringbahntrasse zwischen den Stationen Ostkreuz und Treptower Park. Man erreicht es von dort über eine separate Spreebrücke für Fußgänger. Bis 2010, so die ursprüngliche Vision, sollten an der Rummelsburger Bucht und auf der Halbinsel Stralau 5.900 Wohnungen und 12.000 Arbeitsplätze entstehen. Die Idee war, durch die Nutzung der Wasserlage die Menschen in der Stadt zu halten und sie vom Wegzug an den Stadtrand oder ins Umland abzubringen. Solch städtisches Ansinnen zeigte Berlin in seiner Geschichte noch nie in diesem Umfang, da zuvor in derartigen Lagen meist noble Einfamilienhäuser und repräsentative Villen die Gewässerränder zierten, von denen die Allgemeinheit abgeschnitten war. Die Uferränder im Entwicklungsgebiet sind, von wenigen Ausnahmen auf der Halbinsel abgesehen, öffentlich zugänglich. Doch hat die Wasserstadt mit ähnlichen Problemen zu kämpfen wie das einstige Schlachthofgelände an der Eldenaer Straße. Wie dieses Projekt wurde auch das städtebauliche Vorhaben an der Rummelsburger Bucht mit der Bewerbung Berlins für die Olympiade 2000 auf den Weg gebracht. An der Rummelsburger Bucht sollte die rund 10.000 Köpfe starke „olympische Familie“ beherbergt werden. Daraus wurde nichts. Heute fehlt es an Investoren, da der in den Neunzigerjahren erwartete Wirtschaftsboom ausgeblieben ist. Der öffentlich geförderte Wohnungsbau steht vor dem Aus, weil die Kommune sparen muss und sich verlustreiche Projekte wie die Wasserstädte nicht mehr leis-

ten mag. Daher dürfte sich an dem halbfertigen Zustand, in dem sich das Entwicklungsgebiet präsentiert, so bald nichts ändern.
Der Treptower Park auf der anderen Seite der Spree steht für eine andere Qualität Berlins – das viele Grün, das die Stadt gegenüber den meisten anderen Metropolen auszeichnet. Je weiter sich Berlin in der zweiten Hälfte des 19. Jahrhunderts ausdehnte und je höher die Bevölkerungsdichte in den Mietskasernenvierteln wurde, desto dringlicher erschien die Anlage von Park- und Erholungsflächen. Die Kommune ließ daher vier größere Parks anlegen, die nicht mehr einer elitären Schicht dienen oder dem Repräsentations- und Gestaltungsbedürfnis eines Hohenzollernherrschers entsprechen sollten, sondern dem aufkommenden Volksparkgedanken Rechnung trugen. Nach dem Friedrichs- und Humboldthain war der Treptower Park die dritte Anlage dieser Art, dazu kam später der Victoriapark am Kreuzberg.
Die ersten drei Volksparks entwarf Gustav Meyer, ein Schüler und Mitarbeiter Peter Joseph Lennés, des bedeutendsten Gartenarchitekten der ersten Hälfte des 19. Jahrhunderts und Schöpfers der Berlin-Potsdamer Gartenlandschaft. Nach dem Tod Meyers oblag seinem Nachfolger Hermann Mächtig bis 1888 die Ausführung des Treptower Parks als Landschaftsgarten, gegliedert und vervollständigt durch einige regelmäßige Partien. Die frei und betont natürlich gestalteten Bereiche dienten der aktiven Erholung, sprich dem Spazieren und Wandern, die regelmäßigen eher der passiven, sprich dem Sitzen und Ruhen. Meyer, der 1870 Berliner Gartendirektor geworden und mehr Fachmann als Gartenkünstler war, vergaß auch Kinderspielplätze nicht. Der Park sollte größere Menschenmengen aufnehmen und eine erholsame Alternative zum täglichen Aufenthalt in übervölkerten Mietskasernen bieten.

Das allein war aber noch kein hinreichender Grund, ihn mit einem viergleisigen Bahnhof am Parkrand an die Ringbahn anzuschließen. Schon ab 1875 gab es eine kleinere Station, die 1896 ausgebaut wurde; im selben Jahr hielten Züge zudem an einem nahe gelegenen Ausstellungsbahnhof. Es war das Jahr der großen Berliner Gewerbeausstellung auf dem Parkgelände. Seit der Reichsgründung ging das Bestreben der Berliner Industriellen und Kaufleute dahin, den wirtschaftlichen Aufschwung durch eine Leistungsschau sichtbar zu machen. Nachdem 1879 die erste Gewerbeausstellung am Lehrter Bahnhof erfolgreich über die Bühne gegangen war, wurde über eine Weltausstellung aus Anlass der Säkularfeier diskutiert, die schließlich in Paris und nicht in Berlin stattfand. Die Regierung und besonders der deutsche Kaiser lehnten eine Eingabe des Vereins der Berliner Kaufleute und Industrieller ab. So schrumpfte das große Vorhaben einer Weltausstellung auf eine wiederum nur lokale Gewerbeausstellung. Erstaunlich ist im Nachhinein die Wahl Treptows als Austragungsort, wodurch die Stadt Charlottenburg ausgebootet wurde. Das in Vorschlag gebrachte spätere Ausstellungsgelände Witzleben lag, obwohl gleichfalls an der Ringbahn, aus der Sicht der Reichshauptstadt doch noch zu weit draußen.

Sieben Millionen Besucher sahen die Präsentation von fast 4.000 Firmen. Sie kamen mit den Zügen der Stadt- und Ringbahn sowie in ersten Straßenbahnen mit elektrischen Triebwagen, was die nachfolgende Elektrifizierung aller Berliner Strecken wesentlich beschleunigte. Im Zusammenhang mit der Gewerbeausstellung, die eigentlich eine Leistungsschau der Industrie, Wissenschaft und Kunst und weniger des Gewerbes war, stand auch der Bau der Oberbaumbrücke. Die erhaltene Archenhold-Sternwarte mit dem 21 Meter langen Linsenfernrohr war eine der

technischen Attraktionen. Insgesamt glich das Ausstellungsgelände einem großen Erlebnispark. Es lockte mit einem Nachbau des mittelalterlichen Berlin, mit Seeschlachten von Modellschiffen auf einem künstlichen Teich, mit einem Alpenpanorama, mit ägyptischen Tempel- und Pyramidennachbauten und einer Kolonialausstellung. Am Karpfenteich „siedelten" die „schwarzen Landsleute" aus den deutschen Kolonien vor den Augen der Schaulustigen. Der Kontrast zu den Vorführungen modernster Technik konnte nicht größer sein. Die Dramaturgie des Eröffnungsbesuchs von Kaiser Wilhelm II. machte deutlich, worum es ging: Mit dem Schiff landete seine Hoheit in Treptow und verbrachte dann die längste Zeit in der Kolonialausstellung, wo er sich einen Kriegstanz der Massai vorführen ließ. So wurde die Gewerbeausstellung zur populären Werbeveranstaltung für die Flotten- und Kolonialpolitik des ehrgeizigen Kaisers.
Nach dem Ende der Ausstellung musste der Originalzustand des Parks wiederhergestellt werden, lediglich die Sternwarte durfte bleiben. Ein ähnlich massiver Eingriff in den heiteren Volkspark und nicht weniger ideologiebefrachtet war der Bau des sowjetischen Ehrenmals nach dem Zweiten Weltkrieg. Am 8. Mai 1949, dem vierten Jahrestag der deutschen Kapitulation, wurde es eingeweiht. An der Stelle der großen Spielwiese erinnert eine der wichtigsten Gedenkstätten in Ost-Berlin auf einer Fläche von zehn Hektar an den „Großen Vaterländischen Krieg" der Roten Armee und des Sowjetvolkes. Auf den Ehrenfriedhof wurden rund 5.000 beim Kampf um Berlin gefallene Militärangehörige unterschiedlicher Dienstgrade umgebettet. Die monumentale Anlage stellt einen einfachen Sowjetsoldaten heraus, der auf seinem Arm ein gerettetes deutsches Kind trägt. Die über 11 Meter hohe Bronzefigur, 70 Tonnen schwer, krönt das Mausoleum auf einem künstlichen Ehrenhügel. Wer um die Geschichte

weiß, durchwandert die Anlage mit gemischten Gefühlen: einerseits Respekt vor den Toten, andererseits Betroffenheit und Unbehagen am stalinistischen Pathos dieses Soldatenfriedhofs.

Am östlichen Parkrand liegt das Rathaus von Treptow, unweit davon zieht Zenner, bekanntestes Ausflugslokal an der Spree, noch immer Tausende Gäste pro Jahr an. An jener Stelle befand sich vor Jahrhunderten eine Fischerei, die Keimzelle des Ortes Treptow. So hieß auch der Ringbahnhof bis 1937, erst dann schien diese Bezeichnung irreführend und wurde in „Treptower Park" verändert.

„Letzter Bahnhof im demokratischen Sektor", klang es aus den Lautsprechern, solange Ost-Berlin sowjetisch besetzt war und noch Ringbahnzüge in den Westen fuhren, also bis zum Tag des Mauerbaus. Als 1997 die Verbindung zwischen Treptower Park und Sonnenallee nach 36 Jahren endlich wiederhergestellt wurde, erinnerte sich ein Zeitzeuge im Internet: „Vopos ... liefen durch die Züge und kontrollierten besonders die jungen Leute. Es war zwar nicht verboten, in die Westsektoren zu fahren, aber täglich verließen Hunderte die DDR und man wollte die abfangen, die nicht mehr zurück kommen wollten. Das ‚Abhauen' war dadurch natürlich nicht zu verhindern, aber es wurde erschwert. Außerdem war der Umtausch von Ost- in Westgeld verboten und man suchte nach Schmuggelware ... Wenn beim ‚Südring' die Türen knallten und der Zug abfuhr, dann war klar, man hatte es geschafft: Schon die nächste Station war der ‚goldene Westen' und keiner konnte jetzt mehr verhindern, dass man dahin fuhr. Diese Situation war offensichtlich so beeindruckend, brisant und nervend, dass sie sich tief in mein Gedächtnis eingebrannt hat. Immer, wenn ich in den vergangenen 36 Jahren von Treptower Park in Richtung Osten – zum Beispiel nach Spindlersfeld !! – fuhr, wollte ich wenigstens ‚die Weiche' sehen. Ich setzte mich immer rechts hin und gleich nach dem Abfahren des Zuges sah man eine Weiche und unten ein Gleisstück, das nach rechts auf eine Brücke und ins Niemandsland führte. Nur ich wußte noch, da geht es nach Neukölln, und immer sah ich mich dort als Student lang fahren und die große Frage war: Wann wird das endlich wieder möglich sein?“

Sonnenallee

Las Vegas in Neukölln

Wo kommen die schönsten Mädchen her? Aus Berlin, klar, woher denn sonst. Deshalb musste unsere Katrin die Wahlen einfach gewinnen. Am 26. Januar 2002 wurde sie vor Fernsehkameras zur „Miss Germany" gekürt: Katrin Wrobel, brünett, 24 Jahre alt, 180 Zentimenter schlank. Beruf: zahnmedizinische Fachassistentin, man darf auch „Zahnarzthelferin" sagen. Wenn sie dich mit ihren breiten weißen Zahnreihen anstrahlt, kann der Arzt bohren soviel er will, Du vergisst jeden Schmerz. Das wollte die Schönheitsjury – angeführt von dem Schauspieler Til Schweiger, dem Fußballer Lothar Matthäus und dem Boxer Axel Schulz – jedoch nicht ausprobieren. Die Juroren stellte den 22 Kandidatinnen lieber ein paar Fragen. Denn der Titel der deutschen Schönheitskönigin will nicht nur mit dem Busen, sondern mit Köpfchen errungen sein. Die Jury wollte zum Beispiel wissen, was die Mädchen in ihrer Freizeit am liebsten tun. Kochen, Backen, Shoppen – das waren die Antworten der Konkurrentinnen, aber Katrin war klüger. „An Autos schrauben", gab sie als ihr Lieblingshobby an. Ein Männertraum: eignet sich nicht nur als sexy Kühlerfigur, sondern kann auch noch das Auto reparieren. Einfach unwiderstehlich.

Es war ein Heimspiel für Katrin. Als „Miss Berlin" zog sie in den nationalen Wettbewerb, der in Neukölln ausgetragen wurde, ihrem Heimatbezirk. Zwischen Neuköllner Schifffahrtskanal, Schrottplatz, Möbelmarkt, Saftfabrik und Laubenkolonien errang sie den begehrten Titel der Schönsten im Land. Mitten in dieser denkwürdigen Stadtlandschaft am S-Bahnhof Sonnenallee steht das größte Hotel Deutschlands. Das Guiness-Buch der Rekor-

de hat diesen Superlativ zertifiziert. Die Eigenwerbung spricht gar vom „größten Convention-, Entertainment- und Hotel-Komplex Europas". ESTREL prangt hoch oben auf der dreieckigen Hochhausscheibe, die mit einer scharfen Spitze auf die Sonnenallee zielt. Ihre glatt polierten, partiell verspiegelten Quadratrasterfassaden wirken nicht besonders gastfreundlich. „Estrel", das klingt ein bisschen nach Süden, könnte eine Anleihe aus dem Spanischen und Französischen sein. Dahinter steckt der Name eines findigen Bauunternehmers: Ekkehard Streletzki, Jahrgang 1940, geboren im Westerwald, gelernter Bauingenieur. Der Mann hat mit 27 Jahren ein Statik-Büro in München gegründet und im Lauf der Zeit einen Mischkonzern mit 100 Millionen Euro Jahresumsatz daraus gemacht. Ein Unternehmer mit Visionen: Streletzki baute umweltschonende Blockheizkraftwerke, eine Straßenbahnteststrecke bei Mittenwalde, eine Ziegelei in Moskau und nach der Wiedervereinigung das Estrel in Berlin. Die Profis aus der Hotelbranche hielten ihn für einen Spinner, als er ankündigte, in einer trostlosen Gegend weitab von Kurfürstendamm und Brandenburger Tor ein Hotel mit 2.000 Betten aus dem Boden zu stampfen. Am 14. Oktober 1994 wurde es eröffnet, sechs Jahre später war es zu zwei Dritteln ausgelastet und stellte einen Rekord in der deutschen Hotellerie auf: Als erstes Haus übersprang es die Grenze von 100 Millionen Mark Umsatz im Jahr.
Wir verabreden uns mit einer Mitarbeiterin zu einer Besichtigungstour, um dem Geheimnis von Streletzkis Erfolg auf die Spur zu kommen. Welche Inszenierung von Gemütlichkeit erwartet uns hinter der wenig repräsentati-

Während im Estrel-Hotel die Gewerkschaftsbosse tagen, schwenken streikende Postler auf der Sonnenallee rote Fahnen.

ESTREL

ven Vorfahrt an der schmalen Ziegrastraße? Die Überraschung ist groß. Hinter den Drehtüren mit den livrierten Boys weitet sich das raue Neukölln zu einer heiteren südländischen Piazza. In der Mitte plätschert ein bunt verspielter Keramikbrunnen. Drumherum sind stattliche Birkenfeigen, Zitronenbäumchen und Korbsessel mit bunten Polstern arrangiert. Mehrere Restaurants haben Stühle und Tische auf die Piazza gestellt. Hellgelbe Putzfassaden mit bunten Markisen schließen den Platz an zwei Seiten ein. Dazwischen ist ein großes Satteldach aus Glas ausgespannt, das die schöne Illusion gegen Wind und Wetter schützt. Durch das Atrium wehen Stimmen, Schritte, Gläserklirren, Musik und exotisches Vogelgezwitscher. Stadttouristen in kurzen Hosen sitzen herum und lesen Zeitung, dazwischen eilen Geschäftsleute in Nadelstreifen zu den Konferenzsälen. An manchen Tagen schiebt sich ein Minister samt Bodyguards und Medientross durch die Halle. Eine fast perfekte Simulation öffentlichen Stadtlebens.

Frau Heinrich, die Pressedame, ist ziemlich jung wie die meisten der 685 Mitarbeiter, die den Laden in Schwung halten. Man hätte sich vorstellen können, dass der Besitzer die Leitung des Riesenbetriebs einem alten Hasen des Hotelgewerbes anvertraut, aber weit gefehlt: Die beiden Geschäftsführer waren noch nicht Dreißig, als sie 1996 ihren Job antraten. Jung ist auch die Kunst, die in schlichten Holzrahmen überall an den Wänden hängt: abstrakte Kompositionen, Landschaften, Figuren. Vor ein paar Jahren, erzählt Frau Heinrich, habe Herr Streletzki eine Handvoll russischer Künstler auf seine Kosten für drei Monate nach Deutschland eingeladen. Er bezahlte ihnen das Malmaterial und kam so in den Besitz von 2.000 Werken der russischen Gegenwartsmalerei. Sehr sorgfältig wurden die Originale auf die 1.125 Zimmer und Suiten des Hauses verteilt. Neben der Farbgebung sorgen überall kostbare Antikmöbel dafür, dass der Gast sich nicht in einem Massenbetrieb fühlt. Feudal ist die Ausstattung der Präsidentensuite im 17. Stock mit Kronleuchtern und vergoldeten Sesseln, es gibt aber auch schlichte und modern eingerichtete Zimmer. Ein bisschen kommt man sich vor wie in einem Einrichtungshaus. Als wir eine blaue „Junior Suite" besichtigen, erschließt sich der Sinn der abschüssigen Flanke, die das Hotel zur Sonnenallee zeigt. Innen hält man sie für die Dachschräge eines Altbaus. Einer von vielen Tricks, um in der Riesenmaschinerie ein Gefühl der Behaustheit zu erzeugen.

An diesem Vormittag kann der Eindruck von Sterilität gar nicht aufkommen, denn draußen auf der Straße wird so kräftig Krach gemacht, dass man es drinnen nicht überhören kann. Während im Hotel der Vorstand der Dienstleistungsgewerkschaft tagt, feiern vor dem Haupteingang 5.000 streikende Postangestellte eine große Party. Eine Band rockt auf einer Bühne, zwischendurch kommen Gewerkschaftsbosse heraus und halten kämpferische Reden. Im Biergarten des Hotels schwenken Postarbeiter weiß-rote Fahnen und stehen am Ausschank Schlange. Eine lange Reihe von Postarbeiterinnen wartet geduldig vor der Frauentoilette im Taxifoyer des Hotels. Um das Gebäude regelt Polizei den Verkehr. Manchmal wandert eine Delegation der Gewerkschaftsbasis artig mit Fahne und Transparenten durch das mediterrane Atrium, um den Vorstand zu besuchen. Die Grenze zwischen Innenwelt und Außenwelt ist durchlässiger, als die kalte Hotelfassade vermuten lässt. Der Veranstaltungskalender des Estrel verzeichnet sogar Weihnachtsfeiern für Obdachlose, die der Schlagersänger Frank Zander dort jährlich organisiert.

Heute kündigen die Bildschirme am Haupteingang die „Jahreshauptversammlung der Berliner Kindl Brauerei" an, außerdem Veranstaltungen von „Cisco Systems",

„Volvo Deutschland“, „Bayer Vital“ und den Programmpunkt „Wein International“. Ein ganz normaler Tag im Konferenzzentrum, das schon Aufsehen erregendere Ereignisse ausgerichtet hat: den Bundesparteitag der SPD zum Beispiel, die „Bambi“-Verleihung oder die Liveübertragung von „Wetten dass…?“. Durch eine gläserne Rotunde wandern wir vom Hotel hinüber ins 1997 eröffnete „Convention Center“. In den lichten Foyers warten lange Tische mit Snacks und Getränken auf die Gäste unterschiedlicher Veranstaltungen. Geflieste Böden, Treppen und Türen aus hellem Holz, große Fensterwände und Oberlichter verbreiten eine freundliche Atmosphäre. Nichts von psychedelischer Bunkerstimmung wie im ungeliebten ICC: Wir verstehen, warum so viele Events von Charlottenburg nach Neukölln abgewandert sind.
In der großen „Convention Hall“ haben bis zu 6.000 Gäste Platz, die Technik macht alles möglich: Shows, Tanzbälle, Konzerte, Konferenzen. Dunkles Parkett und hellgelb abgetönte Wände verleihen dem Riesensaal eine warme Grundstimmung. An einer Stelle ist ein Stern als Holzintarsie in den Fußboden eingelassen. Frau Heinrich deutet darauf: „Das ist die Mitte. Da bauen wir den Boxring auf“. Mehrfach wurde hier um die Weltmeisterschaft geboxt. Mit verschiebbaren Wänden lässt sich der Raum beliebig verkleinern und unterteilen, ohne dass es auffällt. Momentan wird nur eine kleine Ecke genutzt, um das „Firmenauto des Jahres“ zu feiern.
Die dritte Säule des „Estrel“-Erfolgs ist – neben dem Hotel und dem Veranstaltungsbereich – das „Entertainment-Center“. Streletzki hat sich das alles in Las Vegas abgeguckt und dort gleich eine komplette Musikshow eingekauft, die seit 1997 in einer umgebauten Fabrikhalle sieben Mal pro Woche über die Bühne geht: „Stars in Concert“. Showgrößen wie Tina Turner, Buddy Holly, Elvis, Madonna und Michael Jackson treten auf, lebens-

echt und zu Live-Musik. Es sind alles nur Doubles, doch das tut dem Erfolg der Show keinen Abbruch. Was in Las Vegas geht, klappt auch in Neukölln: Eine Million Besucher haben die Show gesehen.

„Alles unter einem Dach" lautet das Erfolgsrezept. Dafür brauchte Streletzki vor allem genügend Platz und billigen Baugrund, und den fand er in Neukölln. Die unattraktive Nachbarschaft sorgt dafür, dass die Gäste ihr Geld tatsächlich im Estrel lassen und sich nicht ständig anderswo herumtreiben. Dabei liegt das Hotel ziemlich verkehrsgünstig zwischen den Flughäfen Tempelhof und Schönefeld, zur Autobahn ist es nicht weit, zum S-Bahnhof nur ein paar Schritte. Sonderzüge mit Konferenzteilnehmern oder für Ausflüge können auf einem Gleis zwischen Saftfabrik und Hotel halten. Vor dem Hotel gibt es eine Schiffsanlegestelle, die Dampfer in Richtung Innenstadt halten nach Fahrplan.

Der Erfolg Streletzkis hat längst Nachahmer auf den Plan gerufen. Direkt am S-Bahnhof Landsberger Allee sind wir auf unserer S-Bahn-Reise an einem riesig-grauen Betonrohbau vorbeigekommen, der 1997 unter dem Namen „Landsberger Arkaden" als Büro- und Einkaufszentrum der Öffentlichkeit übergeben werden sollte. Doch verzögerten Probleme mit den Baufirmen das Projekt, und dann verunglückte auch noch der Stararchitekt Aldo Rossi tödlich bei einem Verkehrsunfall. Die Investoren merkten bald, dass sie nicht genügend Mieter finden würden. Sie verkauften den Rohbau. Die Hotelkette Astron hat ihn erworben, um dort Berlins zweitgrößtes Kongresshotel und „Convention Center" einzurichten, ganz nach dem Modell der Neuköllner Konkurrenz.

Streletzki hat ebenfalls große Pläne. Das Potenzial des Standortes an der Sonnenallee ist für ihn noch lange nichts ausgeschöpft. Er hat ein 32.000 Quadratmeter großes Grundstück auf der anderen Straßenseite gekauft, auf dem früher die Firma Alcatel produzierte. Dort will er einen „Estrel-Park“ anlegen, eine Arena für 10.000 Besucher bauen, einen Hotelturm mit 20 Stockwerken und 500 Edelsuiten sowie ein Parkhaus mit 1.000 Stellplätzen errichten. Die Pläne wurden im Sommer 2001 im Neuköllner Rathaus vorgestellt, von einem baldigen Baubeginn damals war die Rede. Dann kamen die Terroranschläge vom 11. September dazwischen. Viele Amerikaner auf Deutschlandreise saßen im Hotel fest und waren in Sorge um ihre Verwandten in New York. Die Touristenzahlen brachen ein. Seitdem liegen Streletzkis Erweiterungspläne auf Eis. Im Estrel geht das Hotelleben trotz der Krise munter weiter. Die Geschmeidigkeit, mit der sich die Hotelstadt allen Wünschen anpasst, zahlt sich aus. Aktionärsversammlungen, Parteitage und Boxkämpfe muss es weiterhin geben, und auch die nächste „Miss“-Wahl kommt bestimmt.

Neukölln

Rheinisch, Böhmisch, Türkisch

Endstation Neukölln. Der Titel einer „Spiegel"-Reportage ist zum geflügelten Wort geworden. Dem Bezirk haftet ein Negativimage an, gegen das seine Lokalpolitiker und Bürger so beherzt wie erfolglos ankämpfen. 1997 hatte ein Reporter Neukölln in drastischer Poesie als multikulturelles Elendsquartier geschildert, als die Bronx von Berlin, in der Gewalt und Gesetzlosigkeit regieren: „High-noon in Rixdorf. In der Neuköllnischen Allee peitschen mehrere Schüsse über die belebte Straße. Wer kann, geht in Deckung. Einer bleibt auf dem Boden liegen. Wenig später berichtet eine Passantin der Polizei, was dann geschah: ‚Ein Mann lief weg, ein anderer kam noch einmal zurück, setzte den Lauf seiner Waffe auf das Genick des Wehrlosen und drückte ab.' Vor dem Genickschuß hatte der Täter noch einmal seelenruhig nachgeladen, obwohl er bereits beobachtet wurde. Szenen wie diese gehören zum Alltag im Berliner Bezirk Neukölln". Die Polizeistatistik liest sich anders: Demnach ist die Kriminalität in Neukölln nicht viel höher als in anderen Bezirken der Stadt. Wer am S-Bahnhof Neukölln aussteigen möchte, braucht keine schusssichere Weste.

Die Ringbahn kreuzt hier eine der sympathischsten Einkaufsstraßen der Stadt, die Karl-Marx-Straße. Für eine Hauptstraße ist sie ziemlich schmal, und ihr gekrümmter Verlauf steckt voller Überraschungen. Sie ist sehr laut, wirkt ziemlich abgenutzt und etwas schäbig im Vergleich zu den polierten Einkaufswelten andernorts, dabei jedoch ungleich vitaler. Zwischen dem üblichen Warenangebot einer großstädtischen Einkaufsmeile – von Aldi bis Beate Uhse – finden sich alteingesessene Läden und reizvolle multikulturelle Einsprengsel: „Coiffeur Yüksel", Asia-

Läden, ein „Deutsch-Türkischer Pflegedienst" oder die „Albanian Airlines" neben dem „Imbiss Kosova". Viele dunkelhaarige Kinder sieht man, junge Frauen mit Kopftuch und dem raschen Schritt der Berlinerin, dazwischen untersetzte ältere Herren, die gravitätisch ihren dicken Bauch vor sich hertragen, als wollten sie auf einer anatolischen Dorfpromenade demonstrieren, dass sie es zu etwas Wohlstand gebracht haben. Dieses werktägliche Straßentheater ist ein Fest fürs Auge dessen, der sehen kann. Und wem das nicht genügt, der kann abends an der Karl-Marx-Straße in den „Saalbau" gehen oder in die weit über den Bezirk hinaus berühmte „Neuköllner Oper". Neukölln besitzt eine rege Kulturszene und in der Ganghoferstraße 3 eines der phantasievollsten Berliner Heimatmuseen, das in seinen Ausstellungen seit Jahren den multikulturellen Wandel im Bezirk reflektiert.

Durch einen gewaltigen Burgturm, 67 Meter hoch, macht das Neuköllner Rathaus an der ehemaligen Bergstraße, die seit 1947 Karl-Marx-Straße heißt, auf sich aufmerksam. Zu groß für die nächste Umgebung, aber angemessen für eine Großstadt mit 320.000 Einwohnern. Dabei ist diese Großstadt gar keine selbstständige Stadt. Sie war es de jure nur ein paar Jahre lang. Und auch mit ihrem Namen hat es eine seltsame Bewandtnis, denn er führt uns weit, weit zurück bis zu den Ursprüngen der Berliner Geschichte, die – da schließt sich ein Kreis – von Anfang an eine Geschichte von Einwanderungen war.

„Ich habe dem Wunsch Ihrer Stadt gern entsprochen und die Umwandlung des Namens Rixdorf in Neukölln unterm heutigen Tag genehmigt. Den Behörden und der Bürgerschaft Neuköllns entbiete ich meinen landesväterlichen Gruß und meine Wünsche für eine fernere segensreiche Entwicklung der jungen Großstadt. Wilhelm R."

Kaiser Wilhelm II. war guter Laune, denn er hatte Geburtstag, und da erlaubte er gern – auch dem Antrag

Keine Ansicht aus dem Umland von Berlin, sondern ein Straßenbild aus dem Herzen von Neukölln: Kolonistenhaus im Böhmischen Dorf an der Richardstraße. Allerdings handelt es sich um eine Kopie, denn fast das gesamte Kolonistendorf wurde bei einem Großbrand im Jahr 1849 ein Raub der Flammen.

der Gemeindeverwaltung zur Umbenennung stattzugeben. Das war 1912, doch schon 1920 verlor Neukölln seine Selbstständigkeit. Mit Britz, Buckow und Rudow bildete es den 14. Verwaltungsbezirk von Groß-Berlin, durfte aber immerhin den Namen Neukölln einbringen.
Was hat Neukölln mit Köln zu tun, der Domstadt am Rhein? Gegen Ende des 12. Jahrhunderts hatte sich am westlichen Spreeufer eine Schwesterstadt von Berlin entwickelt, die schriftlich sogar eher erwähnt wurde. In einer Urkunde vom 28. Oktober 1237 wird der Pfarrer „Symeon

... de colonia" als Zeuge eines Vertrages zwischen dem Bischof von Brandenburg und den regierenden Markgrafen genannt. Die lateinische Überlieferungsform, die ausgangs des 13. Jahrhunderts von der deutschen Schreibweise Cölln abgelöst wurde, verweist auf Köln am Rhein. Die ersten Siedler an der Spree kamen von dort und brachten den Ortsnamen aus ihrer alten Heimat mit. Die Bezeichnung Neukölln taucht erstmalig im 17. Jahrhundert auf, aber keineswegs da, wo sie heute Gültigkeit besitzt. Die Residenz Berlin erhielt nach dem für die Mark Brandenburg verheerenden Dreißigjährigen Krieg eine Festungsanlage. Um 1680 entstand in deren südlichem Bereich zwischen einem Spreearm und den Festungsbastionen eine neues Stadtviertel. „Neucölln am Wasser" lag ungefähr zwischen dem heutigen Spittelmarkt und dem Märkischen Museum. Friedrich Nicolai gibt 1786 in seiner Beschreibung der Berliner Residenz 172 Vorder- und 116 Hinterhäuser an, zu einem Zeitpunkt, als die barocke Festung längst geschliffen war. Durch drei Brücken, die allesamt noch existieren, war das neue Viertel mit der mittelalterlichen Mutterstadt Cölln verbunden.

Die Doppelstadt Berlin und Cölln besaß außerhalb ihrer Grenzen zahlreiche Besitzungen, um die mancher Streit entbrannte. Ein Spielball kollidierender Ansprüche waren die im Süden gelegenen Wiesen von Rixdorf. Es ist das einzige Dorf in Brandenburg, das eine Gründungsurkunde aufweisen kann, wenn auch nur als Kopie einer Abschrift aus dem 15. Jahrhundert. Sie datiert vom 26. Juni 1360 und hält die Umwandlung des Hofes Richardsdorp in ein richtiges Dorf in Anwesenheit eines Priesters fest. Drahtzieher war Hermann von Werberg, Hochmeister des Johanniterordens. Im 1903 vom Kaiser bestätigten Stadtwappen von Neukölln, das heute als Bezirkswappen fortbesteht, findet sich daher im untersten Feld das Johanniterordenskreuz auf rotem Grund. Doch

1435 verkaufte der Orden all seine Besitzungen im Teltower Land, und die Doppelbürgerstadt Berlin und Cölln erwarb Richardsdorf als „ewiges Lehen". In einem Vertrag von 1543 bestätigte Kurfürst Joachim II. eine Vereinbarung, wonach Berlin seine Rechte an den Rixdorfer Wiesen an die Stadt Cölln abgab, die nachfolgend fast 150 Jahre Grund- und Gerichtsherr über das „Kämmereidorf" Richardsdorf war.
Der Kelch der Abhängigkeit ging an Rixdorf, dessen Schreibweise 1797 amtlich eingeführt wurde, also nicht vorüber. Der Kelch im Stadtwappen erklärt sich anders. Er steht für eine spätere Einwanderungsbewegung. Es ist der so genannte Hussitenkelch. Die Hussiten, eine zum Urchristentum tendierende Reformbewegung, wurden nach dem von der Katholischen Kirche 1415 als Häretiker verbrannten Jan Hus bezeichnet. Sie forderten den Laienkelch beim Abendmahl, der daher zu ihrem Symbol avancierte. Als Protestanten flohen sie aus ihrer böhmischen Heimat, die die Habsburger Monarchie seit dem 17. Jahrhundert rekatholisierte, ins benachbarte protestantische Sachsen. Das gehörte zum lutherischen Bekenntnis, doch viele Böhmen als bekennend reformiert Gläubige wollten sich nicht vollständig unterordnen und lieber nach alter Tradition weiterhin Brot statt Oblaten zum Abendmahl reichen. Sie wandten sich deshalb an den preußischen König mit Bitte um Aufnahme in Berlin. 1732 kamen die ersten Böhmen. Sie konnten sich sicher fühlen, da das hiesige Herrscherhaus ebenfalls reformiert und nicht lutherisch gläubig war wie die meisten brandenburgisch-preußischen Landeskinder.
Die brandenburgischen Kurfürsten und preußischen Könige haben immer wieder Glaubensflüchtlinge herlocken können, weil sie den staatlichen Schutz der Religionsfreiheit garantierten. Das hatte nicht allein mit christlicher Nächstenliebe und Toleranz zu tun, sondern

vor allem wirtschaftliche Gründe. Friedrich Wilhelm I., der Soldatenkönig, schrieb seinem Sohn Friedrich II. ins Testament: „Die höchste Wohlfahrt eines Regenten ist es, wenn sein Land gut bevölkert ist. Das ist der rechte Reichtum eines Landes“. Simpel gesprochen war der Einwohner als Steuerzahler interessant, um Armee und Hof „wohl zu halten“. Deshalb förderte Friedrich Wilhelm I. tatkräftig den Zuzug der böhmischen Migranten. Besonders ist der Kauf des Rixdorfer Schulzengutes im April 1737 hervorzuheben, weil dort nachfolgend böhmische Familien angesiedelt wurden. Neben dem deutschen Rixdorf entstand ein böhmisches Dorf. Zahlreiche dieser Exilanten kamen ursprünglich aus der Nähe des ostböhmischen Ústí nad Orlicí, seit 1989 Partnerstadt von Neukölln. Vor dem Rathaus ist ein Wappen der Partnergemeinde im Boden eingelassen.
Wer von der S-Bahnstation Neukölln kommend über die Karl-Marx-Straße rechts in die Kirchhofstraße einbiegt, wird gleich hinter der evangelischen Magdalenenkirche auf einen Eingang zum Friedhof der Böhmischen Gemeinde treffen. Im September 1751 als „Böhmischer Gottesacker“ angelegt, nahm er die Toten aller drei Gemeinden auf, die es bei den Glaubensflüchtlingen gab: der Brüdergemeine, zunächst zahlenmäßig die größte des reformierten als auch des lutherischen Bekenntnisses. Erst zu Beginn des 20. Jahrhunderts wurde der Friedhof in drei Teile separiert. Die Spuren der böhmischen Gemeinde sind dadurch aber nicht erschöpft. Gleich hinter dem Richardplatz zweigt die Kirchgasse ab, in deren Biegung eine Bronzeplastik auf hohem Postament steht. Nachfahren der eingewanderten Böhmen gaben 1912 ein Denkmal für den preußischen König Friedrich Wilhelm I. in Auftrag, um seine Toleranz bei der Aufnahme der Glaubensflüchtlinge zu würdigen. Sie hatten Sorge, das diese für die weitere Entwicklung Rixdorfs wichtige

Tatsache im Zusammenhang mit der Umbenennung in Neukölln vergessen werden könnte. Für Wilhelm II. scheint dieses Erinnerungsmal eher marginale Bedeutung gehabt zu haben, denn er schickte als Vertretung des Hauses Hohenzollern Prinz Eitel Friedrich. Das von Alfred Reichel geschaffene und am 1. Juni 1912 eingeweihte Denkmal zeigt den breitbeinig stehenden, beleibten Monarchen, der sich mit seiner Rechten auf einen Stock stützt, während er mit seiner linken Hand den böhmischen Einwanderern eine Art Willkommensgruß entbietet. Diese Vollplastik des Soldatenkönigs ist die einzige im Berliner Stadtraum, die diesem Monarchen gewidmet ist. Die böhmischen Einwanderer haben sie finanziert.

Am Sockel des von zwei knorrigen alten Bäumen gerahmten Denkmals befindet sich eine Darstellung des Dorfes von 1753. Zwischen Kirchgasse und Richardstraße stehen die idyllischen Reste vom alten Ortskern Böhmisch-Rixdorfs, das zunächst aus 18 Kolonistenhäusern bestand. Ihre Scheunen, Ställe und Remisen lagen zur Kirchgasse. Trotz eines großen Brandes anno 1849 sind die beim Wiederaufbau geschaffenen Gebäude sehr dörflich geblieben, bei einigen überdauerte sogar eingeschossige Bausubstanz aus der Ansiedlungszeit von 1737. Am Schnittpunkt beider Straßen erinnert ein Findling mit einem Reliefbildnis an Johann Amos Comenius (1592-1670), den letzten Bischof der (alten) böhmisch-mährischen Bruder-Unität. Das Denkmal wurde 1987 aus Anlass der Gründung des Böhmischen Dorfes vor 250 Jahren enthüllt. Gegenüber liegt der 1995 ohne historisches Vorbild eingeweihte, mit einem Denkmal des Bischofs versehene, Comenius-Garten.

Nicht allein über die Geschichte definiert sich die Evangelisch-reformierte Bethlehems-Gemeinde, eine Personalgemeinde ohne festgelegten Kirchenbezirk mit rund 650 Mitgliedern. Gemeindezentrum und Betsaal befinden sich in einem typischen eingeschossigen Wohnhaus in der Richardstraße 97, das sehr unscheinbar, aber passend zum alten Ortskern aussieht, wäre da nicht der hölzerne Glockenturm auf dem Grundstück. In den schlichten Gemeinderäumlichkeiten versammeln sich auch Reformierte aus Indonesien und Presbyterianer aus dem Iran, zweier Gastgemeinden, deren Mitglieder in jüngster Vergangenheit nach Berlin gezogen sind. Sie sollen die Fürsorge und Offenheit schätzen lernen, wie sie einst den Böhmen durch den Soldatenkönig widerfuhr.

Der grüne Dorfanger von Deutsch-Rixdorf, der Richardplatz, ist in seiner Grundform erhalten geblieben. Auf ihm befindet sich noch als zweitältestes Bauwerk die Alte Dorfschmiede, am Ostrand die ehemalige Dorfkirche, die im Kern aus dem 15. Jahrhundert stammt. Sie wurde der Böhmisch-lutherischen Bethlehems-Gemeinde übereignet, während die dritte, die Herrnhuter Brüdergemeine, einen Sechzigerjahre-Neubau in der Kirchgasse nutzt.

Die Einwohnerzahl war im deutschen Dorf immer etwas größer als die der böhmischen Nachbarn. 1874 erfolgt die Vereinigung von Deutsch- und Böhmisch-Rixdorf nach einem königlichen Erlass. Das „größte Dorf Preußens" zählte gut 12.300 Bewohner. Die Mehrzahl der arbeitsfähigen Bevölkerung gehörte aber schon längst nicht mehr zum Bauernstand. Besonders die Böhmen trugen von Anfang an dazu bei, dass der Anteil der Gewerbetreibenden bedeutend höher lag als in allen anderen Dörfern um Berlin. Der Bau der Ringbahn forcierte die Umwandlung Rixdorfs in ein Wohnquartier für Arbeiter. Der Ortsname verlor seinen positiven Klang. So wie heute mit der Bezeichnung Neukölln verband sich damit eine vage Vorstellung von sozialer Minderwertigkeit. Wer Rixdorf nur aus Liedern kannte, dachte ans lockere Treiben in Schanklokalen und Wirtschaften:

Auf den Sonntag freu' ick mir, ja, dann jeht es raus zu ihr,
feste mit verjnüjtem Sinn Pferdebus nach Rixdorf hin.
Dort erwartet Rieke mir, ohne Rieke keen Pläsier.
Rieke, Riekchen, Rie-ka-ke, die ist mir nicht pi-pa-pe.
In Rixdorf is Musike, Musike, Musike,
da tanzt die kesse Rieke, in Rixdorf bei Berlin.

Der Sänger und Komiker Littke-Carlsen schmetterte das Lied vor der Jahrhundertwende im Berliner Varieté „Wintergarten" und trug damit viel zu seiner Popularität bei – sehr zum Verdruss der Rixdorfer Gemeinde, die sich bemühte, das schlechte Image loszuwerden. Doch wer wollte schon gern hierher ziehen, sofern er besser gestellt war? Um 1895 lag das Jahreseinkommen bei 63 Prozent der potenziellen Steuerzahler unter 900 Reichsmark, also unterhalb der Grenze der staatlichen Steuerpflicht. Ganze zwei Prozent kamen auf ein jährliches Einkommen von über 3.000 Reichsmark, und bei nur 23 Personen lag es über 10.000 Reichsmark.
Am 1. April 1899 stieg Rixdorf in die Kategorie der Städte auf, als zweite Berliner Umlandgemeinde nach Schöneberg. Da beide Orte mehr als 25.000 Einwohner aufwiesen, konnten sie nach der Kreisordnung von 1872 gar als selbstständige Kreise aus dem Kreisverband Teltow ausscheiden. Dieser ließ sich das von Rixdorf mit einer Abfindung in Höhe von einer halben Million Reichsmark bezahlen. Vielleicht versprach sich die Gemeinde von der Stadtwerdung eine Verbesserung ihrer Lage. Nach zehn Jahren Stadtrecht sah die Bilanz ernüchternd aus: Die Zahl der Einwohner überschritt die 150.000, bloß was nützte dies, wenn die Steuerqualität nicht gleichzog? Rixdorf war kein Wertbegriff. Daher sann die Stadt auf einen neuen Ortsnamen. Doch weder Rixstadt, Rixau, Rixford noch, in Abwandlung des vorherigen Namens, Richardstadt setzten sich durch, genauso wenig wie, dem

deutschen Kaiser zu Ehren, eine Wilhelmstadt. Die von der Stadtverordnetenversammlung eingesetzte Deputation schlug den Namen „Neukölln" vor, der schließlich 1912 angenommen und vom Kaiser bestätigt wurde. Er passte bestens zum bereits verliehenen Stadtwappen, das im dritten und letzten Feld den Wappenadler von Cölln zeigt.

„Um seiner selbst willen Neukölln aufzusuchen, dazu kann man eigentlich niemandem raten", schrieb der Flaneur Franz Hessel in den Zwanzigerjahren über die Gegend zwischen Karl-Marx-Straße und Hermannstraße, „wo das Elend sichtbarer wird, ... wo abends arbeitsmüdes Volk aus überstopften Trambahnen steigt und viel kümmerliche Kinder auf der Straße herumtreiben. Eine traurige Gegend." Rasch fuhr Hessel mit der Straßenbahn nach Britz, denn dort bauten Bruno Taut und Martin Wagner eine „glückhafte kleine Stadt" im Stil der Neuen Sachlichkeit, die bunte Hufeisensiedlung an der Parchimer und Buschkrugallee. Damit nahm die Stadtentwicklung im Süden des Bezirks in den Zwanzigerjahren eine ähnliche Wendung, wie wir sie auf dem Prenzlauer Berg beobachtet haben. Im Zweiten Weltkrieg blieben die Mietskasernen des Neuköllner Nordens von den Bombardements weitgehend verschont. Sie bewahrten ihren Charakter als Arbeiter- und Armeleutegegend. Mit den türkischen Gastarbeitern zog seit den Sechzigerjahren eine neue Einwanderergeneration in die Mietskasernen ein. Wie die Juden, Hugenotten und Böhmen in früheren Jahrhunderten wurden sie vom Staat angeworben, weil es an einheimischen Arbeitskräften fehlte. Nur hat niemand damit gerechnet, dass die Türken womöglich bleiben würden. Inzwischen verzehren viele ehemalige Gastarbeiter ihre deutsche Rente in Neukölln. Sie denken nicht mehr an Rückkehr, sondern verbringen ihren Lebensabend lieber in der Nähe ihrer in Berlin aufgewachsenen

Kinder und Kindeskinder. Rund 130.000 Türken leben heute in Berlin, nicht eingerechnet diejenigen, die inzwischen die deutsche Staatsbürgerschaft angenommen haben. Zum Netzwerk türkischen Lebens gehören Religions-, Sport- und Kulturvereine, Moscheen, Läden, Restaurants, Kindergärten und Schulen. 5.000 Firmen sind in türkischem Besitz, neben den das Stadtbild prägenden Gemüsehändlern, Dönerbuden und Supermärkten auch viele Baufirmen, Handwerksbetriebe, Reiseunternehmen, Banken und Versicherungen. Berlin ist auch eine vitale türkische Großstadt.

„In Kreuzberg fehlt ein Minarett", schrieb Günter Grass weitsichtig, als er noch in Friedenau wohnte – fast dreißig Jahre ist das her. Die Moscheen der Gläubigen liegen meist versteckt in Hinterhöfen und unscheinbaren Ladenlokalen. Erst jetzt entsteht in Neukölln, direkt an der Bezirksgrenze zu Kreuzberg, ein repräsentativer Märchenbau mit großer Kuppel, Säulen, Bögen, Türmchen und zwei schlanken Minaretten aus Stahlbeton. Schon 1886 übereignete der preußische König das Gelände des mohammedanischen Friedhofs am Columbiadamm der türkischen Gemeinde, deren Ursprünge sich bis zum Soldatenkönig Friedrich Wilhelm I. zurückverfolgen lassen: In seinem Heer dienten die ersten türkischen Gastarbeiter. Der Friedhof gilt als ältester Türkenfriedhof Westeuropas.

Wer den Ort kennt, kann die Baustelle von der Ringbahn aus sehen. Zwischen den Stationen Hermannstraße und Tempelhof hat man über das kahle Flugplatzgelände einen grandiosen Ausblick auf die Silhouette der Innenstadt. Stolz weisen die christlichen Kirchen mit ihren spitzen Türmen zu den Wolken. Die beiden Minarettstümpfe aber lugen nur ein bisschen über die Kronen der Bäume, die das Friedhofsgelände am Columbiadamm beschatten. Dabei hätten die Gläubigen gerne für höhere Türme gespendet. Doch die Baubehörde genehmigte nur 28 Meter. Ganz ungebremst soll das Selbstbewusstsein der Berliner Muslime nicht in den Himmel wachsen.

Hermannstraße

Der Zauber von Berlin

Unter den filigranen Stahlbögen der Hertabrücke rangieren lange Müllzüge, beladen mit orangefarbenen Containern der Berliner Stadtreinigung. Vom Bahnhof Neukölln kommend, hält die S-Bahn eine Brücke weiter, unter der Hermannbrücke. Herta und Hermann: Da denkt der Berliner sofort an ein Liebespaar, und der unvergessliche Refrain der Claire Waldoff geht ihm im Kopf herum: „Hermann heeßt er!" Aber dieser liebenswürdige Hermann war nicht gemeint, als man im vorvorigen Jahrhundert Brücke und Straße taufte.

Der Vorname lässt sich aus dem Althochdeutschen herleiten, dort heißt er soviel wie: „Mann des Krieges". Die Straßenbenennung war Ausdruck des preußischen Kultus um Hermann den Cherusker, der eigentlich Arminius hieß. Im Jahre 9 unserer Zeitrechnung vernichtete Arminius mit seinen Germanenkriegern bei der Schlacht im Teutoburger Wald ein römisches Heer. Im 19. Jahrhundert galt er als Vorbild für den heldenhaften Widerstand der Deutschen gegen jegliche Fremdherrschaft, besonders nach der Besetzung Preußens durch Napoleons Truppen. Damals setzte der Dichter Heinrich von Kleist dem Germanenkrieger mit seiner „Hermannsschlacht" ein literarisches Denkmal. Der Name Herta passt in diesen Zusammenhang: Er leitet sich von der germanischen Göttin Nertus her, der Mutter der Erde.

Ginge es nach der Mythologie der Straßen- und Brückennamen, müssten wir am S-Bahnhof Hermannstraße in Teutonien aussteigen. Statt dessen glaubt man, auf einen anderen Kontinent verschlagen worden zu sein. Neben dem Bahngleis steht eine Reklametafel, deren Schrift nicht zu verstehen ist. Den Bildern nach handelt es sich um eine Werbung für Milchprodukte, betextet in türkischer Sprache. Wie perfide! Sonst kämpft man auf der Straße darum, die Werbebotschaften zu ignorieren, mit denen man bei jedem Schritt traktiert wird, und nun wird man von der Werbung ignoriert, als sei man eine Unperson. Der Einheimische fühlt sich plötzlich unsicher wie ein Ausländer, der die Sprache der Stadt nicht beherrscht. Eine lehrreiche Erfahrung. Wie gut, dass die Milchprodukte auf dem Plakat abgebildet sind. Wie segensreich, dass das deutsche Wort Joghurt türkischen Ursprungs ist, daher auch in der fremden Sprache erkennbar.

Gleich hinter dem Großplakat beginnt, wenigstens dem Anschein nach, die Dritte Welt. Unter der Brücke neben den S-Bahn-Gleisen ist ein Lagerplatz mit modernden Holzschwellen, Brettern, Drahtrollen, Betonreifen, Schläuchen, aufgestapelten Pflastersteinen. Ein Lieferwagen ohne Kennzeichen steht herum, ein Bauwagen und viele Plastiksäcke fragwürdigen Inhalts. Nicht sehr ordentlich liegt alles beieinander, doch ordentlich genug, um zu erkennen: Der ganze Müll ist zur Wiederverwendung bestimmt. Ein Mann in Zimmermannskluft macht sich daran zu schaffen, also handelt es sich wohl um den Abstellplatz eines Bauunternehmers.

Auf dem Lagerplatz sei ein Regionalbahnhof geplant, lesen wir in älteren Unterlagen der Senatsbauverwaltung. Um genügend Platz dafür zu gewinnen, schoben die Planer den S-Bahnhof so nah wie möglich an das nördliche Brückenwiderlager heran, als er Anfang der Neunziger neu gebaut wurde. Außerdem wurde eine bereits in den Dreißigern betonierte Tunnelröhre der U-Bahn-Linie 8 bis unter den S-Bahnhof verlängert. Seit 1996 kann man auf drei Ebenen umsteigen. Tief unten enden die U-Bahn-Züge in einem mit spiegelglatten grünen Fliesen ausgekleideten Keller, der die Gemütlichkeit eines

Umsteigen an der Hermannstraße bietet fast alle Berliner Verkehrsmittel: Auf der Brücke halten Busse, im Bahngraben die S-Bahn, im Untergrund die U-Bahn und in der Luft schwirren Flugzeuge, die auf dem Flughafen Tempelhof zur Landung ansetzen. Nur zum Teltowkanal muss man zehn Minuten laufen.

medizinischen Operationssaals besitzt. Darüber liegt der S-Bahnsteig in einem langgezogenen, von Mietskasernen flankierten Graben. Ganz oben auf der Hermannbrücke halten drei Buslinien. Als Bindeglied zwischen Graben und Hermannstraße dient eine Bahnhofsarchitektur, die sich als poppiger Neoexpressionismus beschreiben lässt. Mit ihren spitzen Ecken, giftgrünen und blauen Glasrahmen wirkt sie wie ein Technosaurier, der sich aus einer anderen Galaxie nach Neukölln verirrt hat, um an der Ringbahn zu verenden.

Für eine Bahnhofstoilette hat das Geld beim aufwändigen Neubau der Station in den Neunzigerjahren wieder nicht gereicht, was nicht nur unpraktisch ist, sondern auch von historischer Ignoranz zeugt. Denn in die Geschichte eingegangen ist der 1899 eröffnete Ringbahnhof Neukölln durch sein Klo. Dort legte am 16. Oktober 1906 der arbeitslose Schuster Wilhelm Voigt seine Armeleutekluft ab und schlüpfte in eine bei einem Trödler erworbene preußische Hauptmannsuniform, mit der er zackig Kurs auf das Köpenicker Rathaus nahm, in der Hoffnung, dort Geld und einen Pass zu ergaunern.

Langsam schaufelt eine Rolltreppe die Passagiere vom S-Bahnsteig hinauf zur Brückenebene. Am Rolltreppenende winkt ein Mädchen, vielleicht ist sie fünfzehn, mit einem 10-Euro-Schein. Schüchtern stotternd fragt sie, ob sie einem den Schein schenken dürfe. „Sie sind zu gar nichts verpflichtet, sollten aber eine Zeitschrift bei mir abonnieren". Der frühe Erwerbssinn steht auch drei Kindern ins Gesicht geschrieben, die ihr altes Spielzeug im Bauch des Technosaurus auf einer Decke ausbreiten. Daneben baut eine asiatische Blumenverkäuferin ihren ambulanten Stand auf. Mit einem furchterregenden Messer säbelt sie die Dornen von langstieligen gelben Rosen, damit Herta sich nicht piekst, wenn Hermann sie beglückt.

Draußen auf der Brücke über den Bahngraben ist viel Verkehr, aber wenig Hast. Die Leute haben es nicht sonderlich eilig, die Brücke zu überqueren. Manche bleiben stehen, um sich hier eine Zigarette anzuzünden, einen Blick hinunter auf die Wartenden am S-Bahn-Gleis oder die rangierenden Müllzüge zu werfen. Immer lehnt jemand an der Brüstung und schaut die Gleise entlang in die Ferne, als habe er nichts Besseres zu tun. An den Bushaltestellen stehen Fahrer in blauen Uniformen und halten ein Schwätzchen, bevor sie ihre Kollegen ablösen.

Wegen des Übergaberituals halten die Busse länger als üblich.
Wo andere Menschen verweilen, gehen die Passanten langsamer und schauen aufmerksamer um sich. Der erzwungene Müßiggang auf der Brücke wirkt ansteckend. Oder ist der ruhigere Rhythmus dem vormittäglichen Sommerwetter zu danken? Liegt es vielleicht an der hohen Arbeitslosigkeit im Viertel, dass die Leute es nicht so eilig haben? Auch die ethnische Zusammensetzung des Straßenpublikums könnte dafür verantwortlich gemacht werden. Alle Hautfarben und Lebensalter sind unterwegs. Da ist die türkische Mutter, die ihre Weiblichkeit mitten im Sommer in einem langen grauen Mantel und unter einem dunkelblauen Kopftuch versteckt. Sie ruft ihre beiden Jungen zur Ordnung, die beide Basecaps tragen, amerikanisiert wie ihre deutschen Mitschüler. Viele Kinder werden über die Brücke gerollt und gezogen. Alle Stadien der Assimilation an die deutsche Großstadt sind in Kleidung und Habitus zu studieren. Eine Afrikanerin trägt ein sehr buntes Gewand, dessen Farbigkeit einem anderen Kontinent angehört, eine andere geht im kurzen Rock, so wie vielleicht ihre bleichgesichtigen Kolleginnen in der Firma. Büroangestellte im Hemd, aber mit Krawatte, tragen Plastiktüten mit frischen Fladenbroten über die Brücke. Kaum zu sagen, welcher Nationalität wer angehört. Nur der Betrunkene, der stehen bleibt, sich am Brückengeländer festhält, lächelt und weitergeht, ist sicher schon immer ein Deutscher gewesen.
An den gründerzeitlichen Mietskasernen um den Bahnhof kleben mehr Satellitenschüsseln als Balkone. In einer Telefonzentrale stehen die Eingewanderten Schlange, um aus kleinen Kabinen ihre Liebsten in aller Welt anzurufen. Damit das Fernweh nicht zu groß wird, preist sich ein Lokal als „Paradies der türkischen Küche". Andere nennen sich einfach „China" oder „Viva Italia España". Schade, das

„Nur el din“ an der Hertastraßenecke hat zugemacht, im Fenster hängt noch die Speisekarte: „Wasserpfeife 3 Mark 50“. Selbst Bäckereien führen Minarette im Schilde, dort hat man die Wahl zwischen Schrippe und Sesamkringel. Ecke Silbersteinstraße hängen blonde, schwarze, rote, gelockte, glatte und geflochtene Haarzöpfe in einem Schaufenster. Außer Rastazöpfen gibt es auch Kosmetik für schwarze Haut und exotische Konserven im „Afro-Busstop“.

Dazwischen halten sich urtümliche Läden wie die „Rixdorfer Textilpflege“. „Zum alten Mittenwalder“ heißt eine museumsreife Kaschemme mit „Asbach Uralt“-Lampe im Fenster. Der Name der Kneipe spielt auf den verschwundenen Bahnhof der Neukölln-Mittenwalder-Eisenbahn an, der anno 1900 neben der nur ein Jahr älteren Ringbahnstation in Betrieb ging. Wie das Lokal „Umsteiger“ liegt die Kneipe „Zum alten Mittenwalder“ direkt an der Hermannbrücke. Mit schwarz-rot-goldnem Firmenschild winkt ein „Berliner Imbiss“ (eigentlich müsste man das in Fraktur drucken): Dort isst Hermann seine Currywurst oder sein Eisbein, wenn er den Hals voll hat von all den Dönern. Die Kebaps schmecken längst nicht mehr so gut wie früher, und die zahllosen Grillstuben sehen schon so aseptisch aus wie die Filialen von MacDonalds.

An der Hermannstraße gleicht Berlin einer richtigen Metropole. In London, Paris, Amsterdam gibt es ähnliche Viertel. Sie sind ärmlich, aber sie haben Charme. Alles, was in der Stadtmitte mit gigantischem Aufwand herbeiinszeniert werden soll – Urbanität, Internationalität, Interessantheit – ist hier ganz unplanmäßig gewachsen. Da macht es gar nichts, dass die Häuser, Läden und Passanten ziemlich abgenutzt ausschauen, im Gegenteil. Eine Vitalität, die sich gegen widrige Umstände durchsetzt, berührt uns stärker als der falsche Glanz, der sich mit viel Geld allerorten verbreiten lässt.

Die Armut versteckt sich hier so wenig wie der Tod. Mehrere Friedhöfe bereichern das Geschäftsleben längs der Hermannstraße um Steinmetzbetriebe und Blumenläden. Direkt an der Straße steht die Trauerhalle der Sankt-Jacobi-Gemeinde, ein hübscher preußischer Tempel aus schmutziggelbem Backstein. Davor warten schwarz gekleidete Angestellte eines Beerdigungsinstituts auf einen Sarg. Wir stromern in die Friedhofsecke hinter der Trauerhalle und stehen plötzlich in einem Stadtbild von schrecklicher Schönheit: eine lange Reihe finsterer Hinterhöfe grenzt an den Beerdigungsplatz. Als Trennmauer dient eine malerische Wand aus altehrwürdigen Familiengräbern, prunkvollen Schauarchitekturen mit Säulen und Reliefs, von der Zeit verwittert und geschwärzt. Die Grabreihen unter den hohen Bäumen sind stark gelichtet, eine Folge des Schwundes der christlichen Gemeinden in Kreuzberg und Neukölln. Die Steinmetze und Blumenhändler an der Hermannstraße haben schon bessere Tage gesehen. Ihre Schuppen aus den Fünfzigerjahren stehen da wie auf Abruf.

Mitten durch den Kirchhof der Bethlehems-Gemeinde verläuft eine Reihe weißer Betonmasten. Oben sind die Signallichter, die den nach Tempelhof einfliegenden Maschinen den Kurs angeben. In dreißig, vierzig Meter Höhe dröhnen die Flugzeuge quer über die Hermannstraße. Genau unter einem Signalmast steht „Zauberkönig“ auf einem mit Efeu überwachsenen Ladenschild. Darunter ist ein Geschäft mit zwei Schaufenstern und Eingangstür zur Hermannstraße. Totenschädel und Gerippe aus Plastik, Hexen und Monster füllen eines der Schaufenster, das makabrerweise an die Grabsteinausstellung eines Bildhauers grenzt. Wie in einem surrealen Film laufen im zweiten Fenster die Zeiger einer Küchenuhr rückwärts. Die Kinder auf der Hermannstraße bleiben stehen, drücken sich die Nase an der Schaufensterscheibe

platt und feixen. Hundert Dinge sind zu bestaunen, mit denen man seine Mitmenschen ärgern kann: Gummispinnen, aufziehbare Mäuschen, Juckpulver, Blutkapseln und täuschend echte Gliedmaßen aus Plastik, nicht zu vergessen das geruchsfreie Hundekackeimitat.
Drinnen ist der kleine Laden bis zur Decke vollgestopft mit Masken, Kostümen, Lampions, Girlanden und tausend Scherzartikeln. Hinter der Theke verblüfft ein freundlicher alter Mann die Neukunden damit, dass er Bälle oder Münzen mit wenigen Handgriffen verschwinden und anderswo wieder auftauchen lässt. Fachkundig berät er eine Dame, die Bonbons mit Knoblaucharoma kauft: „Die müssen sie aber unter süße mischen, sonst klappt det nich".
Der Zauberkönig heißt gar nicht König, sondern Günter Klepke. Er arbeite seit 27 Jahren im Laden, erzählt er, helfe allerdings nur noch aus, das Geschäft gehöre längst seiner Tochter. Seit 1952 befinde es sich an dieser Adresse: Hermannstraße 84–90. Der erste Zauberkönig-Laden sei 1884 am Bahnhof Friedrichstraße als Filiale eines Wiener Unternehmens eröffnet worden, genau gegenüber vom Varieté „Wintergarten". Das klingt glaubhaft, kennen wir doch aus Horváths Stück „Geschichten aus dem Wiener Wald" eine Figur, die Zauberkönig heißt und einen Spielwarenladen betreibt. Früher war Herr Klepke Conferencier, hat auf Kreuzfahrtschiffen gezaubert, nun tritt er noch unter dem Künstlernamen Zauberkönig bei allerlei Feiern auf, einmal im Jahr auch im Neuköllner „Saalbau" an der Karl-Marx-Straße.
So leichthändig der Zauberkönig Münzen verschwinden und in den Ecken seines Ladens wieder auftauchen lässt, einen Geld- oder Goldschatz kann er nicht herbeizaubern. Da stößt die schönste Magie an ihre Grenze. Also verkauft er billige Scherzartikel an der Hermannstraße, die ein echter Magier nie und nimmer benutzen würde, um sein

Publikum zu verblüffen. „Ein Zauberer braucht nur ersetzbare Gegenstände: Bälle, Münzen, ein Seil", sagt Klepke. Als die S-Bahn-Fahrkarten noch aus fester Pappe waren, hat er das Palmieren, die blitzschnelle Fingerfertigkeit der Illusionisten, damit trainiert.

Wer hätte gedacht, dass sich so ein Traditionsunternehmen in der skurrilen Verkaufsbude an der Hermannstraße versteckt? Aber das sind genau die Überraschungen, für die wir die Stadt lieben. Das ist der Zauber von Berlin.

Die Arado Ar 79 (vorn) kurz vor dem Start zu ihrem letzten Flug in Tempelhof.

Tempelhof

Warten auf den letzten Flug

An einem strahlend sonnigen Tag erwartet eine kleine Fangemeinde den letzten Auftritt der Flugkünstlerin Arado. Mitarbeiter der Lufthansa und des Deutschen Technikmuseums, außerdem eine Handvoll Presseleute stehen plaudernd in einer VIP-Lounge des Flughafens Tempelhof herum. Noch sind die Buffetbrötchen mit Gehacktem und kaltem Braten unter Zellophan verpackt, noch wird kein Sekt ausgeschenkt, bloß ein rot-weißer Getränkeautomat im Design der Fünfziger blinkt ungeduldig in einer Ecke und appelliert an alle: „Have a Coke!" An den Wänden hängen Fotos aus der Luftbrückenzeit. Sie zeigen Entladearbeiten auf dem Flughafen und Berliner Gören, die mit selbstgebastelten Flugzeugmodellen spielen. In die Tischchen sind Imitate von Carepaketen eingelassen, unerreichbar hinter Glas stecken Dosen mit Kaffee, Kakao und Beef. „CARE U. S. A" steht auf den Sitzkissen vor den großen Glasscheiben zum Rollfeld. Daneben liegt in mehreren Exemplaren der letzte Jahresbericht der Hilfsorganisation „Care Deutschland" aus, die heutzutage Notleidende in Afrika, in Kambodscha oder im Kosovo unterstützt.

Auf dem Rollfeld herrscht klare Sicht. Vom Abfertigungsgebäude schweift der Blick über geparkte Maschinen und die plane Fläche mit der Start- und Landebahn bis zur jenseitigen Bebauungsgrenze. Dort bewegen sich unablässig kleine Punkte entlang der Horizontale, das sind die Lastwagen auf der Stadtautobahn. Darunter ziehen alle paar Minuten S-Bahnzüge als gleichmäßige dunkle Striche vorüber. Wer auf der Ringbahn das Flughafengelände tangiert, genießt den plötzlich befreiten Blick über das Flugfeld, hinter dem die Stadtmitte als klar konturierte Silhouette mit Fernsehturm, Kirchturm- und Hochhausspitzen erscheint. Es gehört Glück dazu, zugleich den Blick auf ein Flugzeug in der Luft zu erhaschen.

In der VIP-Lounge ergreifen einige Herren das Wort, die sich um die Arado verdient gemacht haben. Der stellvertretende Direktor des Technikmuseums freut sich, die alte Dame alsbald an ihrem Altersruhesitz begrüßen zu dürfen. Das Museum bekommt einen schicken Anbau, in dem bereits ein schönes Plätzchen für sie reserviert ist. Es hat die Arado vor ein paar Jahren eingekauft, die Deutsche Lufthansa Berlin-Stiftung hat sie in einer Hamburger Werft restaurieren und eine Weile in ihrer Oldtimerflotte mitfliegen lassen. Man muss wissen, dass die alte Dame wirklich nicht mehr die Jüngste ist. Die Arado Ar 79 war das letzte zivile Modell, das die Brandenburger Arado-Flugzeugwerft vor dem Zweiten Weltkrieg baute. Durch eine Reihe von Geschwindigkeits- und Langstreckenrekorden sorgte sie damals weltweit für Aufsehen.

Im Winter 1938/39 flog sie vom Brandenburger Werksflughafen bis nach Sidney. Zuletzt hat sie nur noch kleine Runden auf Flugschauen gedreht. Heute, am 13. November 2001, ist endgültig Schluss oder, wie die Flugzeugenthusiasten sagen, der ultimative Roll-in.

Nachdem sich die Vertreter des Museums und der Stiftung gegenseitig ausführlich gelobt haben, tritt als letzter Redner ein strammer Lufthansakapitän ans Pult. In seiner tadellosen Haltung und Uniform sieht er aus, als sei er gerade einem Lufthansa-Werbefilm entstiegen, oder vielleicht einer Vorabendserie. Doch am Morgen hat er tatsächlich einen dicken Jumbo von Nairobi nach Berlin gesteuert. Der Spaß am Fliegen, versichert er, hänge nicht von Größe, Gewicht oder Schönheit eines Flugzeugs ab. „Seien wir ehrlich: Die Arado hat echt gefällige Formen, aber so besonders sieht sie nicht aus“, sagt der Kapitän. In diesem Augenblick rollt die Gefeierte artig hinter einem Lotsenfahrzeug auf den Parkplatz unter den Fenstern der VIP-Lounge. Ein winziges Sportflugzeug mit rotem Propellernäschen, in der Prosa der Experten „ein freitragender zweisitziger Kabinentiefdecker in Gemischtbauweise". Allein die bläulich schimmernde Rumpflackierung aus den Sechzigerjahren verleiht ihr etwas Mondänes.

Neben den anderen Flugzeugen auf dem Tempelhofer Feld, die auch nicht gerade zu den Größten zählen, wirkt die Arado wie eine Blaumeise zwischen Schwänen. Begleitet vom Knallen der ersten Sektkorken stimmt der Flugkapitän sein Loblied auf die Flugeigenschaften der Arado an: „Wenn sie mal einen Maßanzug anprobiert haben, wissen Sie wie das ist. Man zieht ihn an und er sitzt perfekt. So ging es mir, als ich zum ersten Mal in der Arado flog." Es klingt so, als habe er sich wirklich in die alte Dame verliebt. „Die Arado sollte ein Vorbild für heutige Flugzeugbauer sein", schließt der Kapitän. Da mag niemand widersprechen, schließlich ist gestern erst wieder eine vollbesetzte Maschine abgestürzt. Nach solchen Ereignissen schaut der Berliner bange auf den Himmel über seiner Stadt und wundert sich über das unverschämte Glück, das sie bisher hatte.

Dann klingen die Gläser und klicken die Kameras und einer von den Lufthansa-Honoratioren darf mit einsteigen zum letzten Rundflug. Unten steckt ein Techniker eine Kurbel in ein kleines Loch an der Nase der Arado. Damit bringt er den weißen Propeller in Schwung. Hinter einer größeren Passagiermaschine schleicht das Maschinchen übers freie Feld zur Startbahn. Man hat Mühe, sie in der Ferne im Auge zu behalten, bis der Fanclub plötzlich lostobt: „Jetzt!" „Sie fliegt!" „Da, die kleine Mücke!" Ein dunkles Stäbchen steigt schräg vor dem weißblauen Wolkenprospekt auf, der aussieht wie für diesen Tag gemalt. So muss es gewesen sein, als vor hundert Jahren die ersten tollkühnen Piloten in ihren selbstgezimmerten Kisten auf dem Tempelhofer Feld in den Himmel stiegen. Die Arado wendet sich zum mächtigen Halbrund der Hangars, wird größer, fliegt einen Kreis über dem Rollfeld. Dann noch einen ganz engen Kreis mit fast senkrecht stehenden Flügeln. Der Pilot schaukelt sie nach rechts und links, um die gute Fluglage zu demonstrieren, ehe er über das Flughafengebäude in Richtung Innenstadt verschwindet. In der Lounge tauschen die Experten technische Details aus: „Das Seitenruder ist mit drei ganz kleinen Schrauben festgemacht". Wenig später parkt die Arado wieder unter dem gewaltigen Vordach des Flughafengebäudes. Ein Polizist passt auf, dass ihr niemand zu nahe kommt.

Das war's also. Nächstes Jahr im Museum sehen wir uns wieder. Die Arado hat ihren letzten Flug hinter sich. Und wann ist der Flughafen Tempelhof an der Reihe? Dass er aufgegeben werden soll, hat das Berliner Abgeordnetenhaus schon vor einigen Jahren beschlossen. Fertige Pläne für eine Umgestaltung des Flugfeldes zu einem Wiesenmeer, umkränzt mit Park- und Wohnanlagen, liegen in der Schublade des Senators für Stadtentwicklung. Aber mit dem Bau des neuen Großflughafens bei Schönefeld geht es nicht voran. Das ganze Projekt eines Luftkreuzes bei Berlin ist umstritten, seine Wirtschaftlichkeit fraglich, die Finanzierung nicht geklärt, und dann sind da auch noch die Anlieger, die den Flughafen mit allen juristischen Mitteln zu verhindern suchen. In der Zwischenzeit entlastet Tempelhof den Tegeler Flughafen, der 1975 für den Massenverkehr von und nach West-Berlin eröffnet wurde und dessen Kapazitäten erschöpft sind.

Besonders Geschäftsreisende schätzen Tempelhof, wo sie mit ihren Privatjets landen können und wenig Zeit mit langwierigen Autofahrten zu Terminen in der Innenstadt

verlieren. Die Anzeigentafel kündigt Flüge nach Paderborn, Friedrichshafen, Siegen und Mönchengladbach an. Die wenigen Fluggäste verlieren sich in der monumentalen Haupthalle, und die Angestellten an den Flugschaltern haben nichts zu tun. Beim Flughafenfriseur herrscht gähnende Leere, die Taxifahrer vor der Halle warten umsonst. Dennoch trägt die Hauptfassade trotzig den großen Schriftzug ZENTRALFLUGHAFEN zur Schau. Davor reckt die „Hungerharke" zornig ihre drei Betonzinken gegen den Himmel. Das von den Berlinern liebevoll so genannte Luftbrückendenkmal würdigt die 277.264 Flüge für die Freiheit von West-Berlin und die Piloten, die dafür mit ihrem Leben bezahlten.
Der heutige Flugbetrieb rechnet sich nicht mehr. Für die modernen Jumbos ist die Landebahn zu klein, für den verbliebenen Privatfliegerverkehr das Gebäude viel zu groß. Sein Innenleben steht in groteskem Missverhältnis zum architektonischen Gestus des Flughafens, den Ernst Sagebiel im Geist der Nazizeit für das Dreißigfache des damaligen Verkehrsaufkommens entworfen hat. Das 1.200 Meter lange Abfertigungsgebäude, wegen seines gebogenen Grundrisses „Kleiderbügel" genannt, war ein markanter Baustein der „Germania"-Planungen für die NS-Reichshauptstadt. Zugleich sollte er unabhängig von der übrigen Stadt betrieben werden können und erhielt deswegen eine eigene Fernwärmeversorgung, ein Wasser- und Elektrizitätswerk. Zu den riesigen unterirdischen Anlagen gehört ein Eisenbahntunnel, mit dem der Flughafen direkt an die Ringbahn angeschlossen werden sollte. Im Zweiten Weltkrieg diente das unterirdische Labyrinth als Luftschutzbunker und heimliche Produktionsstätte der Rüstungsindustrie.
Heute nutzt die Polizei einige Teile des Gebäudes, gleich nebenan am Tempelhofer Damm liegt das neue Polizeipräsidium. Wer die Haupthalle des Flughafens sucht, lan-

det möglicherweise im Zentralen Fundbüro der Hauptstadt, das verlorene Regenschirme und Handtaschen bis zur Versteigerung aufbewahrt. Im Ehrenhof vor der Halle bemüht sich der Nachtclub „La vie en rose" vergeblich, ein wenig Bahnhofsviertelatmosphäre zu verbreiten. Begrüßt wird der Fluggast dort außerdem von der Formularausgabe des Landeskriminalamtes und der Kita „Buddelkiste". Für einige der großen Hallen haben sich ebenfalls Nachnutzer gefunden: In der „Columbiahalle", dem ehemaligen Kino der US-Air Force, finden Rockkonzerte statt, eine Weile gastierte das Musical „Space Train" in einem Hangar mit Blick auf die Landebahn. Auch die Umwandlung der Haupthalle in einen Konzertsaal für klassische Musik war schon im Gespräch und auf dem Flugfeld würde die jährliche „Love Parade" sicher weniger Schaden anrichten als im Tiergarten.

Das Flughafengelände ist durch große Hauptstraßen, Stadtautobahn, U-Bahn und Ringbahn exzellent erschlossen. Es liegt zentral und gilt deshalb als wertvolle Reservefläche für die zukünftige Stadtentwicklung. Dieses Potenzial bleibt blockiert, solange der defizitäre Flughafen für eine Handvoll Privatflieger offen gehalten wird. Herbeigesehnt wird ein Ende des anachronistischen Flugbetriebs am meisten von den Anwohnern der dicht besiedelten Einflugschneisen. Ginge es nach ihnen, der letzte Flug wäre längst Geschichte.

Berlin-Hundekopf – Der renovierte Ring

Die Wartenden auf dem Bahnhof Tempelhof sind verwirrt. Die einfahrenden S-Bahnen halten nicht auf den Gleisen, die sonst für diese oder jene Richtung bestimmt sind. Auf die Fahrziele an den Richtungsanzeigern ist kein Verlass. Züge, die in Richtung Papestraße weiterfahren, kehren ein paar Minuten später nach Tempelhof zurück. Endlich kommt eine Durchsage: „Sehr geehrte Fahrgäste, wegen eines umgestürzten Baumes ist der Zugverkehr zwischen Papestraße und Schöneberg unterbrochen". Einige Fahrgäste fluchen, andere zücken das Handy. Die meisten sind geübte Verkehrsteilnehmer. Rasch rechnen sie sich im Kopf aus, wie sie anders ans Ziel kommen, kalkulieren den Zeitverlust und machen sich auf den Weg.
Normalerweise verschwendet der S-Bahn-Reisende keine Gedanken daran, wie kompliziert und störanfällig das Verkehrsmittel sein könnte, dem er sein Schicksal anvertraut. Dass gerade dann eine Bahn angefahren kommt, wenn er sie braucht, ist dem Berliner so selbstverständlich wie fließendes Wasser im Badezimmer. An jedem Werktag transportiert die S-Bahn gut eine Million Fahrgäste. Das Wunderwerk der Technik und Organisation nehmen sie kaum wahr. Wie der häusliche Computer besitzt die S-Bahn eine robuste, leicht zu bedienende Benutzeroberfläche, die kaum etwas von den internen Abläufen verrät.
Noch gibt es die Zugabfertigerin in blau-roter Uniform, die in einer Fachwerkbaracke zwischen Kaffeemaschine und Mikrowelle Wache schiebt, jedes Mal beim Einfahren eines Zuges auf den Bahnsteig herauskommt, den Bahnhofsnamen ansagt und dem Zugführer über ein Funkgerät mitteilt, wann er losfahren darf. Wie lange wird sich die S-Bahn solch liebenswerte Folklore leisten?

Nur noch auf der Hälfte der 164 Bahnhöfe gibt es heutzutage einen Fahrkartenschalter mit einem richtigen Menschen. Den Rest der Arbeit erledigen rund 500 Fahrkartenautomaten. Sie werden elektronisch gesteuert wie mittlerweile fast alles bei der S-Bahn: Fahrtrichtungsanzeiger, Signale, Weichen, Stromversorgung, Züge.

In den ersten Jahren des elektrischen S-Bahn-Betriebs wachten Blockwärter an der Strecke darüber, dass kein Zug auf den anderen auffuhr. Dazu hatte man den Ring in Blockabschnitte unterteilt, auf denen nur ein Zug unterwegs sein durfte. War ein Abschnitt frei, stellte der Blockwärter ein Signal von Hand auf Fahrt. Ende der Dreißigerjahre wurde der selbsttätige Blockbetrieb eingeführt, bei dem die Züge selbst beim Durchfahren Lichtsignale umschalteten. Auf dem Südring begann 1993 die Einführung des neuesten Signalsystems. Die modernen „Kombinationssignale" auf dem renovierten Ring werden sämtlich von einer elektronischen Stellwerkszentrale überwacht, die sich in der ehemaligen Schaltwarte Halensee am Westkreuz befindet. Dort steuern Computer die Weichen und Signale auf der Strecke, nur wenn etwas schief zu gehen droht, greifen die Fahrdienstleiter von Hand ein. Bis 2010 soll das gesamte Berliner S-Bahn-Netz mit einer Streckenlänge von jetzt 327 Kilometern von der Betriebszentrale in Halensee gesteuert werden.

Mit ihren uralten Triebwagen, der historischen Technik und den maroden Bahnhöfen besaß die S-Bahn bis Anfang der Neunzigerjahre den Charme der größten Museumsbahn Deutschlands. Diese Zeit neigt sich nun dem Ende zu. Die Wagen aus der Vorkriegszeit verschwinden allmählich aus dem Stadtbild. De facto wurde der alte S-Bahn-Ring in den vergangenen Jahren nicht nur wiederhergestellt, sondern nahezu vollständig neu gebaut. Schienen, Weichen, Schwellen, Schotter, Kabel,

Signale wurden komplett ausgetauscht. Das diente der Betriebssicherheit und sollte künftige Störungen durch Ausfälle oder Nachbesserungen vermeiden. Bahnsteige wurden verschoben, um das Umsteigen zu verkürzen, neue Rolltreppen und Aufzüge erleichtern Alten, Behinderten, Müttern mit Kindern und Radfahrern den Zugang.
Doch damit nicht genug: Das Kopfsteinpflaster auf den Bahnsteigen musste glatten Platten weichen, angeblich wegen der Rutschgefahr, die alten Lampen, Bahnhofsbänke, Fahrtrichtungsanzeiger, Stationsschilder wanderten meist auf den Müll. Im Kampf gegen das frühere Schmuddelimage der Reichsbahn wurde das historische Design der Bahnhöfe weitgehend entsorgt. Schmuck, sauber und sicher sollen sie auf die Kunden wirken, alles andere muss sich diesem Ziel unterordnen. Statt behutsam renovierte Baudenkmale säumen neue Stationen den Ring, aufgeschmückt mit ein paar historischen Reminiszenzen.
Von der alten Bausubstanz ist kaum mehr geblieben als ein paar besonders robuste Brücken und Empfangsgebäude. Was alt aussieht, ist es nicht unbedingt, wie die Bahnsteigdächer in Tempelhof oder Neukölln. Sie sind Anfang der Neunzigerjahre nach historischen Vorbildern komplett neu gebaut worden. Immerhin kann man so beim Umsteigen zur U-Bahn die Entwicklung der Ringbahn im Groben nachvollziehen: Oben ist die Typologie eines Vorortbahnhofs aus dem 19. Jahrhundert erhalten, im sachlichen Zwischengeschoss und unter der Erde weiß man sich in einem innerstädtischen Verkehrsknotenpunkt der Zwanzigerjahre. In Tempelhof hängen an den U-Bahn-Gleisen sogar noch die dunkelblauen Stationsschilder mit dem Zusatz „Südring“, der nach dem Mauerbau überpinselt wurde, weil das Umsteigen von Westberlinern zur S-Bahn damals nicht erwünscht war.

Zum Glück ist in Tempelhof bei der Südringsanierung am Übergang zwischen S- und U-Bahn nicht so gepfuscht worden wie in Neukölln: Dort blieb vom gemeinsamen Empfangsgebäude Alfred Grenanders, einem kantigen Backsteinbau im Stil der Neuen Sachlichkeit, bloß die Fassade. Über die historisierende Neugestaltung im Innern schrieb der Architekturkritiker Jan Gympel: „Stellen Sie sich vor, man lädt sie in ein Haus, dessen klassisch-moderne Fassade von Mendelsohn oder Gropius stammen könnte; beim Betreten stellen Sie fest, dass der Hausherr die Originaleinrichtung gegen klobige Neorenaissance-Möbel ausgetauscht, an die Fenster schweren Brokat gehängt hat und an die Wände einen röhrenden Hirsch. Wenn Sie etwas von Architektur verstehen, werden Sie den Hausherrn künftig als Banausen ansehen. Wenn dagegen in einem neu-sachlichen Bau von 1930 die lindgrünen Kacheln durch gelbe Klinker ersetzt und dazu Leuchten gehängt werden, die an Gaslaternen erinnern, so dass alles ausschaut, als stamme es aus dem 19. Jahrhundert, dann findet Berlins Bausenator Nagel das ‚vorbildlich' und fürchtet nur, dass wir uns derartige Aktionen in Zukunft nicht mehr leisten können".
Die Kosten für die Wiederherstellung des 1993 eröffneten Südrings beliefen sich auf 775 Millionen Mark. Noch einmal so viel, rund 380 Millionen Euro, kosteten die Bauten für die S-Bahn auf dem Nordring. Allein die Ausgaben für das letzte, drei Kilometer lange Teilstück zwischen Gesundbrunnen und Westhafen beziffert die Bahn auf 54 Millionen Euro. Das ist nur ein kleiner Bruchteil der 10 Milliarden, die zwischen 1990 und 2010 ins Berliner Eisenbahnnetz investiert werden; zwei Milliarden flossen bisher in die Wiederherstellung des S-Bahn-Netzes. Damit gehört die Rekonstruktion der Ringbahn zu den teuersten und langwierigsten Bauvorhaben seit dem Fall der Mauer. Abgeschlossen ist sie noch lange nicht: Neben den S-Bahn-

Gleisen am Nordring sind Bagger und Bauzüge unterwegs, um die Strecke bis zur Fußballweltmeisterschaft im Jahr 2006 fit zu machen für den Fernverkehr. Die mit dem Bau des 17 Kilometer langen Nordrings betraute Projektgesellschaft beschreibt ihr Vorhaben so: „Auf der für Geschwindigkeiten bis zu 100 Kilometer pro Stunde optimierten Trasse des nördlichen Innenrings werden zwischen Berlin-Grunewald/Berlin-Ruhleben und Pankow rund 78 Kilometer Fernbahngleise sowie zwischen Westend und Nordkreuz knapp 36 Kilometer S-Bahngleis wieder aufgebaut bzw. neu verlegt. Insgesamt 181 Ingenieurbauwerke entstehen: Sechs Bahnhöfe, 16 Hochbauten, 39 Brücken, 13 tunnelartige Bauwerke mit 4.211 Metern Gesamtlänge sowie 107 Stützmauern und Signalausleger. Allein für die S-Bahn waren 60 Weichen – ohne zeitweilige Bauweichen – zu verlegen. Im Rahmen der bahntechnischen Ausrüstung entstehen sechs Stellwerke sowie für die 750-V-Gleichstromversorgung der S-Bahn fünf Unterwerke, zwei Schaltstellen und sogar eine Art Kleinkraftwerk – die ‚Abnehmeranlage Nord' für die Stromeinspeisung aus dem 110-KV-Landesnetz in das 30 KV-Versorgungsnetz der S-Bahn ... Für die 44 Bauabschnitte des Gesamtvorhabens sind insgesamt rund 20 Baurechtsverfahren durchzuführen".

Das mag erklären, warum sich die Ringbahnsanierung so lange hinschleppte, warum von der Wiedereröffnung des Südrings bis zum letzten Lückenschluss für die S-Bahn achteinhalb Jahre ins Land gingen. Immer wieder musste umgeplant werden – weil gegen das Projekt Klagen erhoben wurden, weil der Senat plötzlich doch eine S-Bahn-Verbindung zwischen Ring und Lehrter Bahnhof wünschte oder weil der Generalunternehmer für den Bahnhof Gesundbrunnen überraschend pleite ging.

Die Umstellung auf den durchgehenden S-Bahn-Ringverkehr nach dem letzten Lückenschluss am 15. Juni 2002 war ein logistisches Meisterstück. Als hätten alle nur darauf gewartet, spielten sich die Verkehrsströme in den folgenden Tagen ein. Dabei riskierten es die Betreiber, zum Eröffnungstag der Ringbahn den Nord-Süd-Tunnel für Sanierungsarbeiten zu schließen und wenig später auch noch die Stadtbahn zu unterbrechen, um die Gleise am Lehrter Bahnhof zu verlegen. Das befürchtete Verkehrschaos aber blieb aus. Die Züge auf dem Ring sind seitdem etwas voller, manche Bahnhöfe etwas belebter, aber ansonsten fließt der Verkehr, als hätte es nie eine Unterbrechung gegeben.

Neu wie die Technik ist die Betriebsführung auf der Strecke. Dazu erprobten die S-Bahn-Planer verschiedene Modelle in Simulationen. Eine Runde dauert jetzt 63 Minuten. Für eine optimale Fahrplangestaltung benötigt die S-Bahn aber einen 10-Minuten-Takt. Man hätte also für einen Vollringbetrieb die Fahrzeit für eine Runde künstlich auf 70 Minuten ausdehnen müssen. Das heißt, alle Bemühungen um eine Beschleunigung auf der Strecke wären umsonst gewesen, denn 70 Minuten pro Runde schaffte schon die Deutsche Reichsbahn. Wegen der vielen Umsteigepunkte rechnen die S-Bahn-Planer auch nicht damit, dass viele Fahrgäste länger als eine halbe Runde auf dem Ring verbringen würden. Daher werden die Züge ab Herbst 2002 im Südosten von Berlin eingesetzt – in Spindlersfeld, Schönefeld oder Königs Wusterhausen – und enden dann nach einer Runde an unterschiedlichen Ringbahnhöfen. Für diese Zugführung gibt es bereits einen hübschen Spitznamen: „Ringschnecke".

Zwischen den Bahnhöfen Tempelhof und Papestraße umfahren die S-Bahnen ein Relikt des einstigen Ringbetriebs, eine große Backsteinhalle mit eingeschlagenen Fensterscheiben, umwuchert von spontaner Vegetation. Die Tore, groß genug für Triebzüge der S-Bahn, sind verschlossen. Für alte S-Bahner ist diese Halbruine mit ganz besonders

Der renovierte Ring ist noch lange nicht fertig. Bauarbeiten am neuen S-Bahn-Kreuz Papestraße im Sommer 2002.

wehmütigen Erinnerungen verbunden. Es handelt sich um das ehemalige S-Bahn-Betriebswerk Papestraße. In den Jahren 1944 bis 1961, als die Vollringzüge mehrere Runden hintereinanderweg auf der Strecke drehten, wurden diese dort gewartet und eingesetzt. Der S-Bahnhof Papestraße war laut Reichsbahnfahrplan Anfangs- und Endpunkt der Züge. Dort wechselte das Zugpersonal und machte Pause in der so genannten „Kaue", einem Schuppen, wo es für Ostmark Getränke kaufen konnte, obwohl der Bahnhof im Westen lag. Das nahe gelegene Betriebswerk Papestraße war 1980 ein Brennpunkt des S-Bahner-Streiks. Danach verödete der Ring in West-Berlin, die große Triebwagenhalle wurde nicht länger gebraucht und stand leer.

An der Papestraße schließt sich *unser* Kreis: Wir sind flanierend und erzählend wieder dort angelangt, wo wir uns vor 267 Seiten auf den Ring eingefädelt hatten. Den aufmerksamen Lesern ist längst aufgefallen, dass diese Reise uns Autoren sehr viel länger in Atem gehalten hat als 63 Minuten. Eineinhalb Jahre lang sind wir auf dem Ring hin und her gereist, um Eindrücke für das Buch zu sammeln. Unsere Erfahrungen mit dem Ring reichen noch weiter zurück, bis zu Fahrten auf dem Ostring vor dem Fall der Mauer. Im wiedervereinigten Berlin waren wir als Stadtführer mit Neugierigen häufig in der S-Bahn unterwegs. Eine Stadterkundung auf dem ganzen Ring war ein Traum. Mit diesem Buch haben wir uns den Traum erfüllt. Nun schaut es an der Papestraße schon wieder ganz anders aus als vorne im Buch beschrieben. Der originale Ringbahnsteig mit seinem buckeligen Kopfsteinpflaster steht – noch. Vielleicht die letzte Gelegenheit, die Aura des Originals mit der sterilen Ausstrahlung der Rekonstruktionen in Tempelhof oder Neukölln zu vergleichen. Das alte Eingangsgebäude ist eingekreist von einer Großbaustelle, darüber drehen sich gelbe Kräne. Ungeachtet der Betriebsstörung am Bahnhof Schöneberg basteln Arbeiter in orangefarbenen Westen an Verschalungen für den Betonguss einer neuen Trasse. Es sieht danach aus, als ginge es nun langsam los mit den Arbeiten für den lange geplanten Regional- und Fernbahnhof. Eigentlich müssten wir jetzt das Kapitel Papestraße neu schreiben. Auch die folgenden Kapitel müssten wir den veränderten Realitäten anpassen, was wahrscheinlich ein Jahr dauern dürfte. Dann hätte sich die Situation an der Papestraße bestimmt schon wieder sehr verändert. Wir müssten wieder umarbeiten, und so könnten wir immer weiter machen, immer im Kreis herum, ohne ans Ziel zu kom-

men, also zum Buche ... nein, irgendwann muss Schluss sein.
Eine Stadtrundfahrt hatten wir uns vorgenommen, eine halbe Weltreise ist daraus geworden. Wir haben nicht eine Stadt gesehen, sondern viele Städte. Wir haben beobachtet, wie widersprüchliche Interessen einzelne Stadtquartiere geformt haben und formen. Doch eine gemeinsame Vorstellung davon, was Berlin ist oder sein sollte, scheint nicht zu existieren.
Die S-Bahn ist ein Stück Stadt, das die unterschiedlichen Architekturen und Lebenswelten verklammert. Der Ring besitzt eine besondere Symbolik, weil die Gestalt des Kreises eine Ganzheit verheißt, von der Berlin im Ganzen weit entfernt ist.
Ein Vergleich zur Berliner Mauer drängt sich auf: Bis sie gebaut wurde, war der Ring eine Hauptlinie der Stadtentwicklung, eine der markantesten Strukturen Berlins. Diese Struktur wurde durch die Berliner Mauer um ihre Wirkung gebracht. Jetzt kehrt sich das Verhältnis wieder um: Die Folgen der Teilung wirken noch nach, aber die Konturen der Mauer verwischen sich, während der Ring immer heller strahlt.
Ist es ein Zufall, dass die Wiedervereinigung der Stadt am weitesten fortgeschritten ist, wo es um Verkehr und Technik geht? Was diese Stadt im Innersten zusammenhält, ist kein geistiges Band. Es sind die Systeme, die dafür sorgen, dass die Millionenstadt funktioniert: die Versorgungsnetze für Wasser, Strom, Gas, Telefon, die Kanalisation, die innerstädtischen Straßen- und Schienennetze. Das meiste wurde bereits im 19. Jahrhundert angelegt. In Verkehr und Technik glaubte die Berliner Kulturkritik seit der Gründerzeit die Seele der Stadt zu erkennen. Das kommt einem plausibel vor, wenn man lange auf dem Ring um die Mitte der Stadt kreist und keine andere Seele findet.

Der Ring symbolisiert die große Transformation Berlins von der überschaubaren Residenzstadt zur ausufernden Millionenmetropole. Seine Wiederherstellung macht das Werden und Wachsen der Stadt erfahrbarer. Das bedeutet einen Zugewinn an historischer Identität, trotz des Verlustes von Geschichtsspuren bei der Modernisierung. Vor allem aber ist der erneuerte Ring eine glückliche Investition in die Zukunft, deren ganzer Nutzen sich erst allmählich erweisen wird. Das künftige Berlin hat dadurch an Lebensqualität gewonnen, auch wenn die lärmgeplagten Anwohner und Laubenpieper am Ring das jetzt nicht so empfinden. Wie sehr die S-Bahn dazu beiträgt, die Stadt bewohnbar zu erhalten, macht ein kleines Gedankenspiel evident: Man stelle sich vor, wie es in den Straßen der Innenstadt aussähe, wenn die Million S-Bahn-Fahrgäste an einem Werktag plötzlich gezwungen wären, mit dem Auto zu fahren.

Das Neue, was wir auf unserer Ringbahn-Reise an den Rändern der Strecke beobachtet haben, ist erst ein Anfang. Um den Ring wird sich Berlin in den kommenden Jahrzehnten kräftig entwickeln. Die S-Bahn ist ein demokratisches Verkehrsmittel: Sie nimmt alle mit, ob arm oder reich. Deshalb sind auch in Zukunft alle möglichen Erscheinungsformen von Stadt längs der Ringbahn vorstellbar, ob Wohnen, Gewerbe, Handel, Kultur, Sport oder Erholung. Was gibt es heute, was gibt es morgen Neues am Ring? Steigen wir ein, fahren wir noch eine Runde!

Literaturauswahl und Zitatnachweis

Zur Stadt- und Verkehrsgeschichte im Allgemeinen

Architekten- und Ingenieur-Verein zu Berlin (Hg.): Berlin und seine Bauten. Teil X, Band B 2 (Anlagen und Bauten für den Verkehr/Fernverkehr), Berlin 1984.
Gerhard Armanski/Wolfgang Hebold-Heitz: Züge aus der Vergangenheit. Die Berliner S-Bahn, Berlin 1981.
Die Berliner S-Bahn. 75 Jahre elektrisch. Straßenbahn Magazin Special Nr. 4, München 1999.
Berlin und seine Eisenbahnen 1846-1896. Herausgegeben im Auftrage des Königlich Preussischen Ministers der öffentlichen Arbeiten. Berlin 1896, Reprint Berlin 1982.
Peter Bley: Berliner S-Bahn. 7. Auflage, Berlin 1997.
Jochen Boberg, Tilman Fichter, Eckhardt Gillen (Hg.): Exerzierfeld der Moderne. Industriekultur in Berlin im 19. Jahrhundert, München 1984.
Georg Dehio: Berlin. Handbuch der Deutschen Kunstdenkmäler, bearb. von Badstübner-Gröger, Bollé, Paschke u. a., Berlin 1994.
Ernst Giese: Das zukünftige Schnellbahnnetz für Groß-Berlin, Berlin 1919.
Günter Götz u. a: Die Berliner S-Bahn, Berlin 1963.
Jürgen Meyer-Kronthaler/Wolfgang Kramer: Berlins S-Bahnhöfe. Ein dreiviertel Jahrhundert, Berlin 1998.
Hans D. Reichardt: Berliner S-Bahn, Düsseldorf 1974.
Wolfgang Ribbe/Jürgen Schmädeke: Kleine Berlin-Geschichte, Berlin 1994.
Senatsverwaltung für Bau- und Wohnungswesen (Hg.): S- und U-Bahnanlagen (Berlin baut Nr. 3), Berlin 1987.
Martin Wörner, Doris Mollenschott und Karl-Heinz Hüter: Architekturführer Berlin. 3. Aufl., Berlin 1991.

Berlin-Hundekopf **Die Stadt am Ring**

Theodor W. Adorno: Ästhetische Theorie. *Zit.* nach: Ders., Ges. Schriften Bd. 7, Frankfurt a. M. 1970, S. 541.
Emil Dominik: Quer durch und ringsum Berlin. Eine Fahrt mit der Stadt- und Ringbahn. Reprint von 1883, Berlin 1988.
Berliner S-Bahn-Museum (Hg.): Strecke ohne Ende. Die Berliner Ringbahn. (Signal-Sonderausgabe), Berlin 1993. Auch: 6., aktualisierte Aufl., Berlin 2002.

Potsdamer Platz **Am Anfang war die Eisenbahn**

Laurenz Demps: Der Schlesische Bahnhof in Berlin. Ein Kapitel preußischer Eisenbahngeschichte, Berlin 1991. Danach *zit.* König Friedrich Wilhelm III., S. 17.

Alfred Gottwalt: Berliner Fernbahnhöfe, Düsseldorf, 5. Aufl. 1991. Danach *zit.* Ludwig Rellstab, S. 7-9.

Horst Mauter u. a.: Der Potsdamer Platz. Eine Geschichte in Wort und Bild, Berlin 1991. Danach *zit.* Hugo Wauer, S. 24.

Nord-Süd-Tunnel **Passage durch die Unterwelt**

Interessengemeinschaft Eisenbahn und Nahverkehr Berlin (IGEB) e. V: Nord-Süd-Bahn. Vom Geistertunnel zur City-S-Bahn, Berlin 1992.

Heinz Knobloch: Geisterbahnhöfe. Westlinien unter Ostberlin, Berlin 1992.

Karen Meyer: Die Flutung des Berliner S-Bahn-Tunnels in den letzten Kriegstagen. Rekonstruktion und Legenden, Berlin 1992.

Michael Bienert: Die eingebildete Metropole. Berlin im Feuilleton der Weimarer Republik, Stuttgart 1992. Danach *zit.* Viktor Schklovskij (S. 39) und Joseph Roth (S. 49).

Albert Speer: Erinnerungen, Frankfurt/Main u. Berlin 1987. Danach *zit.* S. 309.

Papestraße **Umsteigen bei General Pappkarton**

Klaus Hesse: Stille Belagerung zwischen den Kriegen. Das Militär auf der Schöneberger Insel 1873-1914. In: Berliner Geschichtswerkstatt (Hg.): Die rote Insel, Berlin 1987, S. 39-55.

Kurt Pierson: Die Königlich-preußische Militäreisenbahn, Stuttgart 1979.

Schöneberg **Leben auf der Insel**

Berliner Geschichtswerkstatt (Hg.): Die rote Insel, Berlin 1987.

Deutsches Technikmuseum (Hg.): Feuer und Flamme für Berlin. 170 Jahre Gas in Berlin, Berlin 1997.

Innsbrucker Platz **Willkommen im Museum von West-Berlin**

Stefan Eggert: Spaziergänge in Schöneberg, Berlin 1997.

Christian Simon: „Es war in Schöneberg ..." Schöneberg im Wandel der Geschichte, Berlin 1998.

Gertrud Lenz: Willy Brandt 1913-1992 (Ausstellungskatalog), Berlin 1996.

Bundesplatz **Die Geister von Friedenau**
Martin Kessel: Kleines Schicksal Friedenaus. In: Herbert Günther (Hg.): Hier schreibt Berlin. Ein Dokument der 20er Jahre, München 1963. Danach *zit.* S. 56.
Christel und Heinz Blumensath: Das andere Friedenau, Berlin 1996.
Günter Grass: Aus dem Tagebuch einer Schnecke, *zit.* nach: Werkausgabe Bd. 7, Göttingen 1997, S. 136f.
Günter Grass: Vierzig Jahre. Ein Werkstattbericht, Göttingen 1991. Danach *zit.* S. 121.
Uwe Johnson: Berliner Sachen, Frankfurt a. M. 1975. Danach *zit.* S. 32f., 42f.
Bernd Neumann: Uwe Johnson, Hamburg 1994.

Heidelberger Platz **Die Stadtautobahn**
Thilo Hilpert: Die funktionelle Stadt. Le Corbusiers Stadtvisionen – Bedingungen, Motive, Hintergründe, Braunschweig 1978. Danach *zit.* S. 130.
Kurt Tucholsky: Berliner Verkehr. *Zit.* nach: Die Weltbühne 22 (1926), S. 739-41.
Autobahnen in der Stadt Berlin. Herausgegeben vom Senat für Bau- und Wohnungswesen, Berlin 1966.
Autobahnen in Berlin. Herausgegeben vom Senat für Bau- und Wohnungswesen, Berlin 1968.
Bürgerinitiative Westtangente (Hg.): Stadtautobahnen. Ein Schwarzbuch zur Verkehrsplanung, Berlin 1976.

Hohenzollerndamm **Dreizehn Jahre Betriebspause**
Detlev Wittgen: 1980; Entlassungen – Streik. In: Armanski/Hebold-Heitz: Züge aus der Vergangenheit, a. a. O., S. 181-189.

Halensee **Medusa am Kurfürstendamm**
Karl-Heinz Metzger/Ulrich Dunker: Der Kurfürstendamm. Leben und Mythos des Boulevards in 100 Jahren deutscher Geschichte, Berlin 1987. Danach *zit.* Berliner Illustrirte Zeitung, S. 64-66.
Erich Richard Majewski: Geschichten vom alten Halensee, vom Lunapark und vom Kurfürstendamm, Berlin 1983.
Gerald R. Blomeyer/Barbara Tietze: Lunaparkkultur. Kleine Sozialgeschichte des großen Vergnügens. In: Stadtbauwelt 89 (1986), S. 440-445.
Gabriele Tergit: Lunapark. In: Berliner Tageblatt vom 18. September 1929.

Kunst auf dem Henriettenplatz (Ausschreibungsunterlagen und Protokoll des Preisgerichts), hg. v. Senator für Bau- und Wohnungwesen, Berlin 1985.
Skulpturenboulevard Kurfürstendamm Tauentzien: Kunst im öffentlichen Raum 1987 (Katalogbände), Berlin 1987.

Westkreuz **Die Stadtbahn**

Berliner S-Bahn-Museum (Hg.): Die Stadtbahn. Ein Viadukt mitten durch Berlin. 3. Aufl., Berlin 1998.
August Orth: Berliner Centralbahn. Eisenbahnprojekt zur Verbindung der Berliner Bahnhöfe nach der inneren Stadt, Berlin 1871.
Theodor Fontane: Berlin 19. Februar (Ein Blick von der Alsenbrücke). *Zit.* nach: ders, Werke und Schriften Bd. 26., 2. Aufl., Frankfurt am Main 1986, S. 260-62.
Georg Brandes: Die Stadtbahn: *Zit.* nach: Ders.: Berlin als deutsche Reichshauptstadt. Erinnerungen aus den Jahren 1877-1883, Berlin 1989, S. 466-475.
Lied von der Berliner Stadtbahn. In: Bierzeitung zur Feier der 5000. Lokomotive, hg. v. Belegschaftsmitgliedern der Borsigwerke am 20. Juni 1902. *Zit.* nach: Jochen Boberg u. a. (Hg.): Exerzierfeld der Moderne, München 1984, S. 108.

Witzleben **Media City oder Der Mensch baut seine Stadt**

Helmut Engel u. a. (Hg.): Charlottenburg. Teil 2: Der Neue Westen (Geschichtslandschaft Berlin/Orte und Ereignisse. Band 1), Berlin 1985. *Zitat* von Joseph Goebbels ebd, S. 103.
Martin Wagner: Die Reichsausstellungsstadt Berlin. In: Das neue Berlin, Heft 1 (1929), S. 7-19. *Zit.* S. 10.

Westend **Kehraus im Künstlerbahnhof**

Karl-Hofer-Gesellschaft (Hg.): Karl-Hofer-Gesellschaft, Berlin 1998.
Karl-Hofer-Gesellschaft (Hg.): Stipendiaten 1999-2001 (Katalog), Berlin 2001.
Axel Möller/Bernd Wolfgang Lindemann: 100 Jahre Gipsformerei in Charlottenburg (Führungsblatt der Staatlichen Museen Preußischer Kulturbesitz), Berlin 1991.

Jungfernheide **Preußen durch die Hinterpforte**

Museumspädagogischer Dienst Berlin (Hg.): PreußenJahrBuch. Ein Almanach, Berlin 2000.

Ralph Hoppe: Kulturkarte Preußisches Berlin, Berlin 2001.
Julius Schoeps u. a.: Preußen. Geschichte eines Mythos, Berlin 2000.
Helmut Börsch-Supan: Die bittere Lektion des Preußenjahres. In: Frankfurter Allgemeine Zeitung (Berliner Seiten) v. 20. Dezember 2001.
Thomas Köstlin: Es gibt keinen Alleinvertretungsanspruch. In: Frankfurter Allgemeine Zeitung (Berliner Seiten) v. 30. Januar 2002.

Beusselstraße **Schöner wohnen mit Genossen**

Karl Scheffler: Architektur der Großstadt, 1913. *Zit.* nach der Neuausgabe, Berlin 1998, S. 118f.
Walter Curt Behrendt: Alfred Messel, Berlin 1911.
Bertolt Brecht: Die drei Soldaten und die Medizin. *Zit.* nach: Ders.: Ausgew. Werke in sechs Bänden, Frankfurt a. M. 1998. Bd. 4, S. 174.
Helmut Engel u. a. (Hg.): Tiergarten/Teil 2: Moabit. (Geschichtslandschaft Berlin/Orte und Ereignisse. Band 2), Berlin 1987.
Bernd Kuhlmann: Eisenbahn-Größenwahn in Berlin. Die Planungen von 1933 bis 1945 und deren Realisierung, Berlin 1996
Thorsten Knoll: Berliner Markthallen, Berlin 1994.

Westhafen **Zeitung lesen in der Speisekammer**

Gerd Sembritzki: Synagoge Levetzowstraße. In: Engel u. a.: Tiergarten/Teil 2: Moabit, a. a. O., S. 134-146.
Joseph Roth: Die Hafenstadt Berlin. *Zit.* nach: Ders.: Unter dem Bülowbogen. Prosa zur Zeit, hg. v. Hans-Joachim Siegel. Köln 1994, S. 136-139.
Berliner Hafen- und Lagerhaus-Betriebe (Hg.): 50 Jahre BEHALA, Berlin 1973.
Walter Bethge: Hafenstadt Berlin, Leipzig 1937.
Michael Cramer: Das Leben und Sterben einer Wasserautobahn. In: Berliner Zeitung v. 30. Oktober 1999.

Lehrter Bahnhof **Kurve in die Zukunft**

Roland Heinisch u. a. (Hg.): Bahnmetropole Berlin. Sonderveröffentlichung der Eisenbahntechnischen Rundschau, Darmstadt 1996.
Christel Kapitzki: Neue Bahnhöfe für Berlin, Berlin 1998.

Wedding **Schering regt die Phantasie an**

Klaus Neukrantz: Barrikaden am Wedding. Der Roman einer Straße aus den Berliner Maitagen 1929, Berlin 1931. *Zit.* nach: Reprint, Berlin 1970, S. 7f.

Erich Weinert: Der Rote Wedding. *Zit.* nach: Neukrantz, a. a. O., S. 175.

Helmut Engel u. a. (Hg.): Wedding (Geschichtslandschaft Berlin/ Orte und Ereignisse. Band 3), Berlin 1990.

Maria Borgmann: Die chemische Industrie. In: Boberg u. a. (Hg.): Exerzierfeld der Moderne, a. a. O., S. 344-351.

Rudolf Brunn/Gert J. Wlasich: Zur Baugeschichte des Berliner Stammwerkes 1864-1945. Ungedruckte Publikation in der Schriftenreihe Scheringinanum Script. (Schering-Archiv B1 - 141). *Zitat* aus Scherings Geschäftsbericht von 1872 ebd., S. 10.

Ernst Schering: Reisen 1876-1878. Tagebücher, Berlin 2001. *Zit.* nach: S. 23-25.

Johannes Walzberg: Wie und als ich zu Schering kam. In: Schering-Blätter 1/1935, S. 2-7. (Schering-Archiv B1 - 141).

Gesundbrunnen **Security**

Christel Kapitzki: Gesundbrunnen. In: Dies.: Neue Bahnhöfe in Berlin, a. a. O, S. 66-69.

Bernhard Müller/StattReisen e. V. (Hg.): Wedding. Wege zu Geschichte und Alltag eines Berliner Arbeiterbezirks, Berlin 1990.

Bornholmer Straße **Die Mauer muß weg**

Thomas Flemming/Hagen Koch – Die Berliner Mauer. Geschichte eines politischen Bauwerks, Berlin 1999.

Schönhauser Allee **Kommerz, Drehorgeln und Revolution**

Bernd Wilczek (Hg.): Berlin – Hauptstadt der DDR 1949-1989. Utopie und Realität, Zürich und Baden-Baden 1995.

Dietmar Jarofke (Hg.): Der Leierkasten. Ein Wahrzeichen Berlins, Berlin 1991.

Kaiser Wilhelm II. *Zit.* nach: Denkschrift für den evangelischen Kirchenbau-Verein für Berlin, 1890-1905. Berlin 1905, S. 10.

Ehrhart Neubert: Geschichte der Opposition in der DDR 1949-1989, Berlin 1997.

Prenzlauer Allee **Das Bergvolk**

Daniela Dahn: Prenzlauer Berg-Tour, Halle, Leipzig 1987. *Zit.* nach: Westdeutsche Ausgabe u. d. Titel „Kunst und Kohle", Darmstadt und Neuwied 1987, S. 7.

Berlin für Kenner. Ein Bären-Führer bei Tag und Nacht durch die deutsche Reichshauptstadt, Berlin 1913, S. 123f.
Joseph Roth: Bei den Heimatlosen. In: Neue Berliner Zeitung – 12-Uhr-Blatt vom 23. September 1920. *Zit.* nach: Michael Bienert (Hg.): Joseph Roth in Berlin, Köln 1996, S. 104.
Uwe Kolbe: Prenzlauer Berg – eine kleine Archäologie. *Zit.* nach: Uwe Kolbe: Renegatentermine, Frankfurt am Main 1998, S. 22.
Paul Kaiser/Claudia Petzold: Bohème und Diktatur in der DDR. Ausstellungskatalog des Deutschen Historischen Museums, Berlin 1997.
Walter Benjamin: Ein Jakobiner von heute. Zu Werner Hegemanns „Das steinerne Berlin". *Zit.* nach: Ders., Gesammelte Schriften Bd. 3, Frankfurt a. M. 1972, S. 260-265.

Greifswalder Straße — Neues Berlin von gestern

Bruno Taut: Via London – Paris – New York – Neu-Berlin. In: Das Neue Berlin, Heft 2 (1929), S. 25-30.
Heimatmuseum Prenzlauer Berg (Hg.): Vision und Reform. Bruno Taut und die Wohnstadt Carl Legien im Prenzlauer Berg (Ausstellungsfaltblatt), Berlin 1992.
Senatsverwaltung für Bau- und Wohnungswesen (Hg.): Rundgänge durch Quartiere 3/Prenzlauer Berg und Friedrichshain/ Wohnungsbau entlang der S-Bahn 1889-1930. Broschüre, Berlin 1991.
Arnold Rudnitzky: Die Berliner städtische Gaswirtschaft, Diss. 1932.

Landsberger Allee — Eine Runde in dreizehn Sekunden

Senatsverwaltung für Bau- und Wohnungswesen (Hg.): FOYER IV/September 1992 (Themenheft „Olympia-Zwischenspurt").
Berlin 2000 Olympia GmbH (Hg.): Berlin 2000 – Kandidat für die Olympischen Spiele 2000, Berlin 1993.
Egon Erwin Kisch: Elliptische Tretmühle. In: Ders.: Der rasende Reporter. *Zit.* nach: Werke (hg. v. Bodo Uhse und Gisela Kasch). 5. Auflage, Berlin und Weimar 1986, S. 227-231.

Storkower Strasse — Das Schwein muß geschlachtet werden

Peter Bock: Viehbahnhöfe in Berlin. In: Verkehrsgeschichtliche Blätter 3/1995, S. 54-65.
Führer durch den städtischen Vieh- und Schlachthof von Berlin. 6. Auflage, Berlin 1910.
Susanne Schindler-Reinisch (Hg.): Berlin-Central-Viehhof. Eine Stadt in der Stadt, Berlin 1996.

SES Stadtentwicklungsgesellschaft Eldenaer Straße (Hg.): Markt- und Auktionshallen. Geschichte und Entwürfe für neue Nutzungen (Ausstellungskatalog), Berlin 2000.
Alfred Döblin: Berlin Alexanderplatz, München 1965 (Taschenbuchausgabe), S. 117-124.

Frankfurter Allee **Magistrale zwischen Stalin und Stasi**

Benedikt Hotze: „Boomtown". In: FOYER III/Juni 1992, S. 7-10.
Hans Scharoun: Bauten, Entwürfe, Texte (Hg. v. Peter Pfankuch), Berlin 1974. *Zit.* nach: S. 158.
Michael Bienert: „Deine Allee hat noch keine Bäume". Die Frankfurter/Stalin-/Karl-Marx-Allee. In: Ders: Mit Brecht durch Berlin, Frankfurt a. M. und Leipzig 1998, S. 215-233.
Johannes R. Becher: Hohes Bauen. Hochhaus Weberwiese. *Zit.* nach: Günter Deicke (Hg.): Gesicht einer Stadt, Berlin 1958, S. 185.
Johann Friedrich Geist/Klaus Kürvers: Das Berliner Mietshaus 1945-1989, München 1989. Bd. 3, S. 308-353.
Bruno Flierl: Städtebau und Architektur im Staatssozialismus der DDR. In: Materialien der Enquetekommission „Aufarbeitung von Geschichte und Folgen der SED-Diktatur in Deutschland". Band III/2, Baden-Baden 1995.
ASTAK e. V./Forschungs- und Gedenkstätte Normannenstrasse (Hg.): Wegweiser durch die Ausstellungen im Haus 1 des ehemaligen Ministerium für Staatssicherheit der DDR, Berlin 1995.
Jürgen Fuchs: Magdalena. Mfs Memfisblues Stasi Die Firma VEB Horch und Guck – ein Roman, Berlin 1998.

Ostkreuz **Ströme**

Georg Simmel: Die Großstädte und das Geistesleben. In: Ders: Das Individuum und die Freiheit, Berlin 1984, S. 192-204.
Andreas Butter/Hans Joachim Kirsche/Erich Preuß: Berlin Ostkreuz. Die Drehscheibe des S-Bahn-Verkehrs, München 2000.
Berliner S-Bahn-Museum (Hg.): Vorsicht Hochspannung! 75 Jahre Berliner S-Bahn. Strom für ‚zügigen' Großstadtverkehr. „Signal"-Sonderausgabe, Berlin 1999.

Treptower Park **Panorama am Wasser**

Kulturbund Treptow (Hg.): Hier können Familien Kaffee kochen. Treptow im Wandel der Geschichte, Berlin 1997.
Entwicklungsträger Rummelsburger Bucht (Hg.): Die Rummelsburger Bucht. Städtische Landschaft. Informationen zur Rahmenplanung, Berlin 1993.

Senatsverwaltung für Bauen, Wohnen und Verkehr (Hg.): FOYER 4/1998, Themenheft „Neue Ufer. Leben und Arbeiten am Wasser".
Paul Thiel: Berlin präsentiert sich der Welt. Die Berliner Gewerbeausstellung 1896 in Treptow. In: Jochen Boberg u. a. (Hg.): Die Metropole. Industriekultur in Berlin im 20. Jahrhundert, München 1986, S. 16-27.
Jürgen Albrecht: Der S-Bahn-Ring ist komplett. *Zit.* nach: www.burg-halle.de/albrecht/story_1997/sbahn.htm

Sonnenallee **Las Vegas in Neukölln**
Thorkit Treichel/Ulrich Kraetzer: Der Hotelkönig. In: Berliner Zeitung vom 20. April 2001.

Neukölln **Rheinisch, Böhmisch, Türkisch**
Peter Wensierski: Endstation Neukölln. In: DER SPIEGEL 43/1997, S. 58-63.
Cornelia Hüge/Dorothea Kolland (Hg.): Die Karl-Marx-Straße. Facetten eines Lebens- und Arbeitsraums, Berlin 2002.
Manfred Motel: Chronik von Rixdorf. Eine Festgabe aus dem Böhmischen Dorf zum hundertsten Jahrestag der Stadtwerdung Rixdorf/Neukölln, Berlin 1999.
Friedrich Wilhelm I: Politisches Testament von 1722. *Zit.* nach: Die politischen Testamente der Hohenzollern, hg. v. Georg Künzel und Martin Haß, Leipzig 1919.
Ursula Bach: Auszug und Ankunft. Der Weg der Evangelisch-reformierten Bethlehemsgemeinde durch drei Jahrhunderte, Berlin 2002.
Udo Gößwald (Hg.): Inventur. Neuköllner Nachkriegszeiten, Berlin 1995.
Angelika Pelz: Linien und Stationen. Mit der U-Bahn durch das türkische Berlin. In: Institut für europäische Ethnologie (Hg.): Durch Europa. In Berlin. Porträts und Erkundungen, Berlin 2000, S. 104-110.
Franz Hessel: Spzieren in Berlin, Leipzig 1929, *Zit.* n. der Neuausgabe unter dem Titel „Ein Flaneur in Berlin", Berlin 1984, S. 192.
Günter Grass: In Kreuzberg fehlt ein Minarett. *Zit.* nach: Hans Werner Richter (Hg.): Berlin, ach Berlin, München 1984, S. 116.

Hermannstraße **Der Zauber von Berlin**
Rina Olfe-Schothauer: Von Kiesgruben, Mietskasernen und Kahlschlagsanierung. Die Geschichte des Rollbergviertels. In: Neuköllner Kulturverein (Hg.): Sand im Getriebe. Neuköllner Geschichte(n), Berlin 1985, S. 43-60.

Tempelhof **Warten auf den letzten Flug**

Laurenz Demps/Carl-Ludwig Paeschke: Flughafen Tempelhof. Die Geschichte einer Legende, Berlin 1998.

Philipp Meuser: Vom Fliegerfeld zum Wiesenmeer. Geschichte und Zukunft des Flughafens Tempelhof, Berlin 2000.

Senatsverwaltung für Stadtentwicklung und Umweltschutz (Hg.): Flughafen Tempelhof, Berlin 1994.

Senatsverwaltung für Stadtentwicklung, Umweltschutz und Technologie (Hg.): Vom Flughafen zum Platz der Luftbrücke. Konzept Nachnutzung Flughafen Tempelhof, Berlin o. J.

Berlin-Hundekopf **Der renovierte Ring**

DB Projekt Verkehrsbau GmbH (Hg.): Drehscheibe Berlin. Bauen für die S-Bahn, Berlin 2001.

Manuel Jacob: Vollring. In: Berliner Verkehrsblätter 6/2002, S. 111f.

Senatsverwaltung für Bau- und Wohnungswesen (Hg.): Der Südring – Grunderneuerung einer S-Bahn-Strecke (Berlin baut Nr. 14), Berlin 1993.

Jan Gympel: Röhrende Hirsche. Der Südring ist saniert – aber als Baudenkmal ruiniert. In: Der Tagesspiegel vom 3. Januar 1994.

S-Bahn-Berlin GmbH (Hg.): Ringschluss bei der S-Bahn, Berlin 2002.

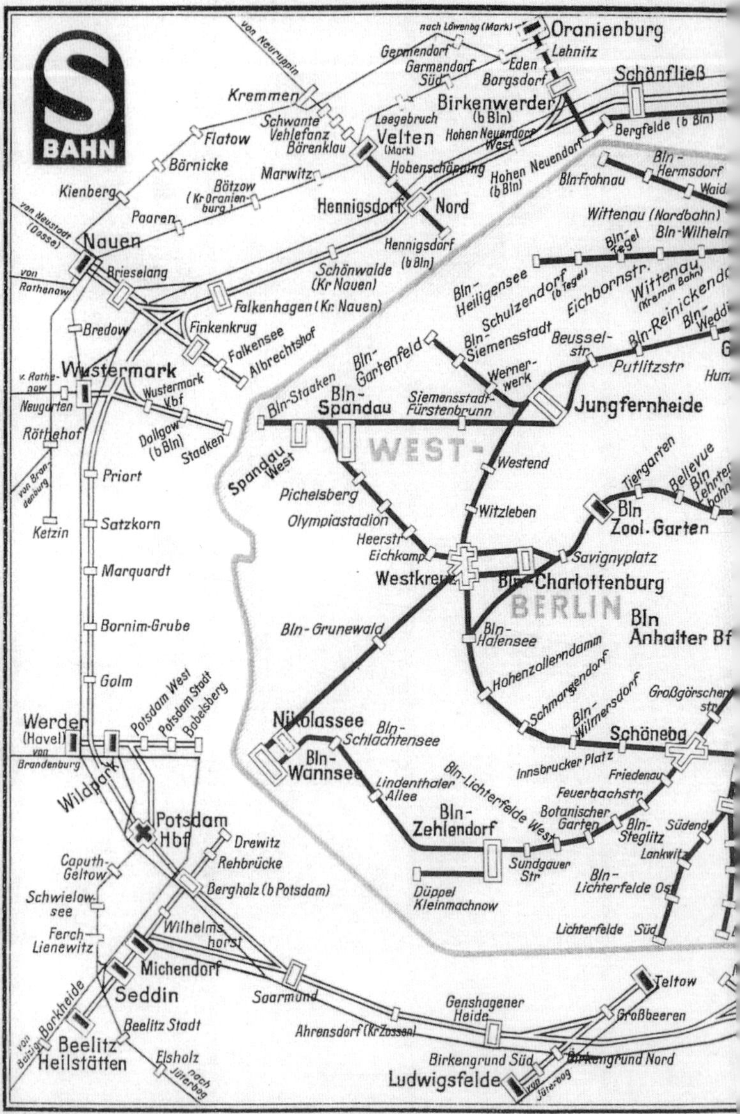

Rbd Berlin Bln 09933 — Übersichtsplan der S-Bahn